新款
汽油发动机
维修数据速查
（2012~2018年）

冼绕泉　等编著

化学工业出版社
·北京·

本书主要介绍市面上的主流车系和车型的不同型号新款汽油发动机（2012～2018年）的常用维修数据，如发动机的气缸参数、机油加注、扭矩规格、机油机滤的更换、关键部件的拆装等。涵盖宝马、奔驰、三菱、路虎、雪铁龙、大众、别克、雪佛兰、凯迪拉克、陆风、起亚、吉利、比亚迪、福特、名爵、长安、众泰、荣威、丰田、本田、奥迪等各大车系的新型汽油发动机。

本书资料新颖全面、数据准确可靠、实用便查、易于理解，适合汽车维修技术人员使用，也可供相关院校汽车、机械、机电等专业师生参考。

图书在版编目（CIP）数据

新款汽油发动机维修数据速查：2012～2018年/冼绕泉等编著．—北京：化学工业出版社，2019.4
ISBN 978-7-122-33916-4

Ⅰ.①新⋯ Ⅱ.①冼⋯ Ⅲ.①汽车-汽油机-车辆修理 Ⅳ.①U472.43

中国版本图书馆CIP数据核字（2019）第029022号

责任编辑：黄　滢　　　　　　　　　　文字编辑：冯国庆
责任校对：王鹏飞　　　　　　　　　　装帧设计：王晓宇

出版发行：化学工业出版社（北京市东城区青年湖南街13号　邮政编码100011）
印　　装：三河市延风印装有限公司
787mm×1092mm　1/16　印张14　字数373千字　2019年5月北京第1版第1次印刷

购书咨询：010-64518888　　　　　　　售后服务：010-64518899
网　　址：http://www.cip.com.cn

凡购买本书，如有缺损质量问题，本社销售中心负责调换。

定　价：88.00元　　　　　　　　　　　　　　　　　　　　版权所有　违者必究

前言 PREFACE

发动机是汽车的核心部件，堪称汽车的"心脏"。由于汽车发动机本身结构复杂，技术含量高，涉及参数多而复杂，是汽车维修工作的难点和重中之重。因此汽车维修人员在日常工作中经常需要查阅大量的发动机维修相关数据。由此可见，以速查、便查为特色的维修资料类书籍是这些读者的现实需求，有利于提高他们的日常工作效率。鉴于此，我们编写了本书。

本书按市面上的主流车系和车型进行分类，以常见车型为主，重点介绍这些车系和车型的不同型号新款汽油发动机（2012~2018年）的常用维修数据，如发动机的气缸参数、机油加注、扭矩规格、机油机滤的更换步骤等。涵盖宝马、奔驰、三菱、路虎、雪铁龙、大众、别克、雪佛兰、凯迪拉克、陆风、起亚、吉利、比亚迪、福特、名爵、长安、众泰、荣威、丰田、本田、奥迪等各大车系的新型汽油发动机。

本书所搜集的资料新颖全面、准确可靠。全书数据均以表格形式给出，部分涉及操作的内容还给出了规范的操作步骤图，简明清晰、实用便查、易于理解。

本书由冼绕泉、顾惠烽、罗永志、陈豪、杨沛洪、彭川、李浪、李志松、杨志平、卢世勇、黄俊飞、刘晓明、陈志雄、李金胜、冼志华、何志贤、杨立、钟民安、郑启森、潘平生、冼锦贤、孙立聪、黄木带编著。在编写过程中参考了部分厂家的原车维修资料，在此一并表示感谢！

由于笔者水平有限，书中不妥之处在所难免，敬请广大读者批评指正。

编著者

目 录
CONTENTS

第一章　宝马/迷你车系 / 1
  第一节　宝马 B38B15 发动机 / 1
  第二节　宝马 B48B20 发动机 / 3
  第三节　宝马 B58B30 发动机 / 6
  第四节　宝马 N13B16 发动机 / 10
  第五节　宝马 N20B20 发动机 / 12
  第六节　宝马 N52B30 发动机 / 14
  第七节　迷你 N16B16 发动机 / 16

第二章　奔驰车系 / 18
  第一节　M270 发动机 / 18
  第二节　M271 发动机 / 20
  第三节　M272 发动机 / 22
  第四节　M273 发动机 / 25
  第五节　M274 发动机 / 27
  第六节　M275 发动机 / 29
  第七节　M276 发动机 / 30
  第八节　M278 发动机 / 32

第三章　三菱车系 / 34
  第一节　3.0L（6B31）发动机 / 34
  第二节　2.4L（4B12）发动机 / 36

第四章　路虎车系 / 40
  第一节　2.0L（INGENIUM I4）发动机 / 40
  第二节　2.0T（GTDi）发动机 / 42
  第三节　3.0L（V6 SC）发动机 / 45
  第四节　4.4L（V8 NA）发动机 / 47
  第五节　5.0L（V8 SC）发动机（机械增压型）/ 49

第五章　雪铁龙车系 / 52
  第一节　雪铁龙 EC5 发动机 / 52
  第二节　雪铁龙 EB 直喷发动机 / 53
  第三节　雪铁龙 EP 发动机 / 55
  第四节　雪铁龙 EC8 发动机 / 57

第六章　大众车系 / 59

第一节　1.4L（CSTA）发动机 / 59
第二节　1.6L（CSRA）发动机 / 60
第三节　1.8L（CEAA）、2.0L（CGMA）发动机 / 61

第七章　别克车系 / 63
第一节　1.0L（LJI）发动机 / 63
第二节　1.5L（L2B）发动机 / 67
第三节　2.0L（LDK）发动机 / 69
第四节　2.4L（LAF、LUK）发动机 / 73
第五节　3.0L（LFW）发动机 / 77

第八章　雪佛兰车系 / 82
第一节　1.4L（LE2、LEX、LFE、LV7）发动机 / 82
第二节　1.5L（L3A、L3G、LFV）发动机 / 86
第三节　1.4L（LCU、LFF）发动机 / 89
第四节　1.5L（L2B、L2C、L3C、LM9）发动机 / 92
第五节　2.0L（LTD）发动机 / 94

第九章　凯迪拉克车系 / 98
第一节　2.0L（LD4、LHP、LTG）或 2.5L（LCV、LHN、LKW）发动机 / 98
第二节　2.8L、3.0L、3.2L 或 3.6L 发动机 / 101
第三节　3.6L（KFX）发动机 / 107

第十章　陆风车系　[2.0L（4G63T）发动机] / 112

第十一章　起亚车系 / 115
第一节　1.4L 发动机 / 115
第二节　1.6T 发动机 / 118
第三节　1.8L 发动机 / 121
第四节　2.4L 发动机 / 123

第十二章　吉利车系 / 128
第一节　1.3L（4G13T）发动机 / 128
第二节　1.5L（4G15）发动机 / 131
第三节　1.8L（4G18）发动机 / 134
第四节　2.0L（4G20）、2.4L（4G24）发动机 / 135

第十三章　比亚迪车系 / 139
第一节　1.5L（BYD476ZQA）发动机 / 139
第二节　1.5L（BYD473QB、BYD473QE）发动机 / 140

第十四章　福特车系（1.6L 发动机）/ 144

第十五章　名爵车系 / 148
　　第一节　1.4L 发动机 / 148
　　第二节　1.5L 发动机 / 151
　　第三节　1.8L 发动机 / 155

第十六章　长安车系 / 157
　　第一节　1.0L 发动机 / 157
　　第二节　1.6L 发动机 / 158

第十七章　众泰车系 / 161
　　第一节　1.5L（15S4G）发动机 / 161
　　第二节　1.8L（TN4G18T）发动机 / 165

第十八章　荣威车系 / 169
　　第一节　1.5L 发动机 / 169
　　第二节　2.0L 发动机 / 172
　　第三节　2.4L 发动机 / 176
　　第四节　3.0L 发动机 / 180

第十九章　丰田车系 / 184
　　第一节　1.3L（4NR-FE）发动机 / 184
　　第二节　1.5L（5AR-FE）发动机 / 190

第二十章　本田车系 / 198
　　第一节　1.5L（L15B）发动机 / 198
　　第二节　1.8L（R18Z6）发动机 / 200

第二十一章　奥迪车系 / 203
　　第一节　3.0L（CREC）发动机 / 203
　　第二节　4.0L（CTGE）发动机 / 211

第一章
宝马/迷你车系

第一节　宝马 B38B15 发动机

一、机油加注

① 更换机油时含机油滤清器滤芯的加注量为 4.25L。
② 放油螺栓力矩为 25N·m。
③ 机油滤清器盖安装力矩如下。
第一步，紧固力矩 25N·m。
第二步，松开机油滤清器盖 180°。
第三步，紧固力矩 25N·m。

二、发动机螺栓力矩（表 1-1）

表 1-1　发动机螺栓力矩

序号	零部件	安装位置	安装力矩
1	发动机缸体	(1) 平衡轴上的齿轮（M10 螺栓）	50N·m
		(2) 曲轴轴承盖安装到曲轴箱上（带肩螺钉）（M10 螺栓）	第一步，接合力矩 25N·m 第二步，顺时针旋转螺栓 60° 第三步，顺时针旋转螺栓 60°
		(3) 曲轴箱中的喷油嘴（M6 螺栓）	8N·m
		(4) 张紧轨和导轨承载轴销（M8 螺栓）	20N·m
		(5) 链轮和球轴承安装到曲轴箱上（M12 螺栓）	108N·m
		(6) 链条张紧器安装到曲轴箱上（M6 螺栓）	10N·m
		(7) 隔音板间隔螺栓安装到发动机缸体上（M8 螺栓）	12N·m
2	气缸盖	(1) 气缸盖螺栓（M11 螺栓）	第一步，接合力矩 30N·m 第二步，顺时针旋转螺栓 90° 第三步，顺时针旋转螺栓 180°
		(2) 气缸盖螺栓安装到正时齿轮壳盖上（M8 螺栓）	20N·m
		(3) 气缸盖罩安装到气缸盖上（M6 螺栓）	10N·m
		(4) 固定吊环安装到气缸盖上（M8 螺栓）	20N·m
		(5) 链条张紧器安装到气缸盖上	第一步，接合力矩 20N·m 第二步，顺时针旋转螺栓 25°

续表

序号	零部件	安装位置	安装力矩
3	油底壳	(1)正时齿轮壳盖安装到前部曲轴箱上(M6 螺栓)	8N·m
		(2)正时齿轮壳盖安装到后部曲轴箱上(M6 螺栓)	10N·m
4	壳体盖	(1)正时齿轮壳盖安装到前部曲轴箱上(M6 螺栓)	8N·m
		(2)正时齿轮壳盖安装到后部曲轴箱上(M6 螺栓)	第一步,接合力矩 8N·m 第二步,顺时针旋转螺栓 90°
5	曲轴	(1)曲轴上的信号齿轮(M5 螺栓)	第一步,接合力矩 5N·m 第二步,顺时针旋转螺栓 45°
		(2)连杆螺栓(M9 螺栓)	第一步,接合力矩 5N·m 第二步,接合力矩 20N·m 第三步,顺时针旋转螺栓 70° 第四步,顺时针旋转螺栓 70°
6	飞轮	飞轮安装到曲轴上(M12 螺栓)	120N·m
7	减振器	带皮带轮的减振器安装到曲轴上(M10 螺栓)	第一步,接合力矩 40N·m 第二步,顺时针旋转螺栓 120°
8	导向件	导向件安装到曲轴箱上(M10 螺栓)	38N·m
9	可变凸轮轴正时控制系统(VANOS)	(1)进气和排气 VANOS 中心螺栓安装到凸轮轴上(M12 螺栓)(长中央阀 81.5mm)	第一步,接合力矩 30N·m 第二步,接合力矩 50N·m 第三步,顺时针旋转螺栓 65°
		(2)进气和排气 VANOS 中心螺栓安装到凸轮轴上(M22 螺栓)(短中央阀 43mm)	第一步,接合力矩 30N·m 第二步,接合力矩 50N·m 第三步,顺时针旋转螺栓 25°
		(3)凸轮轴传感器齿盘安装到进气凸轮轴上(M6 螺栓)	10N·m
10	可调式气门机构	(1)拉杆安装到凸轮轴轴承盖上(M8 螺栓)	20N·m
		(2)电气伺服电动机安装到气缸盖上(M6 螺栓)	10N·m
		(3)偏心轴安装到气缸盖(轴承桥架)上(M6 螺栓)	
11	油泵及滤网和电动机	(1)吸油管安装到油泵上(M6 螺栓)	10N·m
		(2)油泵安装到曲轴箱上(M8 螺栓)	20N·m
		(3)机油泵安装到曲轴箱上(M8 螺栓)	塑料机油泵:20.5N·m 铝制机油泵: 第一步,接合力矩 15N·m 第二步,顺时针旋转螺栓 45°
12	机油滤清器和管道	(1)机油滤清器盖安装到机油滤清器壳上	第一步,紧固力矩 25N·m 第二步,松开机油滤清器盖 180° 第三步,紧固力矩 25N·m
		(2)机油滤清器壳内的放油螺塞	5N·m
		(3)机油滤清器模块安装到曲轴箱上(M6 螺栓)	第一步,接合力矩 8N·m 第二步,紧固力矩 8N·m
		(4)进油管安装到曲轴箱上(M6 螺栓)	10N·m
		(5)进油管安装到排气歧管上(M6 螺栓)	
		(6)机油回油管安装到曲轴箱上(M6 螺栓)	
		(7)机油回油管安装到废气涡轮增压器上(M6 螺栓)	
		(8)冷却液热交换器安装到主油路机油滤清器上	

续表

序号	零部件	安装位置	安装力矩
13	冷却液泵	(1)冷却液泵安装到曲轴箱上(M6螺栓)	第一步,接合力矩3N·m 第二步,顺时针旋转螺栓90°
		(2)冷却液泵安装到机组支架上(M6螺栓)	10N·m
		(3)冷却液泵壳体/机组支架安装到曲轴箱上(M8螺栓)	19N·m
		(4)附加冷却液泵安装到发动机缸体上(M8螺栓)	
		(5)冷却液泵壳体/机组支架安装到曲轴箱上(M10螺栓)	38N·m
14	风扇	(1)水泵上的风扇离合器左旋螺纹锁紧螺母力矩	40N·m
		(2)风扇离合器上的风扇力矩	10N·m
15	废气涡轮增压器,带调节	(1)废气门的伺服电动机安装到废气涡轮增压器上(M3螺栓)	2N·m
		(2)废气门的伺服电动机拉杆力矩	20N·m
16	进气歧管	(1)进气歧管安装到气缸盖上 M8 螺栓 M7 螺栓 M6 螺栓	22N·m 15N·m 10N·m
		(2)吸音罩安装到支架上(M6螺栓)	10N·m
		(3)节气门安装到进气歧管上(M6螺栓)	
17	进气集气箱	(1)进气集气箱安装到气缸盖上(M6螺栓)	10N·m
		(2)增压压力传感器安装到进气集气箱内(M6螺栓)	
		(3)增压空气软管安装到油底壳上(M6螺栓)	8N·m
18	排气歧管	排气歧管拧紧到气缸盖上 M6 螺栓 M7 螺栓 M8 螺栓	10N·m 20N·m 23N·m
19	真空泵/油泵	(1)吸油管安装到油泵上(M6螺栓)	10N·m
		(2)油泵安装到曲轴箱上(M8螺栓)	20N·m
20	凸轮轴	(1)进气凸轮轴和排气凸轮轴安装到凸轮轴支架上(M6螺栓)	10N·m
		(2)钢板车轮安装到进气凸轮轴上(M6螺栓)	
21	废气控制,调控用传感器/监控用传感器	调控用传感器/监控用传感器(M18螺栓)	50N·m
22	排气控制,氧传感器	空燃比控制传感器,监控氧传感器(M18螺栓)	50N·m

第二节　宝马 B48B20 发动机

一、机油加注

① 更换机油时含机油滤清器滤芯的加注量为 5.25L。

② 放油螺栓力矩为 25N·m。
③ 机油滤清器盖安装力矩如下。
第一步，紧固力矩 25N·m。
第二步，松开机油滤清器盖 180°。
第三步，紧固力矩 25N·m。

二、发动机螺栓力矩（表 1-2）

表 1-2 发动机螺栓力矩

序号	零部件	安装位置	安装力矩
1	发动机缸体	(1) 平衡轴上的齿轮（M10 螺栓）	第一步，接合力矩 40N·m 第二步，顺时针旋转螺栓 70°
		(2) 中间齿轮安装到曲轴箱上	70N·m
		(3) 曲轴轴承盖安装到曲轴箱上（带肩螺钉）（M10 螺栓）	第一步，接合力矩 25N·m 第二步，顺时针旋转螺栓 60° 第三步，顺时针旋转螺栓 60°
		(4) 曲轴箱中的喷油嘴（M6 螺栓）	8N·m
		(5) 张紧轨和导轨承载轴销（M8 螺栓）	20N·m
		(6) 链轮和球轴承安装到曲轴箱上（M12 螺栓）	108N·m
		(7) 链条张紧器安装到曲轴箱上（M6 螺栓）	10N·m
		(8) 隔音板间隔螺栓安装到发动机缸体上（M8 螺栓）	12N·m
2	气缸盖	(1) 气缸盖螺栓（M11 螺栓）	第一步，接合力矩 30N·m 第二步，顺时针旋转螺栓 90° 第三步，顺时针旋转螺栓 180°
		(2) 气缸盖螺栓安装到正时齿轮壳盖上（M8 螺栓）	20N·m
		(3) 气缸盖罩安装到气缸盖上（M6 螺栓）	10N·m
		(4) 固定吊环安装到气缸盖上（M8 螺栓）	22N·m
		(5) 链条张紧器安装到气缸盖上	第一步，接合力矩 20N·m 第二步，顺时针旋转螺栓 25°
3	油底壳	(1) 油底壳安装到曲轴箱上（M8 螺栓）	24N·m
		(2) 油位传感器安装到油底壳上（M6 螺栓）	8.5N·m
4	壳体盖	正时齿轮壳盖安装到曲轴箱上（M6 螺栓）	第一步，接合力矩 8N·m 第二步，顺时针旋转螺栓 90°
5	曲轴	(1) 曲轴上的信号齿轮（M5 螺栓）	第一步，接合力矩 5N·m 第二步，顺时针旋转螺栓 45°
		(2) 连杆螺栓（M9 螺栓）	第一步，接合力矩 5N·m 第二步，接合力矩 20N·m 第三步，顺时针旋转螺栓 70° 第四步，顺时针旋转螺栓 70°
6	飞轮	飞轮安装到曲轴上 M12 螺栓	120N·m
7	减振器	带皮带轮的减振器安装到曲轴上（M10 螺栓）	第一步，接合力矩 28N·m 第二步，顺时针旋转螺栓 180°
8	传动带及传动带张紧器和导向件	(1) 传动带张紧器与换向滚子安装到曲轴箱上（M10 螺栓）	30N·m
		(2) 传动带张紧器安装到发电机上（M8 螺栓）	22N·m
		(3) 导向件安装到传动带张紧器上（M8 螺栓）	20N·m

续表

序号	零部件	安装位置	安装力矩
9	可变凸轮轴正时控制系统（VANOS）	（1）进气和排气VANOS中心螺栓安装到凸轮轴上（M12螺栓）	第一步，接合力矩30N·m 第二步，接合力矩50N·m 第三步，顺时针旋转螺栓65°
		（2）进气和排气VANOS中心螺栓安装到凸轮轴上（M22螺栓）	第一步，接合力矩30N·m 第二步，接合力矩50N·m 第三步，顺时针旋转螺栓28°
		（3）凸轮轴传感器齿盘安装到进气凸轮轴上（M6螺栓）	10N·m
10	可调式气门机构	（1）拉杆安装到凸轮轴轴承盖上（M8螺栓）	20N·m
		（2）伺服电动机安装到气缸盖上（M6螺栓）	10N·m
		（3）偏心轴安装到气缸盖（轴承桥架）上（M6螺栓）	
11	油泵及滤网和电动机	（1）吸油管安装到油泵上（M6螺栓）	8N·m
		（2）真空/油串联泵安装到曲轴箱上（M8螺栓）	19N·m
		（3）用螺丝刀拧紧中间机油泵（M8螺栓）	第一步，接合力矩15N·m 第二步，顺时针旋转螺栓45°
		（4）用螺丝刀拧紧外部机油泵（M8螺栓）	第一步，接合力矩15N·m 第二步，顺时针旋转螺栓45°
		（5）链轮安装到油泵上（M10螺栓）	第一步，接合力矩5N·m 第二步，顺时针旋转螺栓90°
		（6）发动机缸体上的液压阀（M6螺栓）	8N·m
12	机油滤清器和管道	（1）机油滤清器盖安装到机油滤清器壳上	第一步，紧固25N·m 第二步，松开机油滤清器盖180° 第三步，紧固力矩25N·m
		（2）放油螺塞安装到机油滤清器盖上	5N·m
		（3）机油滤清器模块安装到曲轴箱上（M6螺栓）	第一步，接合力矩8N·m 第二步，紧固力矩8N·m
		（4）进油管安装到曲轴箱上（M6螺栓）	10N·m
		（5）进油管安装到排气歧管上（M6螺栓）	
		（6）机油回油管安装到曲轴箱上（M6螺栓）	
		（7）机油回油管安装到废气涡轮增压器上（M6螺栓）	
		（8）冷却液热交换器安装到主油路机油滤清器上	
13	冷却液泵	（1）皮带轮安装到冷却液泵上（M6螺栓）	8N·m
		（2）冷却液泵安装到机组支架上（M6螺栓）	10N·m
		（3）冷却液泵壳体/机组支架安装到曲轴箱上（M8螺栓）	19N·m
		（4）附加冷却液泵安装到发动机缸体上（M8螺栓）	
		（5）冷却液泵壳体/机组支架装到曲轴箱上（M10螺栓）	38N·m
		（6）节温器盖安装到机组支架上（M6螺栓）	10N·m
		（7）电动冷却液泵安装到支架上（M6螺栓）	8N·m
14	风扇	（1）水泵上的风扇离合器左旋螺纹锁紧螺母力矩	40N·m
		（2）风扇离合器上的风扇力矩	10N·m

续表

序号	零部件	安装位置	安装力矩
15	废气涡轮增压器,带调节	(1)废气门的伺服电动机安装到废气涡轮增压器上(M3 螺栓)	2N·m
		(2)废气门的伺服电动机拉杆力矩	20N·m
16	进气歧管	(1)进气歧管安装到气缸盖上 M8 螺栓 M7 螺栓 M6 螺栓	22N·m 15N·m 10N·m
		(2)吸音罩安装到支架上(M6 螺栓)	8N·m
		(3)节气门安装到进气歧管上(M6 螺栓)	
17	进气集气箱	(1)进气集气箱安装到气缸盖上(M6 螺栓)	10N·m
		(2)进气集气箱支架安装到气缸盖/曲轴箱上(M6 螺栓)	
		(3)后部进气集气箱的支架(M6 螺栓)	
		(4)进气集气箱安装到后部/前部支架上	8N·m
		(5)电线束支架安装到进气集气箱上	5N·m
		(6)燃油箱排气管安装到进气集气箱上	
18	排气歧管	排气歧管拧紧到气缸盖上 M6 螺栓 M7 螺栓 M8 螺栓	10N·m 20N·m 23N·m
19	真空泵/油泵	(1)吸油管安装到油泵上(M6 螺栓)	10N·m
		(2)真空泵/油泵串联安装到曲轴箱上(M8 螺栓)	第一步,接合力矩15N·m 第二步,顺时针旋转螺栓45°
		链轮安装到油泵上(M10 螺栓)(左旋螺纹)	第一步,接合力矩5N·m 第二步,顺时针旋转螺栓90°
20	凸轮轴	(1)进气凸轮轴和排气凸轮轴安装到气缸盖上(M6 螺栓)	10N·m
		(2)上部张紧导轨(M6 螺栓)	
		(3)导轨/滑轨安装到气缸盖上(M16 螺栓)	20N·m
		(4)导轨/滑轨安装到曲轴箱上(M8 螺栓)	20N·m
		(5)链条张紧器安装到气缸盖上	70N·m
		(6)链条张紧器安装到曲轴箱上(M6 螺栓)	10N·m
		(7)凸轮轴传感器齿盘安装到进气凸轮轴上(M6 螺栓)	
21	废气控制,调控用传感器/监控用传感器	调控用传感器/监控用传感器(M18 螺栓)	50N·m
22	排气控制,氧传感器	空燃比控制传感器,监控氧传感器(M18 螺栓)	50N·m

第三节　宝马 B58B30 发动机

一、机油加注

① 更换机油时含机油滤清器滤芯的加注量为 6.5L。

② 放油螺栓力矩为25N·m。
③ 机油滤清器盖安装力矩为25N·m。

二、发动机螺栓力矩（表1-3）

表1-3 发动机螺栓力矩

序号	零部件	安装位置	安装力矩
1	发动机缸体	(1)带轴承的链轮安装到曲轴箱上(M12 螺栓)	108N·m
		(2)机油泵安装到曲轴箱上(M8 螺栓)	19N·m
		(3)机油泵安装到曲轴轴承盖上(M8 螺栓)	第一步，接合力矩35N·m 第二步，顺时针旋转螺栓180° 第三步，紧固力矩15N·m 第四步，顺时针旋转螺栓45°
		(4)链条张紧器安装到曲轴箱上(M6 螺栓)	10N·m
		(5)角度螺栓连接安装到曲轴箱上(M10 螺栓)	第一步，接合力矩10N·m 第二步，顺时针旋转螺栓45°
		(6)曲轴轴承盖安装到曲轴箱上(M12 螺栓)	第一步，紧固力矩25N·m 第二步，紧固力矩50N·m 第三步，顺时针旋转螺栓110° 松开所有螺栓 第一步，紧固力矩25N·m 第二步，紧固力矩50N·m 第三步，顺时针旋转螺栓110° 第四步，顺时针旋转螺栓110°
		(7)曲轴轴承盖安装到曲轴箱上(M10 螺栓)	10N·m
		(8)油嘴安装到曲轴箱上(M12 螺栓)	
2	气缸盖	(1)承载轴销拧紧到气缸盖上(M16 螺栓)	20N·m
		(2)点火线圈盖安装到气缸盖罩上(M6 螺栓)	4N·m
		(3)滑轨安装到气缸盖上(M6 螺栓)	8N·m
		(4)接地安装到气缸盖上(M8 螺栓)	
		(5)喷油嘴安装孔装到气缸盖上(M6 螺栓)	8.5N·m
		(6)气缸盖安装到曲轴箱上(M12 螺栓)，按顺序①~⑩拧紧螺栓	第一步，紧固力矩70N·m 第二步，逆时针旋转螺栓180° 第三步，紧固力矩50N·m 第四步，顺时针旋转螺栓120° 第五步，顺时针旋转螺栓120°
3	油底壳	(1)变速箱安装到油底壳上(M8 螺栓)	19N·m
		(2)机油冷却器管路安装到机油节温器上(M8 螺栓)	21N·m
		(3)机油冷却器管路安装到前桥架梁和油底壳支架上(M6 螺栓)	10N·m
		(4)放油螺塞(M12 螺栓)	20N·m
		(5)油底壳安装到曲轴箱上(M8 螺栓)	第一步，紧固力矩15N·m 第二步，顺时针旋转螺栓45°

续表

序号	零部件	安装位置	安装力矩
4	壳体盖	(1)变速箱油水热交换器安装到正时齿轮壳盖上(M6螺栓)	8N·m
		(2)防跳板安装到曲轴箱盖上(M6螺栓)	10N·m
		(3)盖罩安装到正时齿轮壳盖上(M34螺栓)	20N·m
5	曲轴	曲轴上的信号齿轮(M5螺栓)	第一步,接合力矩5N·m 第二步,顺时针旋转螺栓45°
6	飞轮	飞轮安装到曲轴上(M12螺栓)	120N·m
7	减振器	(1)减振器(轮毂)安装到曲轴上(M18螺栓)	第一步,接合力矩100N·m 第二步,顺时针旋转螺栓60° 第三步,顺时针旋转螺栓60° 第四步,顺时针旋转螺栓60°
		(2)传动带张紧器与换向滚子安装到曲轴箱上(M10螺栓)	40N·m
8	传动带及传动带张紧器和导向件	(1)传动带夹紧装置安装到曲轴箱上(M10螺栓)	40N·m
		(2)传动带张紧器(M8螺栓)	28N·m
		(3)传动带张紧器安装到高压启动发电机上(M8螺栓)	20.5N·m
9	可变凸轮轴正时控制系统(VANOS)	(1)可调式凸轮轴控制装置中央阀安装到凸轮轴上(M22螺栓)	10N·m
		(2)单向阀安装到气缸盖上(M14螺栓)	20N·m
		(3)中央阀安装到凸轮轴上(M22螺栓)	第一步,接合力矩30N·m 第二步,接合力矩50N·m 第三步,顺时针旋转螺栓30°
		(4)带脉冲信号齿的VANOS安装到进气凸轮轴和排气凸轮轴上(M10螺栓)	第一步,接合力矩20N·m 第二步,顺时针旋转螺栓90°
		(5)带凸轮轴传感器齿盘的进气调整装置/排气调整装置安装到凸轮轴上(M14螺栓)	第一步,接合力矩55N·m 第二步,顺时针旋转螺栓55°
		(6)进气和排气凸轮轴上带凸轮轴传感器齿盘的VANOS(M10螺栓)	第一步,接合力矩20N·m 第二步,顺时针旋转螺栓180°
10	可调式气门机构	(1)偏心轴传感器固定在气缸盖上(M6螺栓)	8N·m
		(2)伺服电动机安装到气缸盖上(M10螺栓)	10N·m
		(3)复位弹簧安装到气缸盖上(M10螺栓)	
		(4)拉杆安装到气缸盖上(M6螺栓)	
		(5)拉杆安装到轴承桥架上(M8螺栓)	20N·m
		(6)偏心轴的限位螺栓拧紧到气缸盖上(M6螺栓)	10N·m
		(7)偏心轴调整电动机安装到气缸盖上(M6螺栓)	8N·m
11	油泵及滤网和电动机	(1)发动机缸体上的液压阀(M6螺栓)	8N·m
		(2)阀门安装到油底壳上(M6螺栓)	8.6N·m
		(3)机油/真空泵安装到曲轴箱上(M8螺栓)	19N·m
		(4)用螺丝刀拧紧外部机油泵(M8螺栓)	10N·m

续表

序号	零部件	安装位置	安装力矩
11	油泵及滤网和电动机	(5)进气管安装到机油/真空泵上(M6 螺栓)	8N·m
		(6)链轮安装到机油泵上(M10 螺栓)(注意左旋螺纹)	第一步,接合力矩 5N·m 第二步,顺时针旋转螺栓 90°
12	机油滤清器和管道	(1)机油管安装到预流油路上(M6 螺栓)	10N·m
		(2)放油螺塞(M12 螺栓)	25N·m
		(3)放油螺塞安装到油底壳(塑料油底壳)上(M12 螺栓)	8N·m
13	冷却液泵	(1)电动冷却液泵安装到曲轴箱上(M8 螺栓)	第一步,接合力矩 10N·m 第二步,顺时针旋转螺栓 90°
		(2)电动冷却液泵安装到支架上(M6 螺栓)	8N·m
		(3)皮带轮安装到冷却液泵上(M6 螺栓)	
		(4)节温器安装到冷却液泵上(M6 螺栓)	10N·m
14	风扇	(1)水泵上的风扇离合器左旋螺纹锁紧螺母力矩	40N·m
		(2)风扇离合器上的风扇力矩	10N·m
15	废气涡轮增压器,带调节	(1)带旁路节气门的连接管安装到低压级废气涡轮增压器/高压级上(M6 螺栓)	8N·m
		(2)电动废气门阀调节器安装到废气涡轮增压器上(M8 螺栓)	20N·m
		(3)真空泵/油泵串联安装到曲轴箱上(M8 螺栓)	第一步,接合力矩 15N·m 第二步,顺时针旋转螺栓 45°
		(4)链轮安装到油泵上(M10 螺栓)(左旋螺纹)	第一步,接合力矩 5N·m 第二步,顺时针旋转螺栓 90°
16	凸轮轴	(1)进气和排气凸轮轴安装到凸轮轴架中(M6 螺栓)	10N·m
		(2)链轮安装到凸轮轴上(M7 螺栓)	17N·m
		(3)导轨和张紧导轨安装到曲轴箱上(M8 螺栓)	20N·m
		(4)电磁阀支架安装到气缸盖上(M6 螺栓)	10N·m
		(5)滑轨安装到气缸盖上(M6 螺栓)	
		(6)将下部链条张紧器安装到曲轴箱上(M6 螺栓)	9N·m
17	废气控制,调控用传感器/监控用传感器	调控用传感器/监控用传感器(M18 螺栓)	50N·m
18	排气控制,氧传感器	空燃比控制传感器,监控氧传感器(M18 螺栓)	50N·m
19	带轴承的连杆	连杆轴承盖安装到连杆上(M9 螺栓)	第一步,接合力矩 20N·m 第二步,顺时针旋转螺栓 70° 第三步,顺时针旋转螺栓 70°

第四节　宝马 N13B16 发动机

一、机油加注

① 更换机油时含机油滤清器滤芯的加注量为 4.2L。
② 放油螺栓力矩为 30N·m。
③ 机油滤清器盖安装力矩为 25N·m。

二、发动机螺栓力矩（表 1-4）

表 1-4　发动机螺栓力矩

序号	零部件	安装位置	安装力矩
1	发动机缸体	(1) 主轴承螺栓拧紧力矩（M9 螺栓）	第一步，接合力矩 30N·m 第二步，顺时针旋转螺栓 150°
		(2) 油道螺旋塞（M6 螺栓）	10N·m
		(3) 喷油嘴安装到曲轴箱（M10 螺栓）	20N·m
		(4) 空调压缩机固定（M8 螺栓）	15N·m
		(5) 曲轴箱侧面螺旋塞（M16 螺栓）	
		(6) 机组支架安装到曲轴箱上（M6 螺栓）	22N·m
2	气缸盖	(1) 气缸盖螺栓（M10 螺栓）	第一步，接合力矩 30N·m 第二步，顺时针旋转螺栓 90° 第三步，顺时针旋转螺栓 90°
		(2) 气缸盖罩固定在气缸盖上（M6 螺栓）	10N·m
		(3) 接地导线接到气缸盖罩上（M5 螺栓）	6N·m
		(4) 偏心轴的轴承盖安装到气缸盖上（M6 螺栓）	10N·m
		(5) 进气凸轮轴轴承盖安装到轴承座上（M6 螺栓）	
		(6) 排气凸轮轴轴承盖安装到气缸盖上（M6 螺栓）	
3	油底壳	(1) 油底壳固定在发动机缸体上（M6 螺栓）	12N·m
		(2) 机油泵安装到发动机缸体上（M6 螺栓）	
4	壳体盖	曲轴箱通风装置安装到气缸盖上（M6 螺栓）	10N·m
5	曲轴	曲轴上的信号齿轮（M5 螺栓）	第一步，接合力矩 5N·m 第二步，顺时针旋转螺栓 45°
6	飞轮	飞轮安装到曲轴上（M9 螺栓）	第一步，接合力矩 8N·m 第二步，接合力矩 30N·m 第三步，顺时针旋转螺栓 90°
7	减振器	减振器安装到曲轴套上（M8 螺栓）	28N·m
8	传动带及传动带张紧器和导向件	(1) 传动带张紧器安装到发电机上（M20 螺栓）	20N·m
		(2) 摩擦轮安装到曲轴箱上（M6 螺栓）	10N·m
9	可变凸轮轴正时控制系统（VANOS）	(1) VANOS 安装到进气和排气凸轮轴上（M10 螺栓）	第一步，接合力矩 20N·m 第二步，顺时针旋转螺栓 180°
		(2) VANOS 止回阀安装到气缸盖上（M14 螺栓）	13N·m
		(3) 电磁阀支架安装到曲轴箱上（M6 螺栓）	9N·m

续表

序号	零部件	安装位置	安装力矩
10	可调式气门机构	(1)滑块定位螺栓拧紧到气缸盖上(M6 螺栓)	10N·m
		(2)拉杆安装到气缸盖上(M6 螺栓)	
		(3)复位弹簧安装到气缸盖上(M6 螺栓)	
		(4)伺服电动机安装到气缸盖上(M6 螺栓)	8N·m
11	油泵及滤网和电动机	(1)油泵安装到底板上(M8 螺栓)	25N·m
		(2)链轮安装到油泵上(M8 螺栓)	第一步,接合力矩 5N·m 第二步,顺时针旋转螺栓 90°
12	机油滤清器和管道	(1)机油滤清器盖安装到机油滤清器壳上	25N·m
		(2)机油滤清器壳安装到气缸盖上(M6 螺栓)	10N·m
		(3)曲轴箱的发动机进油管安装到废气涡轮增压器上	30N·m
		(4)进流和回流发动机油管安装到废气涡轮增压器上(M6 螺栓)	10N·m
13	冷却液泵	(1)冷却液泵安装到曲轴箱上(M6 螺栓)	9N·m
		(2)冷却液泵轮安装到冷却液泵上(M6 螺栓)	10N·m
		(3)冷却液泵附加支架安装到曲轴箱和机组支架上(M6 螺栓)	
14	风扇	(1)水泵上的风扇离合器左旋螺纹锁紧螺母力矩	40N·m
		(2)风扇离合器上的风扇力矩	10N·m
15	废气涡轮增压器,带调节	(1)废气涡轮增压器与排气歧管安装到气缸盖上(M8 螺栓)	25N·m
		(2)废气涡轮增压器支架安装到曲轴箱上(M10 螺栓)	53N·m
16	进气歧管	(1)进气歧管安装到气缸盖上 M8 螺栓 M7 螺栓 M6 螺栓	22N·m 15N·m 10N·m
		(2)吸音罩安装到支架上(M6 螺栓)	10N·m
		(3)节气门安装到进气歧管上(M6 螺栓)	
17	进气集气箱	(1)收集器安装到气缸盖上(M8 螺栓)	20N·m
		(2)支架固定到曲轴箱上(M8 螺栓)	
		(3)支架安装到收集器上(M6 螺栓)	8N·m
18	排气歧管	排气歧管安装到气缸盖上(M8 螺栓)	25N·m
19	真空泵/油泵	吸油管安装到油泵上(M6 螺栓)	10N·m
20	凸轮轴	(1)曲轴箱导轨(M8 螺栓)	24N·m
		(2)导轨安装到气缸盖上(M14 螺栓)	25N·m
		(3)链条张紧器安装到气缸盖上(M22 螺栓)	80N·m
21	废气控制,调控用传感器/监控用传感器	调控用传感器/监控用传感器(M18 螺栓)	50N·m
22	排气控制,氧传感器	空燃比控制传感器,监控氧传感器(M18 螺栓)	50N·m

第五节　宝马 N20B20 发动机

一、机油加注

① 更换机油时含机油滤清器滤芯的加注量为 5.0L。
② 放油螺栓力矩为 25N·m。
③ 机油滤清器盖安装力矩为 25N·m。

二、发动机螺栓力矩（表 1-5）

表 1-5　发动机螺栓力矩

序号	零部件	安装位置	安装力矩
1	发动机缸体	(1) 主轴承螺栓（M10 螺栓）	第一步，接合力矩 5N·m 第二步，紧固力矩 20N·m 第三步，顺时针旋转螺栓 90° 第四步，顺时针旋转螺栓 90°
		(2) 曲轴箱下部件上的螺栓安装到上部件上（M8 螺栓）	第一步，接合力矩 5N·m 第二步，紧固力矩 22N·m 第三步，涂密封剂后最终上紧（22N·m）
		(3) 喷油嘴安装在发动机缸体上	12N·m
		(4) 正时齿轮箱上部件螺旋塞（M22 螺栓）	50N·m
2	气缸盖	(1) 气缸盖螺栓（M11 螺栓）	第一步，接合力矩 30N·m 第二步，顺时针旋转螺栓 90° 第三步，顺时针旋转螺栓 180°
		(2) 气缸盖罩固定在气缸盖上（M6 螺栓）	9N·m
		(3) 点火线圈和喷油嘴导孔安装到气缸盖上（M6 螺栓）	10N·m
		(4) 气缸盖接地端（M5 螺栓）	6N·m
		(5) 放油螺塞（M16 螺栓）	27N·m
3	油底壳	(1) 放油螺塞拧紧到油底壳上（带四轮驱动）（M12 螺栓）	25N·m
		(2) 放油螺塞拧紧到油底壳上（不带四轮驱动）（M12 螺栓）	8N·m
		(3) 油底壳（塑料）安装到曲轴箱下部件上（M6 螺栓）	10N·m
		(4) 油底壳（铝制）安装到曲轴箱下部件上（四轮驱动）（M6 螺栓）	
4	扭矩减振器	扭矩减振器（轮毂）安装到曲轴上（M18 螺栓）	第一步，接合力矩 100N·m 第二步，顺时针旋转螺栓 270°
5	曲轴	曲轴上的信号齿轮（M5 螺栓）	第一步，接合力矩 5N·m 第二步，顺时针旋转螺栓 45°
6	飞轮	飞轮安装到曲轴上（M12 螺栓）	第一步，接合力矩 60N·m 第二步，顺时针旋转螺栓 45°
7	减振器	减振器装到曲轴轴套上（M8 螺栓）	35N·m

续表

序号	零部件	安装位置	安装力矩
8	传动带及传动带张紧器和导向件	传动带张紧器与换向滚子拧紧到发动机缸体上(M8螺栓)	19N·m
9	可变凸轮轴正时控制系统(VANOS)	可调式凸轮轴控制装置(VANOS)与多极传感轮安装到进气和排气凸轮轴上(M14螺栓)	第一步,接合力矩55N·m 第二步,顺时针旋转螺栓55°
10	可调式气门机构	(1)摇杆滑块安装到气缸盖上(M6螺栓) (2)扭转弹簧(节气门复位弹簧)安装到气缸盖上(M6螺栓) (3)喷油嘴安装到定位板上(M6螺栓) (4)伺服电动机安装到气缸盖上(M6螺栓)	10N·m
11	油泵及滤网和电动机	(1)油泵安装到底板上(M8螺栓)	25N·m
		(2)链轮安装到油泵上(M8螺栓)	第一步,接合力矩5N·m 第二步,顺时针旋转螺栓90°
12	机油滤清器和管道	(1)吸油管安装到油泵壳上(M6螺栓)	10N·m
		(2)平衡轴模块安装到台板结构上(M8螺栓)	第一步,接合力矩19N·m 第二步,顺时针旋转螺栓90°
		(3)链条模块安装到曲轴箱和油泵上(M6螺栓)	30N·m
		(4)链轮安装到平衡轴上(M10螺栓)	第一步,接合力矩20N·m 第二步,顺时针旋转螺栓90°
13	冷却液泵	(1)冷却液泵安装到前桥架梁上(M8螺栓)	19N·m
		(2)冷却液泵安装到曲轴箱上(M8螺栓)	22N·m
14	风扇	(1)水泵上的风扇离合器左旋螺纹锁紧螺母力矩	40N·m
		(2)风扇离合器上的风扇力矩	10N·m
15	废气涡轮增压器,带调节	(1)废气涡轮增压器安装到气缸盖上(M7螺栓)	13N·m
		(2)循环空气减压阀安装到废气涡轮增压器上(M6螺栓)	10N·m
16	真空泵/油泵	真空泵安装到气缸盖罩上(M6螺栓)	10N·m
17	凸轮轴	(1)排气凸轮轴轴承盖安装到气缸盖上(M6螺栓)	12N·m
		(2)偏心轴轴承盖安装到气缸盖上(M6螺栓)	10N·m
		(3)进气凸轮轴轴承盖安装到气缸盖上(M6螺栓)	
		(4)链条传动模块安装到气缸盖上(M6螺栓)	
		(5)导轨安装到曲轴箱上(M8螺栓)	24N·m
		(6)导轨安装到气缸盖上(M7螺栓)	14N·m
		(7)链条张紧器安装到气缸盖上(M22螺栓)	80N·m
		(8)闭锁螺栓安装到气缸盖中(M18螺栓)	25N·m
18	废气控制,调控用传感器/监控用传感器	调控用传感器/监控用传感器(M18螺栓)	50N·m

续表

序号	零部件	安装位置	安装力矩
19	排气控制，氧传感器	空燃比控制传感器，监控氧传感器（M18 螺栓）	50N·m
20	连杆	连杆螺栓（M9 螺栓）	第一步，接合力矩 20N·m 第二步，顺时针旋转螺栓 70° 第三步，顺时针旋转螺栓 70°

第六节　宝马 N52B30 发动机

一、机油加注

① 更换机油时含机油滤清器滤芯的加注量为 6.5L。
② 放油螺栓力矩为 25N·m。
③ 机油滤清器盖安装力矩为 25N·m。

二、发动机螺栓力矩（表 1-6）

表 1-6　发动机螺栓力矩

序号	零部件	安装位置	安装力矩
1	发动机缸体	(1)台板安装到曲轴箱上（M10 螺栓）	第一步，接合力矩 20N·m 第二步，顺时针旋转螺栓 70°
		(2)冷却液排放螺塞拧紧到曲轴箱上（M14 螺栓）	50N·m
		(3)喷油嘴安装到曲轴箱中（M8 螺栓）	12N·m
2	气缸盖	(1)气缸盖安装到曲轴箱上（M10 螺栓）	第一步，接合力矩 30N·m 第二步，顺时针旋转螺栓 90° 第三步，顺时针旋转螺栓 90° 第四步，顺时针旋转螺栓 45°
		(2)气缸盖安装到曲轴箱上（M9 螺栓）	第一步，接合力矩 30N·m 第二步，顺时针旋转螺栓 90° 第三步，顺时针旋转螺栓 45°
		(3)点火线圈盖安装到气缸盖罩上（M6 螺栓）	4N·m
		(4)偏心轴的轴承安装到气缸盖上（M6 螺栓）	9N·m
		(5)气缸盖罩安装到气缸盖上（M7 螺栓）	
		(6)凸轮轴轴承盖安装到气缸盖上（M6 螺栓）	
3	油底壳	(1)放油螺塞拧紧到油底壳上（M12 螺栓）	25N·m
		(2)油底壳（铝制）安装到曲轴箱下部件上（M8 螺栓）	第一步，接合力矩 8N·m 第二步，顺时针旋转螺栓 60°
		(3)变速箱安装到油底壳上（M8 螺栓）	19N·m
		(4)油位传感器安装到油底壳上（M6 螺栓）	8N·m
4	扭矩减振器	扭矩减振器（轮毂）安装到曲轴上（M16 螺栓）	第一步，接合力矩 100N·m 第二步，顺时针旋转螺栓 360°
5	曲轴	曲轴上的信号齿轮（M5 螺栓）	第一步，接合力矩 5N·m 第二步，顺时针旋转螺栓 45°

续表

序号	零部件	安装位置	安装力矩
6	飞轮	飞轮安装到曲轴上(M12 螺栓)	第一步,接合力矩 60N·m 第二步,顺时针旋转螺栓 45°
7	减振器	减振器安装到曲轴轴套上(M8 螺栓)	35N·m
8	传动带及传动带张紧器和导向件	传动带张紧器与换向滚子拧紧到发动机缸体上(M11 螺栓)	第一步,接合力矩 25N·m 第二步,顺时针旋转螺栓 90°
9	可变凸轮轴正时控制系统(VANOS)	(1)带脉冲信号齿的 VANOS 安装到进气凸轮轴和排气凸轮轴上(M10 螺栓)	第一步,接合力矩 20N·m 第二步,顺时针旋转螺栓 180°
		(2)VANOS 止回阀安装到气缸盖上(M14 螺栓)	13N·m
		(3)将偏心轴传感器安装到气缸盖上(M6 螺栓)	9N·m
10	可调式气门机构	(1)定位板安装到正时齿轮壳上(M6 螺栓)	10N·m
		(2)扭转弹簧安装到气缸盖上(M6 螺栓)	
		(3)喷油嘴安装到定位板上(M6 螺栓)	
		(4)伺服电动机安装到气缸盖上(M6 螺栓)	
11	油泵及滤网和电动机	(1)吸油管安装到台板上(M6 螺栓)	第一步,接合力矩 4N·m 第二步,顺时针旋转螺栓 100°
		(2)链轮安装到油泵上(M8 螺栓)	第一步,接合力矩 20N·m 第二步,顺时针旋转螺栓 45°
12	机油滤清器和管道	(1)机油滤清器盖安装到机油滤清器壳上	25N·m
		(2)机油滤清器壳安装到气缸盖上(M8 螺栓)	22N·m
		(3)冷却液热交换器安装到机油滤清器壳上(M8 螺栓)	16N·m
13	冷却液泵	电动水泵安装到曲轴箱上(M8 螺栓)	第一步,接合力矩 10N·m 第二步,顺时针旋转螺栓 90°
14	风扇	(1)水泵上的风扇离合器左旋螺纹锁紧螺母力矩	40N·m
		(2)风扇离合器上的风扇力矩	10N·m
15	真空泵/油泵	真空泵安装到气缸盖罩上(M6 螺栓)	10N·m
16	凸轮轴	(1)链条传动模块、滑轨安装到气缸盖轴承盖上(M6 螺栓)	8N·m
		(2)带张紧导轨的导轨拧紧到曲轴箱上(M8 螺栓)	20N·m
		(3)链条张紧器安装到气缸盖上(M22 螺栓)	55N·m
		(4)装配开口安装到气缸盖上(M18 螺栓)	25N·m
		(5)凸轮轴轴承盖罩安装到气缸盖上(M6 螺栓)	9N·m
17	废气控制,调控用传感器/监控用传感器	调控用传感器/监控用传感器(M18 螺栓)	50N·m
18	排气控制,氧传感器	空燃比控制传感器,监控氧传感器(M18 螺栓)	50N·m
19	连杆	连杆螺栓(M8 螺栓)	第一步,接合力矩 20N·m 第二步,顺时针旋转螺栓 120°

第七节　迷你 N16B16 发动机

一、机油加注

① 更换机油时含机油滤清器滤芯的加注量为 4.2L。
② 放油螺栓力矩为 30N·m。
③ 机油滤清器盖安装力矩为 25N·m。

二、发动机螺栓力矩（表 1-7）

表 1-7　发动机螺栓力矩

序号	零部件	安装位置	安装力矩
1	发动机缸体	(1) 主轴承螺栓 (M9 螺栓)	第一步，接合力矩 30N·m 第二步，顺时针旋转螺栓 150°
		(2) 正时齿轮箱上部件放油螺塞 (M22 螺栓)	35N·m
		(3) 正时齿轮箱下部件放油螺塞 (M16 螺栓)	32N·m
		(4) 喷油嘴安装到曲轴箱上	20N·m
2	气缸盖	(1) 气缸盖螺栓 (M8 螺栓)	第一步，接合力矩 15N·m 第二步，顺时针旋转螺栓 90° 第三步，顺时针旋转螺栓 90°
		(2) 气缸盖罩固定在气缸盖上 (M6 螺栓)	10N·m
		(3) VVT 传感器安装到气缸盖上 (M6 螺栓)	
		(4) 气缸盖接地端 (M5 螺栓)	6N·m
		(5) 进气凸轮轴轴承盖安装到轴承座上 (M6 螺栓)	10N·m
		(6) 排气凸轮轴轴承盖安装到轴承座上 (M6 螺栓)	
3	油底壳	(1) 放油螺塞 (M18 螺栓)	30N·m
		(2) 油底壳固定在发动机缸体上 (M6 螺栓)	12N·m
		(3) 机油泵安装到发动机缸体上 (M6 螺栓)	10N·m
4	扭矩减振器	扭矩减振器（轮毂）安装到曲轴上 (M18 螺栓)	第一步，接合力矩 50N·m 第二步，顺时针旋转螺栓 180°
5	飞轮	飞轮安装到曲轴上 (M12 螺栓)	第一步，接合力矩 8N·m 第二步，接合力矩 30N·m 第三步，顺时针旋转螺栓 90°
6	减振器	减振器安装到曲轴轴套上 (M8 螺栓)	28N·m
7	传动带及传动带张紧器和导向件	(1) 传动带张紧器与换向滚子拧紧到发动机缸体上 (M8 螺栓)	20N·m
		(2) 摩擦轮安装到曲轴箱上 (M6 螺栓)	8N·m
8	连杆	连杆螺栓 (M7 螺栓)	第一步，接合力矩 5N·m 第二步，接合力矩 15N·m 第三步，顺时针旋转螺栓 130°
9	可变凸轮轴正时控制系统（VANOS）	(1) VANOS 安装到进气和排气凸轮轴上 (M10 螺栓)	第一步，接合力矩 20N·m 第二步，顺时针旋转螺栓 180°
		(2) VANOS 止回阀安装到气缸盖上	13N·m

续表

序号	零部件	安装位置	安装力矩
10	可调式气门机构	(1)滑块定位螺栓拧紧到气缸盖上(M6 螺栓)	10N·m
		(2)拉杆安装到气缸盖上(M6 螺栓)	
		(3)复位弹簧安装到气缸盖上(M6 螺栓)	
		(4)伺服电动机安装到气缸盖上(M6 螺栓)	
		(5)脉冲信号齿(磁铁传感器)安装到凸轮轴上(M6 螺栓)	8N·m
		(6)偏心轴传感器固定在气缸盖上	8.5N·m
11	废气控制,调控用传感器/监控用传感器	调控用传感器/监控用传感器(M18 螺栓)	50N·m
12	机油滤清器和管道	(1)机油滤清器盖安装到机油滤清器壳上	25N·m
		(2)机油滤清器壳安装到曲轴箱上(M6 螺栓)	10N·m
13	冷却液泵	(1)冷却液泵安装到曲轴箱上(M6 螺栓)	9N·m
		(2)冷却液泵轮安装到冷却液泵上(M6 螺栓)	8N·m
		(3)风扇离合器上的风扇力矩	
		(4)循环空气减压阀安装到废气涡轮增压器上(M6 螺栓)	10N·m
14	真空泵/油泵	真空泵安装到气缸盖罩上(M6 螺栓)	10N·m
15	凸轮轴	(1)曲轴箱导轨(M8 螺栓)	24N·m
		(2)导轨安装到气缸盖上(M14 螺栓)	25N·m
		(3)管路固定在气缸盖上(M6 螺栓)	9N·m
		(4)链条张紧器安装到气缸盖上(M22 螺栓)	80N·m
16	排气控制,氧传感器	空燃比控制传感器,监控氧传感器(M18 螺栓)	50N·m

第二章 奔驰车系

第一节 M270 发动机

一、机油加注

① 更换机油时含机油滤清器滤芯的加注量为 5.8L。
② 放油螺栓力矩为 40N·m。
③ 机油滤清器盖安装力矩为 20N·m。

二、发动机常规数据和螺栓力矩（表 2-1 和表 2-2）

表 2-1 发动机常规数据

序号	项目	规格
1	缸径	83.000～83.015mm
2	活塞直径	82.954～82.982mm
3	活塞凸出量或活塞凹进量	+0.05mm
4	活塞间隙	0.018～0.061mm
5	活塞环的垂直间隙	凹槽 1：0.04～0.075mm 凹槽 2：0.03～0.07mm
6	活塞环端部间隙	凹槽 1：0.18～0.30mm 凹槽 2：0.3～0.5mm 凹槽 3：0.2～0.7mm
7	扭转摩擦平衡器啮合间隙	总成值：0.09～0.17mm 设定值：0.07～0.15mm
8	气缸盖螺栓	螺纹直径：11mm 新件长度：163mm 长度：≤164mm
9	曲轴轴承	基孔直径：59.000～59.019mm 配合轴承的基孔宽度：19.967～20.00mm 基孔的允许失圆度和锥度：0.03mm
10	曲轴轴承间隙	径向测量值（新）：0.019～0.043mm 轴向测量值（新）：0.120～0.300mm

续表

序号	项目	规格
11	连杆轴轴承	径向测量值(新):0.017～0.068mm
12	凸轮轴轴颈的直径	进气门:25.947～25.963mm 排气门:25.947～25.963mm 凸轮轴配合轴承轴颈的直径标准尺寸:31.947～31.963mm

表 2-2 发动机螺栓力矩

序号	项目	规格
1	连接机油喷嘴到气缸体曲轴箱	20N·m
2	连接机油泵到曲轴箱	14N·m
3	连接管路凸缘/护盖到机油泵	9N·m
4	连接吸油管到管路凸缘/支架	9N·m
5	连接液压部件换向阀到机油泵	4N·m
6	连接挡油板到曲轴箱	9N·m
7	连接螺纹盖到机油滤清器壳	25N·m
8	连接机油滤清器壳到气缸体曲轴箱	20N·m
9	连接连杆轴承盖到连杆(用于新螺栓的初步拧紧)	第1级:5N·m 第2级:15N·m 第3级:180° 第4级:松开螺栓 第5级:5N·m 第6级:15N·m 第7级:90°
10	连接连杆轴承盖到连杆(如果可重复使用)	第1级:5N·m 第2级:15N·m 第3级:90°
11	连接气缸盖到曲轴箱	第1级:10N·m 第2级:40N·m 第3级:90° 第4级:90° 第5级:90°
12	连接气缸盖到正时箱盖罩	20N·m
13	连接前护盖到气缸盖/气缸盖罩	9N·m
14	排气歧管的柱螺栓	8N·m
15	连接右前吊耳到气缸盖	M6:9N·m M8:20N·m
16	连接左后吊耳到气缸盖/气缸盖罩	20N·m
17	连接右后吊耳到气缸盖/气缸盖罩	20N·m
18	连接吊耳到气缸盖/气缸盖罩	20N·m
19	连接正时箱盖罩到曲轴箱	9N·m
20	连接后部端盖到曲轴箱	9N·m
21	连接横向油槽到曲轴箱	30N·m
22	连接油槽到曲轴箱	20N·m

续表

序号	项目	规格
23	连接气缸盖罩到气缸盖	第1级:10N·m 第2级:90°
24	连接机油分离器到曲轴箱	9N·m
25	连接加注口到气缸盖罩	9N·m
26	连接机油分离器通风管路到曲轴箱	9N·m
27	连接曲轴箱通风系统通风管到曲轴箱	9N·m
28	连接排气阀到净化管	4N·m
29	凸轮轴压紧工具的螺栓	28N·m
30	连接脉冲轮/凸轮轴调节器到凸轮	第1级:18N·m 第2级:45°
31	连接凸轮轴调节器护盖	10N·m
32	连接气门升程开关促动器到气缸盖罩	9N·m
33	连接油底壳到曲轴箱/正时箱盖罩	11N·m
34	连接放油螺塞到油底壳	40N·m
35	连接油尺导向管到气缸盖罩	9N·m
36	连接链条张紧器到支架	40N·m
37	正时链铆接元件的销(参考值)	32N·m
38	连接链条张紧器支架到曲轴箱	20N·m

第二节　M271 发动机

一、机油加注

① 更换机油时含机油滤清器滤芯的加注量为 6.0L。
② 放油螺栓力矩为 30N·m。
③ 机油滤清器盖安装力矩为 25N·m。

二、发动机常规数据和螺栓力矩（表 2-3 和表 2-4）

表 2-3　发动机常规数据

序号	项目	规格
1	气缸孔直径	82.000~82.010mm
2	活塞直径	81.946~81.964mm
3	活塞凸出量或活塞凹进量	0.055~0.255mm
4	连杆螺栓	杆长度:新件 28mm 最大:38.4mm
5	减振器的允许偏差	径向跳动:0.3mm 横向跳动:0.3mm

续表

序号	项目	规格
6	活塞环端部间隙	凹槽1:0.03~0.065mm 凹槽2:0.015~0.055mm 凹槽3:0.01~0.018mm
7	气缸盖螺栓	螺纹:10mm×1.5mm 新件长度:165mm
8	凸轮轴轴承游隙,磨损极限或限值	0.10mm
9	曲轴主轴承游隙	径向测量值(新):0.021~0.045mm 轴向测量值(新):0.100~0.300mm
10	连杆轴承游隙	径向测量值(新):0.017~0.068mm
11	凸轮轴轴承的直径	标准尺寸:30.00~30.021mm

表2-4 发动机螺栓力矩

序号	项目	规格
1	连接机油喷嘴到气缸体曲轴箱	20N·m
2	机油泵盖的螺钉	14N·m
3	连接机油泵到扭转摩擦器差速器外壳	9N·m
4	连接驱动齿轮到扭转摩擦器平衡轴	20N·m
5	连接吸油管到扭转摩擦器差速器外壳	8N·m
6	连接正时箱盖罩到气缸体曲轴箱	28N·m
7	曲轴箱排放接头	12N·m
8	连接气缸盖到正时箱盖罩	20N·m
9	连接端盖到气缸体曲轴箱或油底壳	8N·m
10	动力转向泵/制冷剂压缩机支架的螺钉/螺栓	20N·m
11	曲轴箱螺旋塞	45N·m
12	发电机托架的螺钉/螺栓	20N·m
13	连接导轮到正时箱	20N·m
14	连接发电机到正时箱	20N·m
15	连接机油温度调节器到气缸体曲轴箱	50N·m
16	连接螺纹盖到机油滤清器壳	25N·m
17	连接机油滤清器壳到气缸体曲轴箱	20N·m
18	连接接地线到前护盖	8N·m
19	气缸盖的螺钉/螺栓	第1级:10N·m 第2级:90° 第3级:90°
20	连接凸轮轴轴承壳体上部到气缸盖	10N·m
21	连接凸轮轴轴承壳体下部到气缸盖	14N·m

续表

序号	项目	规格
22	连接吊耳到气缸盖	13N·m
23	连接吊耳到前护盖和凸轮轴轴承壳体	9N·m
24	连接前护盖到气缸盖	9N·m
25	连接吸油管到气缸盖	8N·m
26	连接节温器外壳到气缸盖	9N·m
27	连接气缸盖罩到凸轮轴轴承壳体	9N·m
28	连接正时箱盖罩到气缸体曲轴箱	20N·m
29	连接真空泵到凸轮轴轴承壳体	9N·m
30	连接转换阀到凸轮轴轴承壳体	9N·m
31	连接前护盖到凸轮轴轴承壳体	20N·m
32	连接凸轮轴调节器到凸轮轴	90N·m
33	连接凸轮轴轴承壳体上部和下部到气缸盖	第1级:10N·m 第2级:90°
34	连接凸轮轴电磁铁到前护盖及气缸	8N·m
35	连接高压泵到凸轮轴轴承壳体	9N·m
36	连接保护板到凸轮轴轴承壳体	8N·m
37	连接油底壳到气缸体曲轴箱	M6:9N·m M8:20N·m
38	连接动力转向油管到油底壳	10N·m
39	连接自动变速箱油管到油底壳	11N·m
40	连接自动变速箱油管到自动变速箱	第1级:5N·m 第2级:90°
41	连接变速箱钟状外壳到油底壳	38N·m
42	油底壳的放油螺塞	30N·m
43	连接油底壳到正时箱盖罩	9N·m
44	连接链条张紧器到支架	40N·m
45	正时链铆接元件的销(参考值)	32N·m
46	连接链条张紧器支架到曲轴箱	20N·m

第三节 M272发动机

一、机油加注

① 更换机油时含机油滤清器滤芯的加注量为8.0L。
② 放油螺栓力矩为30N·m。
③ 机油滤清器盖安装力矩为25N·m。

二、发动机螺栓力矩（表 2-5）

表 2-5 发动机螺栓力矩

序号	项目	规格
1	连接皮带轮到曲轴	第1级:200N·m 第2级:90°
2	连接起动机齿圈/驱动盘到曲轴	第1级:20N·m 第2级:45N·m 第3级:90°
3	连接飞轮或双质量飞轮/驱动盘到曲轴	第1级:45N·m 第2级:90°
4	连接起动机齿圈/起动机-发电机到曲轴	第1级:20N·m 第2级:45N·m 第3级:90°
5	连接吸油管到机油泵	9N·m
6	连接吸油管到曲轴箱	9N·m
7	连接挡油板到气缸体曲轴箱	9N·m
8	连接机油泵链张紧装置到机油泵	10N·m
9	连接机油泵到气缸体曲轴箱	第1级:5N·m 第2级:20N·m
10	连接进气歧管底部到油底壳	14N·m
11	连接螺纹盖到机油滤清器壳	25N·m
12	连接机油滤清器壳到正时箱盖罩	20N·m
13	连接机油滤清器壳到气缸体曲轴箱	20N·m
14	连杆螺栓	第1级:5N·m 第2级:20N·m 第3级:90°
15	连接平衡锤到平衡轴	第1级:15N·m 第2级:90°
16	连接接地线到前护盖	9N·m
17	连接气缸盖到正时箱	20N·m
18	连接气缸盖罩到气缸盖	第1级:12N·m 第2级:90°
19	连接吊耳到气缸盖	20N·m
20	连接前护盖到气缸盖	9N·m
21	连接节温器壳体到正时箱	14N·m
22	连接离心机罩到气缸盖	9N·m
23	连接转换阀支架到气缸盖	9N·m
24	连接接地线到气缸盖罩	9N·m
25	连接空气滤清器壳橡胶支承垫到气缸盖罩	8N·m
26	连接电缆管道到气缸盖罩	9N·m

续表

序号	项目	规格
27	连接电缆管道到吊耳	9N·m
28	连接电缆管道到前部气缸盖	20N·m
29	连接控制单元支架到气缸盖罩	9N·m
30	连接气缸盖到曲轴箱	第1级:12N·m 第2级:50N·m 第3级:90° 第4级:90°
31	连接隔热板到气缸盖	9N·m
32	连接低温回路冷却液管路支架到气缸盖或气缸盖前护盖	9N·m
33	连接切断阀支架到气缸盖	20N·m
34	曲轴轴承盖螺栓	第1级:20N·m 第2级:90°
35	用于曲轴轴承盖的侧螺栓	第1级:20N·m 第2级:90°
36	曲轴轴承盖螺栓	第1级:5N·m 第2级:30N·m 第3级:90°
37	连接正时箱盖罩到气缸体曲轴箱	20N·m
38	连接气缸盖到正时箱盖罩	20N·m
39	连接端盖到气缸体曲轴箱或油底壳	8N·m
40	连接冷却液排放螺塞到气缸体曲轴箱	12N·m
41	连接螺旋塞到正时箱盖罩	20N·m
42	连接中间壳体到曲轴箱/油底壳	M6:8N·m M10:38N·m
43	连接中间凸缘到曲轴箱/油底壳	9N·m
44	连接离心机罩到气缸盖/气缸盖罩	第1级:6N·m 第2级:90°
45	连接离心机到凸轮轴链轮	第1级:6N·m 第2级:90°
46	连接机油分离器到气缸盖罩	12N·m
47	连接凸轮轴调节器到凸轮轴	145N·m
48	连接凸轮轴电磁铁到前护盖及气缸盖	8N·m
49	连接脉冲轮/凸轮轴调节器到凸轮轴	145N·m
50	连接副轴承盖到气缸盖	8N·m
51	油底壳的放油螺塞	30N·m
52	连接油底壳到气缸体曲轴箱,正时箱盖罩或后护盖	9N·m
53	连接油底壳底部到油底壳	9N·m
54	连接动力转向机构压力管路到油底壳	10N·m
55	连接油底壳顶部到气缸体曲轴箱的变速箱侧	20N·m
56	油尺导向管的固定螺钉/螺栓	9N·m

续表

序号	项目	规格
57	连接机油管支架到油底壳	9N·m
58	连接电路30的电线支架到油底壳	10N·m
59	连接螺旋塞到油底壳顶部	20N·m
60	链条张紧器终端件	50N·m
61	正时箱盖罩中的链条张紧器外壳	70N·m
62	正时链铆接元件的销（参考值）	32N·m
63	连接链条张紧器到正时箱盖罩	70N·m
64	用于松开链条张紧器的扭矩	70N·m

第四节　M273发动机

一、机油加注

① 更换机油时含机油滤清器滤芯的加注量为8.5L。
② 放油螺栓力矩为30N·m。
③ 机油滤清器盖安装力矩为25N·m。

二、发动机螺栓力矩（表2-6）

表2-6　发动机螺栓力矩

序号	项目	规格
1	连杆螺栓	第1级:5N·m 第2级:25N·m 第3级:90°
2	连接吸油管到机油泵	9N·m
3	连接吸油管到曲轴箱	9N·m
4	连接挡油板到气缸体曲轴箱	9N·m
5	连接机油泵链张紧装置到机油泵	10N·m
6	连接机油泵到气缸体曲轴箱	第1级:5N·m 第2级:20N·m
7	连接进气歧管底部到油底壳	14N·m
8	连接螺纹盖到机油滤清器壳	25N·m
9	连接机油滤清器壳到正时箱盖罩	20N·m
10	连接机油滤清器壳到气缸体曲轴箱	20N·m
11	连接接地线到前护盖	9N·m
12	连接气缸盖到正时箱	20N·m
13	连接气缸盖罩到气缸盖	第1级:12N·m 第2级:90°
14	连接吊耳到气缸盖	20N·m

续表

序号	项目	规格
15	连接前护盖到气缸盖	9N·m
16	连接节温器壳体到正时箱	25N·m
17	连接离心机罩到气缸盖	9N·m
18	连接转换阀支架到气缸盖	9N·m
19	连接接地线到气缸盖罩	9N·m
20	连接空气滤清器壳橡胶支承垫到气缸盖罩	9N·m
21	连接电缆管道到气缸盖罩	9N·m
22	连接电缆管道到吊耳	9N·m
23	连接电缆管道到前部气缸盖	9N·m
24	连接控制单元支架到气缸盖罩	9N·m
25	连接气缸盖到曲轴箱	第1级:20N·m 第2级:50N·m 第3级:90° 第4级:90°
26	连接隔热板到气缸盖	9N·m
27	连接低温回路冷却液管路支架到气缸盖或气缸盖前护盖	9N·m
28	连接切断阀支架到气缸盖	9N·m
29	连杆螺栓	第1级:5N·m 第2级:20N·m 第3级:90° 第4级:90°
30	连接正时箱盖罩到气缸体曲轴箱	20N·m
31	连接气缸盖到正时箱盖罩	25N·m
32	连接端盖到曲轴箱或机油盘	9N·m
33	曲轴箱上的冷却液排放螺塞	12N·m
34	连接离心机罩到气缸盖/气缸盖罩	第1级:6N·m 第2级:90°
35	连接离心机到凸轮轴链轮	第1级:6N·m 第2级:90°
36	连接机油分离器到气缸盖罩	12N·m
37	连接凸轮轴电磁铁到前护盖及气缸盖	8N·m
38	连接脉冲轮/凸轮轴调节器到凸轮轴	145N·m
39	连接副轴承盖到气缸盖	8N·m
40	油底壳的放油螺塞	30N·m
41	连接油底壳到气缸体曲轴箱、正时箱盖罩或后护盖	9N·m
42	连接油底壳底部到油底壳	14N·m
43	连接动力转向机构压力管路到油底壳	10N·m
44	连接油底壳顶部到气缸体曲轴箱的变速箱侧	20N·m
45	油尺导向管的固定螺钉/螺栓	9N·m

续表

序号	项目	规格
46	连接机油管支架到油底壳	9N·m
47	连接螺旋塞到油底壳顶部	20N·m
48	链条张紧器终端件	50N·m
49	正时箱盖罩中的链条张紧器外壳	70N·m
50	连接导轮到曲轴箱	55N·m
51	正时链铆接元件的销(参考值)	32N·m
52	连接链条张紧器到正时箱盖罩	70N·m
53	用于松开链条张紧器的扭矩	70N·m

第五节 M274 发动机

一、机油加注

① 更换机油时含机油滤清器滤芯的加注量为 6.5L。
② 放油螺栓力矩为 40N·m。
③ 机油滤清器盖安装力矩为 25N·m。

二、发动机螺栓力矩（表 2-7）

表 2-7 发动机螺栓力矩

序号	项目	规格
1	连接皮带轮到曲轴	第1级:200N·m 第2级:180°
2	连接双质量飞轮/驱动盘到曲轴	第1级:45N·m 第2级:90°
3	连接机油泵到曲轴箱	14N·m
4	连接管路凸缘/护盖到机油泵	9N·m
5	连接吸油管到管路凸缘/支架	9N·m
6	连接液压部件换向阀到机油泵	4N·m
7	连接挡油板到曲轴箱	9N·m
8	连接螺纹盖到机油滤清器壳	25N·m
9	连接机油滤清器壳到气缸体曲轴箱	9N·m
10	连接连杆轴承盖到连杆(用于新螺栓的初步拧紧)	第1级:5N·m 第2级:15N·m 第3级:180° 第4级:松开螺栓 第5级:5N·m 第6级:15N·m 第7级:90°

续表

序号	项目	规格
11	连接连杆轴承盖到连杆(如果可重复使用)	第1级:5N·m 第2级:15N·m 第3级:90°
12	连接扭转摩擦器平衡外壳到曲轴箱	第1级:5N·m 第2级:27N·m 第3级:90° 第4级:90°
13	连接气缸盖到曲轴箱	第1级:10N·m 第2级:40N·m 第3级:90° 第4级:90° 第5级:90°
14	连接气缸盖到正时箱盖罩	20N·m
15	连接前护盖到气缸盖/气缸盖罩	9N·m
16	排气歧管的柱螺栓	8N·m
17	连接吊耳到气缸盖/气缸盖罩	20N·m
18	曲轴轴承盖螺栓	第1级:36N·m 第2级:120°
19	连接正时箱盖罩到曲轴箱	M6:9N·m M10:58N·m
20	连接后部端盖到曲轴箱	9N·m
21	连接横向油槽到曲轴箱	30N·m
22	连接油槽到曲轴箱	20N·m
23	连接横向油槽到正时箱盖罩	45N·m
24	连接气缸盖罩到气缸	第1级:10N·m 第2级:90°
25	连接机油分离器到曲轴箱	9N·m
26	连接机油分离器通风管路到曲轴箱	9N·m
27	连接曲轴箱通风系统通风管到曲轴箱	9N·m
28	连接排气阀到净化管	4N·m
29	连接机油分离器到气缸盖罩	9N·m
30	连接通风管到冷却液节温器	8N·m
31	凸轮轴压紧工具的螺栓	28N·m
32	连接脉冲轮/凸轮轴调节器到凸轮轴	第1级:18N·m 第2级:45°
33	连接凸轮轴调节器护盖	10N·m
34	连接气门升程开关促动器到气缸盖罩	9N·m
35	连接油底壳到曲轴箱/正时箱盖罩	11N·m
36	连接放油螺塞到油底壳	40N·m
37	连接油尺导向管到高压泵的油底壳保护板	9N·m
38	连接油底壳底部到油底壳	9N·m

续表

序号	项目	规格
39	连接电动冷却液泵接地线到油底壳	12N·m
40	连接链条张紧器到支架	40N·m
41	正时链铆接元件的销（参考值）	32N·m
42	连接链条张紧器支架到曲轴箱	20N·m

第六节　M275 发动机

一、机油加注

① 更换机油时含机油滤清器滤芯的加注量为 9L。
② 放油螺栓力矩为 30N·m。
③ 机油滤清器盖安装力矩为 25N·m。

二、发动机螺栓力矩（表 2-8）

表 2-8　发动机螺栓力矩

序号	项目	规格
1	连接皮带轮到曲轴	第 1 级:275N·m 第 2 级:90°
2	连接双质量飞轮/驱动盘到曲轴	第 1 级:45N·m 第 2 级:90°
3	连接机油泵到曲轴箱	20N·m
4	连接吸油管到机油泵	8N·m
5	连接吸油管到曲轴箱	9N·m
6	连接螺纹盖到机油滤清器	25N·m
7	气缸盖上的右前护盖	8N·m
8	连接导轮到右前护盖	35N·m
9	连接气缸盖到曲轴箱	第 1 级:5N·m 第 2 级:90° 第 3 级:90°
10	连接连杆轴承盖到连杆（用于新螺栓的初步拧紧）	第 1 级:5N·m 第 2 级:15N·m 第 3 级:180° 第 4 级:松开螺栓 第 5 级:5N·m 第 6 级:15N·m 第 7 级:90°
11	连接连杆轴承盖到连杆（如果可重复使用）	第 1 级:5N·m 第 2 级:15N·m 第 3 级:90°
12	连接支架到气缸盖	14N·m
13	连接左前护盖到气缸盖	8N·m

续表

序号	项目	规格
14	连接调压阀到左前护盖	8N·m
15	连接正时箱盖罩到气缸体曲轴箱	14N·m
16	连接气缸盖到正时箱盖罩	8N·m
17	连接皮带轮到正时箱盖罩	35N·m
18	连接挡油板到曲轴箱下部	8N·m
19	气缸盖罩的螺钉/螺栓	第1级:4N·m 第2级:120°
20	连接点火线圈到气缸盖罩	8N·m
21	凸轮轴链轮螺栓	第1级:20N·m 第2级:90°
22	连接凸轮轴轴承盖到气缸盖	14N·m
23	连接油底壳到气缸体曲轴箱	8N·m
24	油底壳的放油螺塞	30N·m
25	链条张紧器终端件	80N·m
26	正时箱盖罩中的链条张紧器外壳	120N·m

第七节　M276 发动机

一、机油加注

① 更换机油时含机油滤清器滤芯的加注量为 7.0L。
② 放油螺栓力矩为 30N·m。
③ 机油滤清器盖安装力矩为 25N·m。

二、发动机螺栓力矩（表 2-9）

表 2-9　发动机螺栓力矩

序号	项目	规格
1	连接机油喷嘴到气缸体曲轴箱	8N·m
2	连接皮带轮到曲轴	第1级:200N·m 第2级:180°
3	连接起动机齿圈/驱动盘到曲轴	第1级:20N·m 第2级:45N·m 第3级:90°
4	连接机油泵到气缸体曲轴箱	第1级:5N·m 第2级:20N·m
5	连接机油泵盖到机油泵	9N·m
6	连接液压阀到机油泵	4N·m
7	连接链条张紧架到机油泵盖	9N·m

续表

序号	项目	规格
8	连接带挡油板的吸油管到曲轴箱	14N·m
9	连接机油吸油管到油底壳轴槽	14N·m
10	机油滤清器壳盖的支座	25N·m
11	连接油槽盖到正时箱盖罩	25N·m
12	连接通过正时箱盖罩的油槽盖到曲轴箱	20N·m
13	连接螺旋塞到油槽盖	20N·m
14	连杆螺栓	第1级:5N·m 第2级:25N·m 第3级:90°
15	连接气缸盖到曲轴箱	第1级:20N·m 第2级:40N·m 第3级:90° 第4级:90°
16	连接气缸盖到正时箱盖罩	14N·m
17	连接前护盖到气缸盖/气缸盖罩	5N·m
18	排气歧管的柱螺栓	4N·m
19	连接吊耳到前部气缸盖	18N·m
20	连接吊耳到左后气缸盖	第1级:20N·m 第2级:90°
21	连接吊耳到右后气缸盖	20N·m
22	连接适配器到气缸盖	20N·m
23	曲轴轴承盖螺栓(M9)	第1级:27N·m 第2级:90°
24	用于曲轴轴承盖的侧螺栓	第1级:20N·m 第2级:90°
25	曲轴轴承盖螺栓(M10)	第1级:5N·m 第2级:40N·m 第3级:90°
26	连接正时箱盖罩到曲轴箱	第1级:10N·m 第2级:20N·m
27	连接后部端盖到曲轴箱	9N·m
28	连接离心机罩到气缸盖/气缸盖罩	第1级:6N·m 第2级:90°
29	连接离心机到凸轮轴链轮	第1级:6N·m 第2级:90°
30	连接气缸盖罩到气缸盖	第1级:12N·m 第2级:90°
31	连接机油分离器到曲轴箱	9N·m
32	连接机油分离器的通风管到涡轮增压器	9N·m
33	连接凸轮轴电磁铁到前护盖及气缸盖	第1级:4N·m 第2级:90°

续表

序号	项目	规格
34	连接脉冲轮/凸轮轴调节器到凸轮轴	130N·m
35	连接副轴承盖到气缸盖	第1级:8N·m 第2级:90°
36	连接油底壳到曲轴箱/正时箱盖罩/后端盖	9N·m
37	连接油底壳到曲轴箱	20N·m
38	连接油底壳底部到油底壳	14N·m
39	连接导向管到油底壳	5N·m
40	连接导向管到气缸盖/气缸盖罩/前护盖	5N·m
41	连接螺旋塞到油底壳	20N·m
42	连接放油塞到油底壳/油底壳底部	30N·m
43	连接前轴齿轮箱支架到油底壳	60N·m
44	连接变速箱到油底壳	39N·m
45	连接链条张紧器到气缸体曲轴箱/气缸盖	9N·m
46	连接链条张紧轨到气缸体曲轴箱	25N·m
47	连接滑轨到气缸体曲轴箱	25N·m
48	连接中间齿轮轴颈到气缸体曲轴箱	55N·m

第八节　M278发动机

一、机油加注

① 更换机油时含机油滤清器滤芯的加注量为8.0L。
② 放油螺栓力矩为20N·m。
③ 机油滤清器盖安装力矩为25N·m。

二、发动机螺栓力矩（表2-10）

表2-10　发动机螺栓力矩

序号	项目	规格
1	曲轴轴承盖螺栓(M9)	第1级:27N·m 第2级:90°
2	用于曲轴轴承盖的侧螺栓	第1级:20N·m 第2级:90°
3	曲轴轴承盖螺栓(M10)	第1级:5N·m 第2级:40N·m 第3级:90°
4	连接正时箱盖罩到曲轴箱	第1级:10N·m 第2级:20N·m
5	连接后部端盖到曲轴箱	9N·m

续表

序号	项目	规格
6	连接离心机罩到气缸盖/气缸盖罩	第1级:6N·m 第2级:90°
7	连接离心机到凸轮轴链轮	第1级:6N·m 第2级:90°
8	连接气缸盖罩到气缸盖	第1级:12N·m 第2级:90°
9	连接凸轮轴电磁铁到前护盖及气缸盖	第1级:4N·m 第2级:60°
10	连接脉冲轮/凸轮轴调节器到凸轮轴	130N·m
11	连接副轴承盖到气缸盖	第1级:8N·m 第2级:90°
12	连接油底壳到曲轴箱/正时箱盖罩/后端盖	9N·m
13	连接油底壳到曲轴箱	20N·m
14	连接油底壳底部到油底壳	14N·m
15	连接导向管到油底壳	5N·m
16	连接导向管到气缸盖/气缸盖罩/前护盖	5N·m
17	连接螺旋塞到油底壳	20N·m
18	连接放油塞到油底壳/油底壳底部	30N·m
19	连接前轴齿轮箱支架到油底壳	60N·m
20	连接变速箱到油底壳	39N·m
21	连接链条张紧器到气缸体曲轴箱/气缸盖	9N·m
22	连接链条张紧轨到气缸体曲轴箱	25N·m
23	连接滑轨到气缸体曲轴箱	25N·m
24	连接中间齿轮轴颈到气缸体曲轴箱	55N·m

第三章 三菱车系

第一节 3.0L（6B31）发动机

一、机油加注

① 更换机油时含机油滤清器滤芯的加注量为 4.3L。
② 放油螺栓力矩为（39±5）N·m。
③ 机油滤清器盖安装力矩为（14±2）N·m。

二、发动机常规数据和扭矩数据（表 3-1～表 3-3）

表 3-1 发动机常规数据（一）

序号	项目	规格	序号	项目	规格
1	总排量	2998mL	7	气门序号	进气口 12 排气口 12
2	缸径×行程	87.6mm×82.9mm			
3	压缩比	10.5	8	燃油系统	电子控制多点燃油喷射
4	压缩室	棱顶	9	摇臂	滚轮式
5	气缸数	6	10	自动间隙调节器	仅排气侧
6	凸轮轴排列	单顶置凸轮轴			

表 3-2 发动机常规数据（二）

序号	项目	标准值	极限值
1	自动张紧器推杆长度	9.1～13.4mm	—
2	气门间隙	0.10mm	—
3	凸轮轴凸轮高度	进气口低速凸轮 37.28mm 进气口高速凸轮 36.23mm 排气口 37.84mm	最小 36.78mm 最小 35.73mm 最小 37.34mm
4	凸轮轴曲颈外直径	45mm	
5	气缸盖垫圈表面的平直度	小于 0.03mm	0.05mm
6	气缸盖垫圈表面的磨削限值(气缸盖和气缸体修磨表面总深度)	—	0.15mm

续表

序号	项目	标准值	极限值
7	活塞外径	87.6mm	—
8	活塞环侧间隙	1号：0.04～0.08mm 2号：0.03～0.07mm	0.1mm 0.1mm
9	活塞环端隙	1号：0.18～0.33mm 2号：0.28～0.48mm 刮油环纵梁 0.10～0.60mm	0.4mm 0.6mm 0.8mm
10	曲轴连杆轴颈油隙	0.012～0.039mm	0.1mm
11	连杆大端侧间隙	0.10～0.25mm	0.14mm
12	曲轴轴向间隙	0.05～0.25mm	0.3mm
13	曲轴曲颈外直径	69mm	—
14	曲轴连杆轴颈外直径	53mm	—
15	气缸体内径	87.6mm	—
16	圆柱度	0.015mm	—

表3-3 发动机扭矩数据

序号	项目	规格	序号	项目	规格
	冷却风扇		19	节气门体螺栓	(9.5±2.5)N·m
1	风扇离合器螺栓	(11±1)N·m	20	进气系统集气室螺栓	(22±1)N·m
2	冷却风扇支架螺栓	(41±8)N·m		输水软管和水管	
3	张紧装置皮带轮螺栓	(54±13)N·m	21	冷却液温度仪表单元	(10.5±0.5)N·m
4	自动张紧器螺栓(M8)	(26±6)N·m	22	冷却液温度传感器	(29±10)N·m
5	自动张紧器螺栓(M10)	(54±13)N·m	23	出水口管接头螺栓	(23±6)N·m
6	交流发电机螺栓(M8)	(25±4)N·m	24	出水管螺栓	(23±6)N·m
7	交流发电机螺栓(M10)	(44±10)N·m	25	进水口管接头螺栓	(23±6)N·m
8	油位计导向螺栓	(9.5±2.5)N·m	26	节温器箱螺栓	(23±6)N·m
9	附件底座支撑螺栓	(20±5)N·m	27	水管螺栓	(23±6)N·m
10	节温器箱支架螺栓	(23±6)N·m	28	油道螺栓	(11±1)N·m
11	附件底座螺栓(M8)	(23±6)N·m	29	加油器控制阀螺栓	(11±1)N·m
12	附件底座螺栓(M10)	(54±13)N·m	30	锥形塞	(10±2)N·m
13	曲轴皮带轮中央螺栓	200N·m→0 110N·m→+60°	31	加油器控制阀外壳螺栓	(24±3)N·m
	进气系统集气室和节气门体			正时皮带	
14	电磁阀螺母	(5.5±1.5)N·m	32	正时皮带前盖螺栓	(6.5±1.5)N·m
15	真空罐支架螺栓	(11±1)N·m	33	曲轴角度传感器螺栓	(9.5±2.5)N·m
16	真空管和软管螺栓	(11±1)N·m	34	自动张紧器螺栓	(23±6)N·m
17	电磁阀螺栓	(9.5±2.5)N·m	35	张紧装置皮带轮螺栓	(41±10)N·m
			36	张紧器臂螺栓	(41±10)N·m
18	增压传感器螺栓	(5.5±1.5)N·m	37	凸轮轴链轮螺栓	(90±10)N·m

续表

序号	项目	规格	序号	项目	规格
正时皮带			油底壳和油泵		
38	正时皮带后盖螺栓	(10±2)N·m	58	排放塞	(39±5)N·m
进气歧管			59	机油滤清器(MD360935)	(14±2)N·m
39	点火线圈螺栓	(9.5±2.5)N·m	60	机油滤清器(MD332687、MD365876)	(16±4)N·m
40	火花塞	(18±2)N·m			
41	燃油管螺栓	(9.5±2.5)N·m	61	机油滤清器支架螺栓	(26±6)N·m
42	喷油器和输油螺栓	(12±1)N·m	62	油压开关	(10±2)N·m
43	进气歧管螺母	(22±1)N·m	63	油底壳螺栓	(9.5±2.5)N·m
排气歧管			64	滤油网螺栓	(20±5)N·m
44	排气歧管盖螺栓	(14±1)N·m	65	轴承盖螺栓	(24±2)N·m→+(60°±2°)
45	排气歧管螺栓和螺母	(49±5)N·m			
46	发动机吊架螺栓	(23±6)N·m	66	大帽螺栓	(23±6)N·m
47	水泵螺栓	(23±6)N·m	67	减压塞	(44±5)N·m
气门室盖和凸轮轴			68	油泵盖螺栓	(9.9±2.1)N·m
48	PCV阀	(2.5±0.4)N·m	69	机油泵壳体螺栓	(23±6)N·m
49	气门室盖螺栓	(8.3±1.0)N·m	活塞和连杆		
50	摇臂和轴螺栓(进气口侧)	(31±3)N·m	70	连杆盖螺母	20N·m→+90°
51	摇臂和轴螺栓(出气口侧)	(13±1)N·m	曲轴和气缸体		
52	摇臂调整螺母	(9.0±1.0)N·m	71	驱动盘螺栓	(20±2)N·m→+(76±4)N·m
53	凸轮轴位置感应筒螺栓	(22±4)N·m			
54	凸轮轴位置传感器螺栓	(9.5±2.5)N·m	72	后大帽螺栓	(9.5±2.5)N·m
55	凸轮轴位置传感器支架螺栓	(23±6)N·m	73	油封壳螺栓	(9.5±2.5)N·m
			74	轴承盖螺栓	(24±2)N·m→+(90°±2°)
56	出水口管接头螺栓	(16±2)N·m	75	曲轴传感环螺栓	(12±2)N·m
气缸盖和气门			76	爆震传感器	(20±2)N·m
57	气缸盖螺栓	(45±2)N·m→+(150°~154°)	77	气缸侧体加强杆螺栓	(23±6)N·m

第二节 2.4L（4B12）发动机

一、机油加注

① 更换机油时含机油滤清器滤芯的加注量为4.6L。
② 放油螺栓力矩为(39±5)N·m。
③ 机油滤清器盖安装力矩为(14±2)N·m。

二、发动机常规数据和扭矩数据（表 3-4～表 3-6）

表 3-4 发动机常规数据（一）

序号	项目	规格	序号	项目	规格
1	发动机型号	4B12	5	气缸数	4
2	类型	直列式 OHV、DOHC	6	缸径	88mm
3	总排量	2359mL	7	活塞行程	97mm
4	压缩室	棱顶	8	自动间隙调节器	仅排气侧

表 3-5 发动机常规数据（二）

序号	项目	标准值	限值
1	气门间隙	进气口(0.20±0.03)mm 排气口(0.30±0.03)mm	—
2	凸轮轴的凸轮高度	进气口 44.1mm 排气口 45.0mm	43.6mm 44.5mm
3	凸轮轴油隙	0～0.032mm	
4	气缸盖底部变形	小于 0.05mm	0.02mm
5	气缸盖底部磨削限值		0.02mm
6	活塞环与活塞环槽之间的间隙	第一道 0.03～0.07mm 第二道 0.03～0.07mm	0.1mm 0.1mm
7	活塞环端隙	第一道 0.15～0.25mm 第二道 0.30～0.45mm 机油 0.10～0.35mm	0.8mm 0.8mm 1.0mm
8	曲轴轴向间隙	0.05～0.25mm	0.4mm
9	曲轴轴颈油隙	0.012～0.030mm	0.08mm
10	气缸体上表面变形	0.05mm	0.02mm
11	气缸体缸径	88mm	—
12	气缸体圆柱度	0.15mm	

表 3-6 发动机扭矩数据

序号	项目	规格
1	曲轴皮带轮中央螺栓	210N·m
2	交流发电机螺母	(44±10)N·m
3	交流发电机螺栓	(44±10)N·m
4	点火线圈螺栓	(10±2)N·m
5	火花塞	(25±5)N·m
6	动力转向油泵支架螺栓(M8)	(23±2)N·m
7	动力转向油泵支架螺栓(M10)	(44±8)N·m
8	节气门体和 EGR 系统	
9	真空管和软管螺栓(M6)	(11±1)N·m
10	真空管和软管螺栓(M8)	(24±3)N·m

续表

序号	项目	规格
11	水管螺栓	(10±2)N·m
12	节气门体螺栓	(9.5±2.5)N·m
13	节气门体拉紧螺栓	(20±2)N·m
14	EGR 阀支架螺栓	(20±2)N·m
15	EGR 管路螺栓	(20±2)N·m
16	排气再循环支架支柱 A 螺栓	(20±2)N·m
17	排气再循环支架支柱 B 螺栓	(20±2)N·m
18	EGR 阀螺栓	(24±3)N·m
19	进气歧管绝对压力(MAP)传感器螺栓	(4.0±1.0)N·m
20	电磁阀螺栓	(4.0±1.0)N·m
21	油位计导向螺栓	(10±2)N·m
22	喷油器保护器后部螺栓	(3.5±1.5)N·m→(20±2)N·m
23	进气歧管拉紧螺栓	(20±2)N·m
24	进气歧管撑杆 B、C 螺栓(未装配 EGR 阀)	(20±2)N·m
25	交流发电机支架螺栓	(44±8)N·m
26	爆震传感器螺栓	(20±2)N·m
27	油压开关	(10±2)N·m
28	排气歧管顶盖螺栓	(14±1)N·m
29	排气歧管底盖螺栓	(14±1)N·m
30	排气歧管螺母	(49±5)N·m
31	排气歧管支架 C 螺栓(M8)	(20±5)N·m
32	排气歧管支架 A 螺栓(M10)	(41±10)N·m
33	曲轴角度传感器螺栓	(11±1)N·m
34	曲轴角度传感器盖螺栓(M6)	(11±1)N·m
35	曲轴角度传感器盖螺栓(M10)(4WD)	(49±6)N·m
36	排气歧管支架 B 螺栓(2WD)	(41±10)N·m
37	排气歧管支架 D 螺栓(2WD)	(20±5)N·m
38	进水口管接头螺栓	(24±3)N·m
39	出水口管接头螺栓	(24±3)N·m
40	节温器外壳螺栓	(24±3)N·m
41	发动机吊架螺栓	(28±8)N·m
42	冷却液温度传感器	(30±9)N·m
43	水泵螺栓	(24±3)N·m
44	水管螺母	(24±3)N·m
45	凸轮轴位置传感器螺栓	(11±1)N·m
46	气缸盖罩螺栓	(3.0±1.0)N·m→(5.5±0.5)N·m
47	正时链条室螺栓(M6)	(10±2)N·m

续表

序号	项目	规格
48	正时链条室螺栓(M8×10)	(13±1)N·m
49	正时链条室螺栓(M8×28)	(24±4)N·m
50	油底壳螺栓(M6)	(10±2)N·m
51	油底壳螺栓(M8)	(29±2)N·m
52	空气压缩机支架螺栓	(23±6)N·m
53	放油塞	(39±5)N·m
54	机油滤清器	(14±2)N·m
55	PCV阀	(2.5±0.4)N·m
56	发动机悬置支架螺栓	(45±5)N·m
57	发动机油冷却器螺栓	(27±2)N·m
58	链条上部导向螺栓	(10±2)N·m
59	机油喷嘴螺栓	(10±2)N·m
60	VVT进气链轮螺栓	(59±5)N·m
61	VVT排气链轮螺栓	(59±5)N·m
62	正时链条张紧器螺栓	(10±2)N·m
63	张紧器拉杆螺栓	(10±2)N·m
64	正时链导向螺栓	(10±2)N·m
65	机油控制阀(OCV)螺栓	(10±2)N·m
66	凸轮轴轴承盖螺栓(M6)	(12±1)N·m
67	前凸轮轴轴承盖螺栓(M8)	(17±3)N·m→(30±2)N·m
68	气缸盖螺栓	(35±2)N·m→+90°→+90°
69	飞轮螺栓	40N·m→130N·m
70	驱动盘螺栓	40N·m→130N·m
71	平衡轴模块螺栓	20N·m→44N·m→0→20N·m→+135°
72	平衡轴链条张紧器螺栓	(10±2)N·m
73	拉杆张紧器螺栓	(10±2)N·m
74	平衡轴链导向螺栓	(10±2)N·m
75	梯子形车架螺栓	(26±1)N·m
76	连杆盖螺栓	5.0N·m→20N·m→+90°
77	曲轴传感器螺栓	(11±1)N·m
78	轴承盖螺栓	(26.5±2.0)N·m→+45°

第四章 路虎车系

第一节 2.0L（INGENIUM I4）发动机

一、机油加注

① 更换机油时含机油滤清器滤芯的加注量为7.02L。
② 放油螺栓力矩为25N·m。
③ 机油滤清器盖安装力矩为27N·m。

二、发动机常规数据和扭矩规格（表4-1和表4-2）

表4-1 发动机常规数据

序号	项目	规格
1	类型	2.0L直列式4缸涡轮增压中冷汽油发动机，双顶置凸轮轴，每缸4阀
2	气缸排列	直列4缸
3	气缸编号	1号从附件传动端开始
4	缸径（额定值）	83.0mm
5	冲程	92.29mm
6	容量	1997cm^3
7	点火次序	1-3-4-2
8	火花塞间隙	0.7～0.8mm
9	缸盖允许翘曲（平整度规格）	0.2mm
10	曲轴轴向间隙	最低值0.15mm 最高值0.35mm
11	主轴承间隙	最低值0.030mm 最高值0.054mm

表4-2 发动机扭矩规格

序号	项目	规格
1	机油泵固定螺栓	25N·m
2	机油泵链条张紧器紧固螺栓	12N·m

续表

序号	项目	规格
3	机油泵吸油管紧固螺栓	12N·m
4	机油泵链轮紧固螺栓	第1阶段:60N·m 第2阶段:顺时针旋转90°
5	发动机放油塞	25N·m
6	机油滤清器滤芯盖板	27N·m
7	机油盘固定螺栓	25N·m
8	变速器至油底壳紧固螺栓	48N·m
9	燃油喷射泵固定螺栓	12N·m
10	下部正时链张紧轮紧固螺栓	35N·m
11	下部正时链导轨紧固螺栓	25N·m
12	下部正时链杆固定螺母	11N·m
13	下部正时链张紧器紧固螺栓	11N·m
14	机油冷却器紧固螺栓	第1阶段:15N·m 第2阶段:25N·m
15	凸轮轴盖紧固螺栓	11N·m
16	上部正时链左侧和右侧导轨紧固螺栓	25N·m
17	上部正时链顶部导轨紧固螺栓	11N·m
18	上部正时链张紧器	55N·m
19	可变凸轮轴单元紧固螺栓	第1阶段:10N·m 第2阶段:拧松1/4圈
20	发动机前盖板固定螺栓	12N·m
21	惰轮紧固螺栓	25N·m
22	冷却液泵固定螺栓	12N·m
23	冷却液泵带轮固定螺栓	25N·m
24	曲轴皮带轮螺栓	第1阶段:37N·m 第2阶段:顺时针旋转90°
25	凸轮轴位置(CMP)传感器固定螺栓	8N·m
26	曲轴位置(CKP)传感器紧固螺栓	8N·m
27	可变凸轮轴正时电磁阀紧固螺栓	9N·m
28	火花塞	23N·m
29	点火线圈	8N·m
30	机油滤清器壳体固定螺栓	12N·m
31	缸盖温度(CHT)传感器	11N·m
32	气缸缸体温度传感器	11N·m
33	歧管绝对压力(MAP)传感器紧固螺栓	5N·m
34	进气歧管固定螺栓	12N·m
35	涡轮增压器至气缸缸盖的固定螺母	25N·m

续表

序号	项目	规格
36	涡轮增压器隔热板固定螺栓	9N·m
37	涡轮增压器机油供油管接头	18N·m
38	涡轮增压器机油排放管紧固螺栓	11N·m
39	高压EGR阀紧固螺栓	12N·m
40	节气门体固定螺栓	12N·m
41	机油油位计管紧固螺栓	8N·m
42	机油加注口颈紧固螺栓	12N·m
43	增压空气冷却器安装支架螺母	12N·m
44	增压空气冷却器安装支架螺栓	47N·m
45	发动机安装支架至副车架的螺栓	47N·m
46	发动机底座到发动机支架的螺母	60N·m
47	发动机接线线束固定螺母	6N·m
48	发动机接线线束支架紧固螺栓	10N·m
49	变速器机油冷却器管紧固螺栓	12N·m
50	空调(A/C)压缩机固定螺栓	25N·m
51	四轮驱动车型的前驱动半轴支撑架紧固螺栓	25N·m

第二节 2.0T（GTDi）发动机

一、机油加注

① 更换机油时含机油滤清器滤芯的加注量为5.4L。
② 放油螺栓力矩为26N·m。
③ 机油滤清器盖安装力矩：第1阶段8N·m，第2阶段180°。

二、发动机常规数据和扭矩规格（表4-3和表4-4）

表4-3 发动机常规数据

序号	项目	规格
1	类型	2.0L、直列4缸、涡轮增压和中冷汽油发动机、直接喷射、双顶置凸轮轴、每缸4气门
2	发动机气门间隙(冷态)	进气气门挺杆(冷)(0.25±0.06)mm、排气气门挺杆(冷)(0.36±0.06)mm
3	缸径(额定值)	87.5mm
4	冲程	83.1mm
5	容量	1999cm^3
6	点火次序	1-3-4-2
7	发动机机油压力	在2000r/min时200~268kPa
8	缸盖允许翘曲(平整度规格)	0.2mm

表 4-4 发动机扭矩规格

序号	项目	规格
1	发动机上部支承绝缘体螺栓	80N·m
2	附件驱动悬臂惰轮总成螺栓	25N·m
3	附件传动带惰轮螺栓	47N·m
4	附件传动带张紧轮螺栓	47N·m
5	凸轮轴正时链前盖螺栓	M6:10N·m M10:48N·m
6	凸轮轴链轮螺栓	72N·m
7	凸轮轴位置传感器	6N·m
8	凸轮轴正时链张紧器螺栓	10N·m
9	凸轮轴可变正时阀固定螺栓	10N·m
10	凸轮轴辅助驱动适配器	62N·m
11	凸轮轴轴承盖螺栓	第1阶段:7N·m 第2阶段:15N·m
12	曲轴皮带轮螺栓	第1阶段:100N·m 第2阶段:顺时针旋转90°
13	曲轴后油封支承板螺栓	10N·m
14	曲轴正时传感器螺栓	6N·m
15	气缸缸盖螺栓	第1阶段:7N·m 第2阶段:15N·m 第3阶段:55N·m 第4阶段:顺时针旋转90° 第5阶段:顺时针旋转90°
16	冷却液恒温器壳体螺栓	10N·m
17	冷却液出口壳体螺栓	10N·m
18	发动机绝缘体盖螺栓	10N·m
19	发动机底座左侧螺母	48N·m
20	发动机底座右侧螺母	48N·m
21	挠性传动板螺栓	第1阶段:50N·m 第2阶段:70N·m 第3阶段:112N·m
22	火花塞	12N·m
23	火花塞上的线圈固定螺栓	8N·m
24	爆燃传感器螺栓	20N·m
25	喷油器分供管螺栓	第1阶段:50N·m 第2阶段:顺时针旋转45°
26	高压燃油管接头	第1阶段:50N·m 第2阶段:顺时针旋转30°
27	高压燃油管路固定螺栓	10N·m

续表

序号	项目	规格
28	高压燃油泵护罩 M8 螺栓	25N·m
29	高压燃油泵护罩 M6 螺栓	10N·m
30	进气歧管螺栓	20N·m
31	排气歧管指销	17N·m
32	节气门体螺栓	8N·m
33	歧管绝对压力传感器螺栓	5N·m
34	机油压力传感器	15N·m
35	机油滤清器/冷却器壳体螺栓	25N·m
36	机油冷却器螺栓	第 1 阶段:22N·m 第 2 阶段:顺时针旋转 75° 第 3 阶段:顺时针旋转 15°
37	机油盘放油塞	26N·m
38	气缸盖机油道塞	20N·m
39	机油盘螺栓	20N·m
40	机油泵链轮螺栓	25N·m
41	吸油滤网螺栓	10N·m
42	油泵螺栓	第 1 阶段:10N·m 第 2 阶段:20N·m
43	机油油位传感器	10N·m
44	活塞冷却喷嘴螺栓	10N·m
45	正时链张紧器螺栓	10N·m
46	正时链固定螺栓	10N·m
47	下部正时链张紧器螺栓	10N·m
48	下部正时链固定螺栓	10N·m
49	曲轴箱通风油分离器壳体螺栓	10N·m
50	阀盖螺栓	10N·m
51	真空泵螺栓	10N·m
52	涡轮增压器机油排油管	10N·m
53	涡轮增压器出水管中空螺栓	28N·m
54	涡轮增压器出水管固定螺栓	10N·m
55	轮增压器/排气歧管至气缸缸盖螺母	37N·m
56	涡轮增压器供油管中空配件	25N·m
57	涡轮增压器隔热板螺栓	10N·m
58	涡轮增压器进水管中空螺栓	28N·m

第三节 3.0L（V6 SC）发动机

一、机油加注

① 更换机油时含机油滤清器滤芯的加注量为8.0L。
② 放油螺栓力矩为24N·m。
③ 机油滤清器盖安装力矩为28N·m。

二、发动机常规数据和扭矩规格（表4-5和表4-6）

表4-5 发动机常规数据

序号	项目	规格
1	类型	90°,V型,6气缸,24气门
2	发动机气门间隙（冷态）	进气门0.18～0.22mm,排气门0.23～0.27mm
3	缸径（额定值）	84.5mm
4	冲程	89mm
5	容量	2995cm^3
6	点火次序	1-4-2-5-3-6
7	火花塞间隙	0.9～1.0mm
8	缸盖允许翘曲（平整度规格）	0.2mm
9	气门导管内径	(5.51±0.01)mm
10	进气门有效长度（尖头至表线）	(117.58±0.10)mm
11	排气门有效长度（尖头至表线）	(94.75±0.10)mm
12	气门杆至导管进气径向间隙	0.042～0.057mm
13	气门杆至导管排气径向间隙	0.060～0.075mm
14	进气阀杆直径	(5.4705±0.0075)mm
15	排气阀杆直径	(5.4525±0.0075)mm
16	气门弹簧自由长度（进气）	46.1mm
17	气门弹簧自由长度（排气）	46.1mm
18	气门弹簧安装高度（进气）	36.78mm
19	气门弹簧安装高度（排气）	37.07mm
20	进气门凸轮轴凸轮升程	10mm
21	排气门凸轮轴凸轮升程	9.36mm
22	凸轮轴轴颈与气缸盖支撑面径向间隙	0.025～0.065mm
23	凸轮轴轴颈直径（所有位置）	(26.965±0.010)mm
24	轴承直径（所有位置）	(27.01±0.01)mm
25	凸轮轴轴颈最大偏心（所有轴颈）	0.005mm

表 4-6 发动机扭矩规格

序号	项目	规格
1	发动机盖安装螺栓	10N·m
2	发电机紧固螺栓	47N·m
3	起动机固定螺栓	48N·m
4	空调压缩机固定螺栓	25N·m
5	发动机座至发动机安装支架固定螺栓	110N·m
6	发动机座与副车架的固定螺母	32N·m
7	发动机安装支架至发动机固定螺栓	60N·m
8	曲轴减振器带轮固定左旋螺纹螺栓	200N·m＋顺时针旋转270°
9	挠性盘固定螺栓	45N·m＋顺时针旋转90°
10	发动机接线线束支架固定螺栓	10N·m
11	中冷器固定螺栓	25N·m
12	进气歧管固定螺栓	25N·m
13	机油冷却器固定螺栓	13N·m
14	爆震传感器(KS)固定螺栓	20N·m
15	点火线圈固定螺栓	8N·m
16	火花塞	20N·m
17	高压燃油泵固定螺栓	12N·m
18	机油滤清器壳体总成固定螺栓	12N·m
19	机油滤清器盖	28N·m
20	歧管绝对压力及温度(MAPT)传感器固定螺栓	5N·m
21	可变气门正时(VVT)机油控制电磁阀固定螺栓	10N·m
22	凸轮轴位置(CMP)传感器固定螺栓	10N·m
23	凸轮轴盖固定螺栓	10N·m
24	前部上方正时盖板固定螺栓	12N·m
25	可变气门正时(VVT)至凸轮轴固定螺栓	32N·m
26	凸轮轴轴承盖固定螺栓	12N·m
27	主正时链固定导引器固定螺栓	12N·m
28	主正时链张紧器固定螺栓	12N·m
29	主正时链张紧器导引器叶片固定螺栓	25N·m
30	辅助链张紧器导引器固定螺栓	21N·m
31	辅助链固定导引器固定螺栓	21N·m
32	机油泵链轮固定螺栓	25N·m
33	发动机机油油位(EOL)传感器固定螺栓	12N·m
34	机油盘与油槽壳体固定螺栓	12N·m
35	油槽壳体至发动机固定螺栓	25N·m
36	机油盘放油塞	24N·m

续表

序号	项目	规格
37	机油泵至发动机机身固定螺栓	25N·m
38	吸油管至机油泵固定螺栓	12N·m
39	气流扰动托盘固定螺栓	25N·m
40	活塞冷却喷嘴固定螺栓	12N·m
41	发动机机体冷却液排放塞	50N·m
42	平衡轴总成固定螺栓	25N·m＋顺时针旋转90°
43	后平衡块总成固定螺母	38N·m＋顺时针旋转90°
44	后平衡块总成链支架固定螺栓	25N·m
45	连杆螺栓	20N·m＋顺时针旋转125°
46	气缸盖螺栓	第1步:紧固20N·m 第2步:紧固35N·m 拧松所有螺栓 第1步:紧固35N·m 第2步:顺时针旋转90° 第3步:顺时针旋转120°
47	机油传输管至机油盘壳体固定螺栓	11N·m

第四节　4.4L（V8 NA）发动机

一、机油加注

① 更换机油时含机油滤清器滤芯的加注量为7.7L。
② 放油螺栓力矩为25N·m。
③ 机油滤清器盖安装力矩为18N·m。

二、发动机常规数据和扭矩规格（表4-7和表4-8）

表4-7　发动机常规数据

序号	项目	规格
1	类型	90°,V型汽油机,每个气缸盖双顶置凸轮轴,每个气缸4个气门
2	发动机气门间隙(冷态)	进气门0.20±0.02mm,排气门0.25±0.02mm
3	缸径(额定值)	88mm
4	冲程	90.3mm
5	容量	4396cm^3
6	压缩比	10.5∶1
7	缸盖允许翘曲(平整度规格)	0.2mm
8	发动机机油压力	急速时 1.0bar(100kPa) 3500r/min 时 3.0bar(300kPa)
9	气门间隙	进气 0.18～0.22mm 排气 0.23～0.27mm

表 4-8 发动机扭矩规格

序号	项目	规格
1	排气歧管隔热板螺栓	25N·m
2	用气缸盖螺栓固定排气歧管	25N·m
3	蓄电池夹紧螺母	10N·m
4	气缸盖螺栓	第1阶段:拧紧螺栓1~10,20N·m 第2阶段:拧紧螺栓1~10,35N·m 第3阶段:拧紧螺栓1~10,顺时针旋转90° 第4阶段:拧紧螺栓1~10,顺时针旋转90° 第5阶段:拧紧M8螺栓11和12,25N·m
5	连杆螺栓	第1阶段:10N·m 第2阶段:56N·m
6	用排气歧管法兰螺母固定EGR管	25N·m
7	凸轮轴位置传感器内星形螺钉	7N·m
8	机油滤清器适配器	60N·m
9	机油滤清器	18N·m
10	放油塞	25N·m
11	油冷却器螺栓	10N·m
12	油冷却器内六角螺栓	60N·m
13	主正时链张紧器固定螺栓	12N·m
14	主正时链张紧器螺栓	12N·m
15	次级正时链张紧器螺栓	12N·m
16	主正时链张紧器固定双头螺栓	12N·m
17	可变凸轮轴正时油控制装置螺栓	22N·m
18	左侧可变凸轮轴正时油控制装置螺母	10N·m
19	凸轮轴轴承盖螺栓	10N·m
20	进气凸轮轴链轮固定螺栓	第1阶段:20N·m 第2阶段:顺时针旋转90°
21	排气凸轮轴链轮固定螺栓	第1阶段:20N·m 第2阶段:顺时针旋转90°
22	发动机前部固定螺栓	第1阶段:45N·m 第2阶段:顺时针旋转60°
23	用前部固定螺母固定发动机	90N·m
24	发动机接地电缆螺栓	25N·m
25	启动电动机螺栓	45N·m
26	起动机电缆螺母	10N·m
27	转向柱下部通用接头螺栓	25N·m
28	使用上臂螺栓固定制动器软管	23N·m
29	上臂/车轮转向节螺母	70N·m
30	横向稳定杆连杆螺母	175N·m
31	曲轴带轮螺栓	380N·m

续表

序号	项目	规格
32	PCV 阀螺栓	6N·m
33	右侧气门室盖螺栓	12N·m
34	左侧气门室盖螺栓	12N·m
35	机油油位指示器管螺母	6N·m
36	油底壳螺栓	20N·m
37	变速器固定螺栓	45N·m
38	变速器冷却器管夹紧螺栓	25N·m
39	空调压缩机螺栓	25N·m
40	动力转向泵螺栓	25N·m
41	差速器延长部分螺栓	45N·m
42	用气缸体螺栓固定油泵	10N·m
43	发动机机油压力传感器	12N·m
44	用蓄电池接线盒(BJB)螺栓固定蓄电池正极电缆	10N·m
45	连接挠性传动板与变矩器的螺栓	第 1 阶段:15N·m 第 2 阶段:110N·m
46	机油温度传感器	20N·m
47	发电机安装支架螺栓	45N·m

第五节　5.0L（V8 SC）发动机（机械增压型）

一、机油加注

① 更换机油时含机油滤清器滤芯的加注量为 8.0L。
② 放油螺栓力矩为 24N·m。
③ 机油滤清器盖安装力矩为 25N·m。

二、发动机常规数据和扭矩规格（表 4-9 和表 4-10）

表 4-9　发动机常规数据

序号	项目	规格
1	类型	90°,V 型,8 气缸,32 气门
2	发动机气门间隙(冷态)	进气门 0.20±0.02mm,排气门 0.25±0.02mm
3	缸径(额定值)	92.5mm
4	冲程	93mm
5	容量	4999cm^3
6	点火次序	1-5-4-2-6-3-7-8
7	火花塞间隙	1mm
8	缸盖允许翘曲(平整度规格)	0.2mm

续表

序号	项目	规格
9	气门导管内径	(5.51±0.01)mm
10	进气门有效长度(尖头至表线)	(117.21±0.10)mm
11	排气门有效长度(尖头至表线)	(94.39±0.10)mm
12	气门杆至导管进气径向间隙	0.022～0.057mm
13	气门杆至导管排气径向间隙	0.03～0.065mm
14	进气阀杆直径	(5.4705±0.0075)mm
15	排气阀杆直径	(5.4525±0.0075)mm
16	气门弹簧自由长度(进气)	46.1mm
17	气门弹簧自由长度(排气)	46.1mm
18	气门弹簧安装高度(进气)	35.74mm
19	气门弹簧安装高度(排气)	37.1mm
20	进气门凸轮轴凸轮升程	10mm
21	排气门凸轮轴凸轮升程	9.36mm
22	凸轮轴轴颈与气缸盖支撑面径向间隙	0.025～0.065mm
23	凸轮轴轴颈直径(所有位置)	(26.965±0.010)mm
24	轴承直径(所有位置)	(27.01±0.01)mm
25	凸轮轴轴颈最大偏心(所有轴颈)	0.005mm

表4-10 发动机扭矩规格

序号	项目	规格
1	发动机盖安装螺栓	10N·m
2	发电机紧固螺栓	48N·m
3	起动机固定螺栓	40N·m
4	空调压缩机固定螺栓	25N·m
5	发动机机座至发动机安装支架固定螺栓	130N·m
6	发动机机座与副车架的固定螺母	32N·m
7	发动机安装支架至发动机固定螺栓	45N·m＋顺时针旋转60°
8	曲轴减振器带轮固定左旋螺纹螺栓	200N·m＋顺时针旋转270°
9	驱动盘固定螺栓	45N·m＋顺时针旋转90°
10	发动机接线线束支架固定螺栓	10N·m
11	中冷器固定螺栓	25N·m
12	进气歧管固定螺栓	25N·m
13	机油冷却器固定螺栓	13N·m
14	爆震传感器(KS)固定螺栓	20N·m
15	点火线圈固定螺栓	8N·m
16	火花塞	20N·m
17	高压燃油泵固定螺栓	12N·m

续表

序号	项目	规格
18	机油滤清器壳体总成固定螺栓	12N·m
19	机油滤清器盖	25N·m
20	歧管绝对压力及温度(MAPT)传感器固定螺栓	5N·m
21	可变气门正时(VVT)机油控制电磁阀固定螺栓	10N·m
22	凸轮轴位置(CMP)传感器固定螺栓	10N·m
23	凸轮轴盖固定螺栓	13N·m
24	前部上方正时盖板固定螺栓	12N·m
25	可变气门正时(VVT)至凸轮轴固定螺栓	32N·m
26	凸轮轴轴承盖固定螺栓	11N·m
27	主正时链固定导引器固定螺栓	12N·m
28	主正时链张紧器固定螺栓	12N·m
29	主正时链张紧器导引器叶片固定螺栓	25N·m
30	辅助链张紧器导引器固定螺栓	21N·m
31	辅助链固定导引器固定螺栓	12N·m
32	机油泵链轮固定螺栓	21N·m
33	发动机机油油位(EOL)传感器固定螺栓	12N·m
34	机油盘与油槽壳体的固定螺栓	12N·m
35	油槽壳体至发动机固定螺栓	25N·m
36	机油盘放油塞	24N·m
37	机油泵至发动机机身固定螺栓	25N·m
38	吸油管至机油泵固定螺栓	12N·m
39	气流扰动托盘固定螺栓	25N·m
40	活塞冷却喷嘴固定螺栓	12N·m
41	发动机体冷却液排放塞	50N·m
42	连杆螺栓	20N·m+顺时针旋转125°
43	附件驱动皮带张紧器紧固螺栓	第1阶段:10N·m 第2阶段:50N·m
44	机械增压器皮带张紧器支架紧固螺栓	25N·m
45	冷却风扇带轮	25N·m
46	主轴承盖	M10螺栓第1阶段:25N·m M10螺栓第2阶段:57N·m+顺时针旋转70° M8螺栓第1阶段:15N·m M8螺栓第2阶段:33N·m+顺时针旋转75°
47	缸盖固定螺栓	第1步:20N·m 第2步:35N·m 第3步:顺时针旋转90° 第4步:顺时针旋转120°
48	机油传输管至机油盘壳体固定螺栓	11N·m

第五章 雪铁龙车系

第一节 雪铁龙 EC5 发动机

一、机油加注

① 更换机油时含机油滤清器滤芯的加注量为 3.25L。
② 放油螺栓力矩为 30N·m。
③ 机油滤清器盖安装力矩为 25N·m。

二、发动机常规数据和扭矩规格（表 5-1 和表 5-2）

表 5-1 发动机常规数据

序号	项目	规格	序号	项目	规格
1	发动机类型	EC5	4	附件传动带张紧力值	新皮带 120SEEM 单位,旧皮带 90SEEM 单位
2	发动机法定型号	NFP			
3	机油压力（油温 80℃）	1500r/min 时为 0.3～3.25bar 2000r/min 时为 0.3～4.35bar 4000r/min 时为 0.3～5bar	5	容量	1587cm^3
			6	燃油压力	3.5bar
			7	火花塞间隙	(0.90±0.05)mm

注：1bar=10^{5}Pa。

表 5-2 发动机扭矩规格

序号	项目	规格	序号	项目	规格
1	凸轮轴轴承盖螺栓	9N·m	8	电动节气门体螺栓	7N·m
2	气缸盖罩螺栓	12N·m	9	进气歧管固定法兰螺母	20N·m
3	火花塞	26N·m	10	喷射轨螺栓	8N·m
4	缸盖螺栓	第 1 步：预紧 20N·m 第 2 步：紧固 40N·m	11	进气压力传感器螺栓	5N·m
5	进气凸轮轴相位调整控制电磁阀（VVT）螺栓	8N·m	12	主轴承盖螺栓	第 1 步：预紧 20N·m 第 2 步：顺时针旋转 63°
6	进气歧管螺栓	8N·m	13	爆震传感器螺栓	20N·m
7	出水口套管螺栓	8N·m	14	冷却液泵螺栓	20N·m

续表

序号	项目	规格	序号	项目	规格
15	冷却液出水室	8N·m	27	可变正时制动器螺钉	第1步:预紧30N·m 第2步:紧固10N·m 第3步:顺时针旋转65°
16	后密封板螺栓	8N·m			
17	连杆轴瓦盖螺母	第1步:预紧15N·m 第2步:顺时针旋转63°	28	张紧轮螺栓	23N·m
			29	惰轮螺栓	20N·m
18	飞轮螺栓	67N·m	30	排气凸轮轴皮带轮螺栓	45N·m
19	附件传动皮带轮螺栓	25N·m	31	空调压缩机支架螺栓	25N·m
20	曲轴正时齿轮螺栓	第1步:预紧70N·m 第2步:顺时针旋转63°	32	空调压缩机螺栓	25N·m
			33	发电机张紧轮支架螺栓	25N·m
21	机油过滤器盖螺母、螺栓	第1步:预紧3N·m 第2步:紧固10N·m	34	交流发电机悬置螺栓	25N·m
			35	交流发电机供电线束螺母	14N·m
22	发动机机油压力开关	20N·m			
23	油底壳螺栓	8N·m	36	发电机螺栓	40N·m
24	缸体润滑油液喷嘴螺栓	8N·m	37	张紧轮支架螺栓	57N·m
25	机油泵螺栓	10N·m	38	起动机螺栓	40N·m
26	可变正时制动器螺塞	30N·m	39	起动机电源线束螺栓	16N·m

第二节 雪铁龙 EB 直喷发动机

一、机油加注

① 更换机油时含机油滤清器滤芯的加注量为 3.25L。
② 放油螺栓力矩:铝制油底壳 20N·m;钢制油底壳 42N·m。
③ 机油滤清器盖安装力矩为 16N·m。

二、发动机常规数据和扭矩规格(表 5-3 和表 5-4)

表 5-3 发动机常规数据

序号	项目	规格
1	发动机类型	EB2DTSM
2	发动机法定型号	HNU
3	机油压力(油温80℃)	750r/min 时为(1.6±0.3)bar 1000r/min 时为(1.9±0.3)bar 1500r/min 时为 0.3~2bar 2000r/min 时为 0.3~2.1bar 3000r/min 时为 0.3~2.5bar 4000r/min 时为 0.3~3.1bar 4500r/min 时为 0.3~4.2bar

续表

序号	项目	规格
4	容量	1199cm³
5	燃油压力	0.2～5bar

注：1bar=10⁵Pa。

表5-4 发动机扭矩规格

序号	项目	规格	序号	项目	规格
1	点火线圈螺栓	8N·m	25	底部机油盘螺栓	8N·m
2	集油器螺栓	10N·m	26	机油泵电磁阀螺栓	8N·m
3	气缸盖罩螺栓	8N·m	27	上油底壳的固定件螺栓	8N·m
4	真空泵螺栓	8N·m			
5	涡轮增压器螺栓	8N·m	28	凸轮轴轴承盖螺栓	第1步：预紧5N·m 第2步：紧固10N·m
6	涡轮增压器螺母	30N·m	29	进气凸轮轴齿轮螺栓	第1步：预紧20N·m 第2步：紧固120N·m
7	气缸盖螺栓	第1步：预紧10N·m 第2步：紧固30N·m 第3步：顺时针旋转230°	30	排气凸轮轴齿轮螺栓	第1步：预紧20N·m 第2步：紧固120N·m
8	火花塞	22N·m	31	气缸基准传感器螺栓	8N·m
9	平衡轴壳体螺栓	8N·m			
10	正时盖螺栓	8N·m	32	排气凸轮轴移相电磁阀螺栓	8N·m
11	爆震探测器螺栓	20N·m			
12	发动机转速传感器螺栓	6N·m	33	正时皮带辊轴承螺栓	20N·m
13	附件传动皮带轮螺栓	第1步：预紧20N·m 第2步：紧固25N·m 第3步：顺时针旋转45°	34	正时皮带张紧轮螺栓	20N·m
14	平衡轴螺栓	第1步：紧固20N·m 第2步：顺时针旋转180°	35	进气凸轮轴相位偏移电磁阀螺栓	8N·m
15	大端盖螺栓	第1步：预紧5N·m 第2步：紧固15N·m 第3步：顺时针旋转120°	36	涡轮增压器泄压电磁阀螺栓	8N·m
16	飞轮螺栓	第1步：预紧8N·m 第2步：紧固30N·m 第3步：顺时针旋转90°	37	空气滤清器单元螺栓	8N·m
			38	涡轮增压器进气管道螺栓	8N·m
17	曲轴轴承盖螺栓	第1步：紧固20N·m 第2步：顺时针旋转140°	39	进气压力上游传感器螺栓	8N·m
18	正时齿轮螺栓	第1步：紧固50N·m 第2步：顺时针旋转180°	40	电动节气门体螺栓	8N·m
19	机油泵螺栓	8N·m	41	进气压力下游传感器螺栓	8N·m
20	活塞底部的喷口螺栓	20N·m	42	进气歧管螺栓	10N·m
21	机油压力传感器(气缸体)	22N·m	43	高压燃油泵螺栓	20N·m
22	油尺导管螺栓	8N·m	44	高压燃油供油管联轴节	15N·m
23	电子机油表螺栓	8N·m			
24	机油滤清器	16N·m	45	高压油轨螺栓	10N·m

续表

序号	项目	规格	序号	项目	规格
46	冷却液泵螺栓	8N·m	51	交流发电机供电线束螺栓	12N·m
47	水歧管螺栓	8N·m	52	空调压缩机螺栓	25N·m
48	动态张紧轮螺栓	40N·m	53	起动机螺栓	20N·m
49	附件支架螺栓	20N·m	54	起动机电源线束螺母	16N·m
50	发电机螺栓	40N·m			

第三节 雪铁龙 EP 发动机

一、机油加注

① 更换机油时含机油滤清器滤芯的加注量为 4.25L。
② 放油螺栓力矩为 30N·m。
③ 机油滤清器盖安装力矩为 25N·m。

二、发动机常规数据和扭矩规格（表 5-5 和表 5-6）

表 5-5 发动机常规数据

序号	项目	规格
1	发动机类型	EP6CDTM
2	发动机法定型号	5FE、5FM
3	机油压力（油温 80℃）	急速时为 (1.7±0.3)bar 1000r/min 时为 (1.8±0.3)bar 2000r/min 时为 0.3～2bar 3000r/min 时为 0.3～2.6bar 4000r/min 时为 0.3～3.5bar
4	容量	1598cm^3
5	燃油压力	5～0.5bar
6	火花塞电极间隙	0.8(+0,−0.1)mm

注：1bar=10^{5}Pa。

表 5-6 发动机扭矩规格

序号	项目	规格
1	气缸盖罩螺栓	第 1 步：预紧 2N·m 第 2 步：紧固 20N·m
2	缸盖螺栓	第 1 步：预紧 30N·m 第 2 步：顺时针旋转 90° 第 3 步：顺时针旋转 90°
3	真空泵螺栓	9N·m
4	火花塞	23N·m
5	进气歧管螺母	20N·m

续表

序号	项目	规格
6	进气歧管螺栓	15N·m
7	进气压力传感器螺栓	5N·m
8	电动节气门体/进气歧管螺栓	8N·m
9	支架/进气歧管螺栓	8N·m
10	支架/气缸体螺栓	20N·m
11	排气歧管/缸盖螺母	20N·m
12	涡轮增压器/排气歧管螺母	25N·m
13	催化转化器/涡轮增压器螺母	20N·m
14	冷却液泵皮带轮螺栓	8N·m
15	冷却液泵/气缸体螺栓	9N·m
16	曲轴主轴承盖螺栓	第1步:预紧30N·m 第2步:顺时针旋转150°
17	爆震探测器	20N·m
18	附件驱动皮带轮螺栓	28N·m
19	曲轴正时齿轮螺栓	第1步:预紧50N·m 第2步:顺时针旋转180°
20	发动机转速传感器螺栓	5N·m
21	飞轮螺栓	第1步:预紧8N·m 第2步:预紧30N·m 第3步:顺时针旋转180°
22	大端盖螺栓	第1步:预紧5N·m 第2步:预紧15N·m 第3步:顺时针旋转130°
23	机油泵小齿轮螺栓	第1步:预紧5N·m 第2步:顺时针旋转90°
24	机油泵螺栓	第1步:预紧10N·m 第2步:预紧25N·m
25	活塞头喷嘴螺栓	20N·m
26	防起泡板螺栓	10N·m
27	油尺导管螺栓	8N·m
28	机油泵电磁阀螺栓	8N·m
29	发动机油温和油位传感器	27N·m
30	发动机油压传感器	20N·m
31	机油滤清器支架/气缸体螺栓	10N·m
32	进气凸轮轴主轴承盖螺栓	10N·m
33	排气凸轮轴主轴承盖螺栓	10N·m
34	正时链弹回衬垫螺栓	9N·m
35	进气凸轮轴齿轮螺栓	第1步:预紧20N·m 第2步:顺时针旋转180°

续表

序号	项目	规格
36	排气齿轮螺栓	第1步:预紧20N·m 第2步:顺时针旋转90°
37	正时链条导轮螺栓	24N·m
38	正时链条张紧装置	85N·m
39	正时控制电磁阀螺栓	9N·m
40	高压燃油泵螺栓	11N·m
41	燃油喷射共轨螺栓	20N·m
42	燃油压力传感器	32N·m
43	冷却液泵摩擦轮螺栓	8N·m
44	发电机螺栓	20N·m
45	起动机螺栓	20N·m
46	起动机电源线束螺母	16N·m
47	空调压缩机支架/气缸体螺栓	20N·m
48	空调压缩机/空调压缩机支架螺栓	24N·m
49	空调压缩机支架/气缸体螺母	20N·m

第四节　雪铁龙 EC8 发动机

一、机油加注

① 更换机油时含机油滤清器滤芯的加注量为 3.25L。
② 放油螺栓力矩为 30N·m。
③ 机油滤清器盖安装力矩为 25N·m。

二、发动机常规数据和扭矩规格（表 5-7 和表 5-8）

表 5-7　发动机常规数据

序号	项目	规格
1	发动机类型	EC8
2	发动机法定型号	WFZ
3	机油压力(油温80℃)	急速时为(1.5±0.3)bar 1500r/min 时为 0.3~2.2bar 2000r/min 时为 0.3~3.2bar 3000~6000r/min 时为 0.3~4bar
4	附件传动带张紧力值	新皮带 120SEEM 单位,旧皮带 90SEEM 单位
5	容量	1813cm^3
6	燃油压力	3.5bar
7	火花塞间隙	(0.90±0.05)mm

注：1bar=10^{5}Pa。

表 5-8 发动机扭矩规格

序号	项目	规格	序号	项目	规格
1	凸轮轴轴承盖螺栓	第1步：预紧5N·m 第2步：紧固12N·m	21	机油过滤器盖螺母、螺栓	第1步：预紧3N·m 第2步：紧固10N·m
2	气缸盖罩螺栓	12N·m	22	发动机机油压力开关	20N·m
3	火花塞(新)	26N·m
4	缸盖螺栓	第1步：预紧20N·m 第2步：顺时针旋转130° 第3步：顺时针旋转130°	23	油底壳螺栓	8N·m
			24	缸体润滑油液喷嘴螺栓	8N·m
5	进气凸轮轴相位调整控制电磁阀(VVT)螺栓	8N·m	25	机油泵螺栓	10N·m
			26	可变正时制动器螺塞	32N·m
6	进气歧管螺栓	8N·m
7	出水口套管螺栓	8N·m	27	可变正时制动器螺栓	75N·m
8	电动节气门体螺栓	8N·m
9	进气歧管固定法兰螺母	20N·m	28	张紧轮螺栓	23N·m
			29	惰轮螺栓	20N·m
10	喷射轨螺栓	8N·m	30	排气凸轮轴皮带轮螺栓	45N·m
11	进气压力传感器螺栓	4N·m
12	主轴承盖螺栓	第1步：预紧20N·m 第2步：顺时针旋转90°	31	空调压缩机支架螺栓	25N·m
13	爆震传感器螺栓	20N·m	32	空调压缩机螺栓	25N·m
14	冷却液泵螺栓	17N·m	33	发电机张紧轮支架螺栓	25N·m
15	冷却液出水室	8N·m
16	后密封板螺栓	8N·m	34	交流发电机悬置螺栓	25N·m
17	连杆轴瓦盖螺母	第1步：预紧15N·m 第2步：顺时针旋转100°	35	交流发电机供电线束螺母	14N·m
18	飞轮螺栓	第1步：预紧25N·m 第2步：顺时针旋转30°	36	发电机螺栓	40N·m
			37	张紧轮支架螺栓	57N·m
19	附件传动皮带轮螺栓	21N·m	38	起动机螺栓	40N·m
20	曲轴正时齿轮螺栓	第1步：预紧70N·m 第2步：顺时针旋转63°	39	起动机电源线束螺栓	16N·m

第六章 大众车系

第一节 1.4L（CSTA）发动机

一、机油加注

① 更换机油时含机油滤清器滤芯的加注量为 4.5L。
② 放油螺栓力矩为 30N·m。
③ 机油滤清器盖安装力矩为 20N·m。

二、发动机常规数据和扭矩规格（表 6-1 和表 6-2）

表 6-1 发动机常规数据

序号	应用	规格
1	发动机型号代码	CSTA
2	排量	1395mL
3	功率	96kW（5000～6000r/min）
4	扭矩	225N·m（1500～3500r/min）
5	缸径	74.5mm
6	冲程	80.0mm
7	压缩比	10.5∶1
8	每缸气门数	4
9	喷射装置、点火装置	Motronic MED 17.5.25
10	点火顺序	1-3-4-2
11	火花塞电极间距	(1)零件号 04E 905 612R1 间隙 0.65～0.75mm (2)零件号 04E 905 601AR1 间隙 0.70～0.80mm

表 6-2 发动机扭矩规格

序号	项目	规格	序号	项目	规格
1	曲轴皮带盘螺栓	150N·m＋旋转 180°	4	齿形皮带下部护罩螺栓	8N·m
2	附件皮带张紧器螺栓	20N·m＋旋转 90°	5	齿形皮带上部护罩螺栓	8N·m
3	飞轮固定螺栓	60N·m＋旋转 90°			

续表

序号	项目	规格	序号	项目	规格
6	正时皮带张紧器螺栓	25N·m	13	油底壳螺栓	12N·m
7	排气凸轮轴齿形皮带轮螺栓	50N·m+135°	14	油底壳上部件	8N·m+90°
			15	爆震传感器螺栓	20N·m
8	排气凸轮轴齿形皮带轮密封盖螺栓	8N·m+45°	16	火花塞	22N·m
			17	点火线圈螺栓	5N·m
9	进气凸轮轴齿形皮带轮螺栓	50N·m+135°	18	凸轮轴壳体螺栓	10N·m+180°
10	进气凸轮轴齿形皮带轮螺旋塞	20N·m	19	气缸盖螺栓	第1次:40N·m 第2次:90° 第3次:90° 第4次:90°
11	导向轮螺栓	45N·m			
12	机油泵固定螺栓	10N·m	20	活塞连杆螺栓	30N·m+90°

第二节 1.6L(CSRA)发动机

一、机油加注

① 更换机油时含机油滤清器滤芯的加注量为4.2L。
② 放油螺栓力矩为30N·m。
③ 机油滤清器盖安装力矩为20N·m。

二、发动机常规数据和扭矩规格(表6-3和表6-4)

表6-3 发动机常规数据

序号	应用	规格	序号	应用	规格
1	发动机型号代码	CSRA	6	冲程	86.9mm
2	排量	1598mL	7	压缩比	10.5:1
3	功率	81kW(5800r/min)	8	每缸气门数	4
4	扭矩	155N·m(3800r/min)	9	喷射装置、点火装置	ME17.5.22
5	缸径	76.5mm	10	点火顺序	1-3-4-2

表6-4 发动机扭矩规格

序号	应用	规格	序号	应用	规格
1	曲轴皮带盘螺栓	150N·m+旋转180°	7	排气凸轮轴齿形皮带轮螺栓	50N·m+90°
2	附件皮带张紧器螺栓	20N·m+旋转90°	8	进气凸轮轴齿形皮带轮螺栓	50N·m+90°
3	飞轮固定螺栓	60N·m+旋转90°			
4	齿形皮带下部护罩螺栓	8N·m	9	进气凸轮轴齿形皮带轮螺旋塞	20N·m
5	齿形皮带上部护罩螺栓	8N·m	10	导向轮螺栓	20N·m+25°
6	正时皮带张紧器螺栓	25N·m	11	油底壳螺栓	8N·m+90°

续表

序号	应用	规格	序号	应用	规格
12	油气分离器螺栓	9N·m	17	气缸盖螺栓	第1次:40N·m 第2次:90° 第3次:90° 第4次:90°
13	爆震传感器螺栓	20N·m
14	火花塞	22N·m
15	点火线圈螺栓	5N·m	18	活塞连杆螺栓	30N·m+90°
16	凸轮轴壳体螺栓	10N·m+180°

第三节 1.8L（CEAA）、2.0L（CGMA）发动机

一、机油加注

① 更换机油时含机油滤清器滤芯的加注量为5.6L。

② 放油螺栓力矩：油底壳零件号06J 103 600F的拧紧力矩为50N·m±15%；油底壳零件号06J 103 600AK的拧紧力矩为30N·m±10%。

③ 机油滤清器盖安装力矩为22N·m。

二、发动机常规数据和扭矩规格（表6-5和表6-6）

表6-5 发动机常规数据

序号	应用	规格	
1	发动机型号代码	2.0 CGMA	1.8 CEAA
2	排量	2000mL	1800mL
3	功率	147kW(5500r/min)	118kW(5000～6200r/min)
4	扭矩	280N·m(1800r/min)	250N·m(1500～4200r/min)
5	缸径	82.5mm	82.5mm
6	冲程	92.8mm	84.2mm
7	压缩比	10.2:1	9.8:1
8	每缸气门数	4	4
9	喷射装置、点火装置	FSI	FSI
10	点火顺序	1-3-4-2	1-3-4-2
11	防爆震控制	是	是
12	增压	是	是
13	废气再循环	否	否
14	进气切换	是	是
15	凸轮轴调节	是	是
16	二次空气系统	否	否

表 6-6 发动机扭矩规格

序号	应用	规格	序号	应用	规格
1	曲轴皮带盘螺栓	150N·m＋旋转 90°	10	排气侧平衡轴固定螺栓	9N·m
2	多楔皮带的张紧装置螺栓	10N·m	11	平衡轴链条张紧器螺栓	65N·m
3	飞轮固定螺栓	60N·m＋旋转 90°	12	进气侧平衡轴固定螺栓	9N·m
4	凸轮轴调节阀 1（N205）	9N·m	13	滑轨导向螺栓	20N·m
5	正时链上部盖板螺栓	9N·m	14	气缸盖罩螺栓	8N·m＋旋转 90°
6	正时链下部盖板螺栓	8N·m＋旋转 90°	15	气缸盖螺栓	第1次:40N·m 第2次:90° 第3次:90°
7	正时链张紧器螺栓	9N·m			
8	凸轮轴调节阀	35N·m			
9	凸轮轴正时链的滑轨螺栓	20N·m	16	油雾分离器螺栓	11N·m

第七章 别克车系

第一节 1.0L（LJI）发动机

一、机油加注

① 更换机油时含机油滤清器滤芯的加注量为4.0L。

② 放油螺栓力矩为25N·m。

③ 机油滤清器盖安装力矩为20N·m。

二、发动机相关数据（表7-1~表7-3）

表7-1 发动机常规数据

应用	规格	应用	规格
发动机类型	直列3缸	气缸	
常规选装件代码	LJI	气缸孔锥度	0
气门	12	气缸孔圆度	0.008mm
排量	0.999L	曲轴主轴承孔直径	48.866~48.884mm
缸径	72.95~73.25mm	气缸体顶面不平度	0.1mm
行程	80.4mm	气缸体顶面不平度（100×100）	0.05mm
压缩比	9.5：1		
最大额定功率	85kW	凸轮轴	
最大额定功率对应最大扭矩	170N·m	凸轮轴轴向间隙	0.047~0.227mm
		凸轮轴轴颈间隙	0.050~0.086mm
急速转速	860r/min	进气凸轮轴挑高	35.351~35.551mm
点火顺序	1-2-3	排气凸轮轴挑高	34.179~34.379mm
火花塞间隙	0.7~0.8mm	凸轮轴跳动度	0.025mm
发动机质量	100kg	凸轮轴轴颈直径(1)	36.935~36.950mm
气缸		凸轮轴轴颈直径(2和3)	22.935~22.950mm
		凸轮轴止推宽度	28.87~29.27mm
活塞顶面高度	1.352mm	曲轴	
气缸孔直径	72.615mm	曲轴主轴承间隙	0.023~0.047mm

续表

应用	规格	应用	规格
曲轴		活塞环	
曲轴轴向间隙(1/2/3/4)	0.081～0.311mm	活塞环至环槽的间隙(第1道压缩环,轴向)	0.025～0.075mm
曲轴主轴颈直径	43.991～44.009mm	活塞环至环槽的间隙(第2道压缩环,轴向)	0.02～0.06mm
曲轴连杆轴颈直径	41.991～42.0009mm		
曲轴连杆轴颈圆度	0.005mm	活塞环至环槽的间隙(油环,轴向)	0.04～0.12mm
曲轴主轴承轴颈圆度	0.005mm		
曲轴主轴颈跳动量(相对前后主轴颈中心连线)	0.04mm	活塞环厚度(第1道压缩环)	0.97～0.99mm
曲轴止推轴承间隙	0.081～0.311mm	活塞环厚度(第2道压缩环)	0.97～0.99mm
气缸盖		活塞环厚度(油环-刮片)	0.385～0.425mm
气缸盖下平面不平度	0.1mm	活塞环厚度(油环-垫片)	1.70～1.80mm
	0.05mm(在100mm×100mm区域内)	活塞和活塞销	
	如果下平面超出规格,则更换气缸盖。不要加工气缸盖	活塞销至连杆孔的间隙	0.006～0.021mm
		活塞销至活塞销孔的间隙	0.005～0.015mm
		活塞销直径	18.995～19.000mm
进气门座宽度	1.26～1.66mm	活塞直径(向上12mm)	72.543～72.557mm
排气门座宽度	1.44～1.84mm	活塞销孔直径	19.005～19.010mm
气门挺柱孔径	12.019mm	活塞环槽宽度(油环)	2.01～2.03mm
座合面气门座锥角	89°～91°	活塞环槽宽度(第2道)	1.01～1.03mm
底切面气门座锥角	129°～131°	活塞环槽宽度(顶部)	1.015～1.045mm
进气门导管孔径	5mm	活塞至气缸孔的间隙(不带聚合物)	0.05～0.08mm
排气门导管孔径	5mm		
气门座最大跳动量	0.08mm	气门系统	
连杆		气门锥角	45.5°～46°
连杆轴承至曲柄销间隙	0.025～0.059mm	气门锥面跳动度(最大值)	0.05mm
连杆孔径(轴承端)	45.189～45.205mm	进气门气门杆直径	4.965～4.975mm
连杆孔径(活塞销端,带衬套)	19.006～19.016mm	排气门气门杆直径	4.956～4.970mm
连杆侧隙	0.09～0.35mm	进气门气门杆至导管的间隙	0.021～0.055mm
连杆最大弯曲直线度	0.017mm	排气门气门杆至导管的间隙	0.03～0.064mm
连杆最大扭曲直线度	0.04mm		
活塞环		进气门气门头直径	28.07～28.33mm
活塞环开口间隙(第1道压缩环)	0.15～0.3mm	排气门气门头直径	24.17～24.43mm
		气门弹簧安装高度	33.8～35.8mm
活塞环开口间隙(第2道压缩环)	0.3～0.45mm	载荷下的气门弹簧长度(打开,24.3mm)	421.4～461.4N
活塞环开口间隙(油环-刮片)	0.2～0.7mm	载荷下的气门弹簧长度(关闭,35.8mm)	190～210N

续表

应用	规格	应用	规格
冷却系统		润滑系统	
节温器开度(热敏)	81～85℃	机油压力最小值(怠速时)	40kPa
节温器全开温度	97℃		

表 7-2 一次性使用的螺纹紧固件紧固规格

应用	规格	应用	规格
连杆螺栓		发动机飞轮螺栓	
第一遍	25N·m	第二遍	50N·m
最后一遍	75°	最后一遍	60°
凸轮轴进排气链轮螺栓		曲轴扭转减振器螺栓	
第一遍	50N·m	第一遍	100N·m
最后一遍	28°	最后一遍	120°
气缸盖螺栓		凸轮轴轴承盖螺栓	
第一遍	30N·m	第一遍	6N·m
最后一遍	210°	第二遍	松180°
自动变速器挠性盘螺栓		最后一遍	10N·m
第一遍	50N·m	平衡轴螺栓	
最后一遍	60°	第一遍	25N·m
发动机飞轮螺栓		最后一遍	90°
第一遍	25N·m		

注：本表中所列的所有紧固件在拆卸后必须报废并用新件更换。

表 7-3 可重复使用的螺纹型紧固件紧固规格

应用	规格	应用	规格
曲轴主轴承盖螺栓(LJI)		发动机支座至前舱纵梁螺栓	
第一遍	30N·m	第一遍	80N·m
最后一遍	90°	最后一遍	45°～60°
曲轴主轴承盖螺栓(LI6)		发动机支座至支架螺栓	
第一遍	25N·m	第一遍	80N·m
第二遍	30N·m	最后一遍	45°～60°
最后一遍	90°	涡轮增压器隔热罩螺栓	10N·m
进气歧管盖双头螺栓	10N·m	增压器供油管至发动机螺栓	25N·m
发动机机油压力传感器	35N·m	增压器供油管至涡轮增压器螺栓	20N·m
发动机线束支架螺栓	9N·m	增压器回油管螺栓	10N·m
发动机支座托架螺栓		增压器冷却液回液管至涡轮增压器螺栓	30N·m
第一遍	60N·m		
最后一遍	45°～60°	增压器冷却液回液管至发动机螺栓	10N·m
发动机支座至前轮罩板螺栓	110N·m	增压器冷却液供液管螺栓	30N·m

续表

应用	规格	应用	规格
发动机支座至支架螺栓		曲轴后油封螺栓(LI6)	
增压器冷却液供液管支架螺栓	10N·m	发动机前盖螺栓(短)(LJI)	10N·m
增压器螺母		发动机前盖螺栓(短)(LI6)	
第一遍	20N·m	第一遍	8N·m
最后一遍	60°	最后一遍	10N·m
机油尺套管螺栓	10N·m	下油底壳螺栓(LJI)	10N·m
发动机线束托架螺栓	10N·m	下油底壳螺栓(LI6)	
火花塞	22.5N·m	第一遍	8N·m
气缸盖至涡轮增压器双头螺栓	10N·m	最后一遍	10N·m
气缸盖孔塞	75N·m	机油滤清器安装螺柱	30N·m
发动机气缸体油道塞	50N·m	进气相位调节器电磁铁螺栓	10N·m
爆震传感器螺栓	20N·m	排气相位调节器电磁铁螺栓	10N·m
曲轴位置传感器螺栓	10N·m	排气凸轮轴位置传感器螺栓	10N·m
活塞机油喷嘴	12N·m	进气凸轮轴位置传感器螺栓	10N·m
进气歧管绝对压力传感器螺栓	10N·m	凸轮轴盖螺栓(短)	10N·m
进气歧管卡箍螺栓	3.5N·m	凸轮轴盖螺栓(长)	10N·m
机油泵齿轮螺栓	20N·m	曲轴箱油气分离器螺栓	10N·m
机油泵流量控制电磁阀螺栓	10N·m	点火线圈螺栓	10N·m
排气泄压阀执行器螺栓	9N·m	真空泵螺栓	10N·m
增压器旁通电磁阀螺栓	9N·m	出水口总成螺栓	12N·m
上油底壳螺栓	25N·m	发动机提升托架螺栓	25N·m
机油滤芯安装座螺柱	40N·m	水泵螺栓	25N·m
上油底壳至变速器螺栓	58N·m	发动机冷却液节温器螺栓	12N·m
曲轴后油封螺栓(LJI)	10N·m	进气歧管螺栓	25N·m
曲轴后油封螺栓(LI6)		节气门体总成螺栓	10N·m
第一遍	8N·m	燃油导轨和喷油器总成螺栓	10N·m
最后一遍	10N·m	发动机机油冷却器螺栓	25N·m
机油泵总成螺栓	10N·m	机油套管螺栓	10N·m
机油泵传动链条张紧器螺栓	10N·m	传动皮带张紧器紧固件(LJI)	22N·m
机油泵传动链条盖螺栓	10N·m	传动皮带张紧器紧固件(LI6)	58N·m
气缸盖螺栓(短)	25N·m	机油滤清器接头	25N·m
初级正时链条导板螺栓	10N·m	机油滤清器	20N·m
正时链条张紧器螺栓	10N·m	油底壳放油塞(LJI)	25N·m
次级正时链条导板螺栓	10N·m	油底壳放油塞(LI6)	15N·m
正时链条上导板螺栓	10N·m	发动机油压传感器	35N·m
发动机前盖螺栓(长)	10N·m		

注：本表中所列的紧固件可重复使用。

第二节 1.5L（L2B）发动机

一、机油加注

① 更换机油时含机油滤清器滤芯的加注量为 4.0L。
② 放油螺栓力矩为 30N·m。
③ 机油滤清器盖安装力矩为 25N·m。

二、发动机常规数据和扭矩规格（表 7-4 和表 7-5）

表 7-4 发动机常规数据

应用	规格	应用	规格
基本数据		凸轮轴	
发动机类型	直列 4 缸、水冷、16 气门、电控汽油喷射、电控点火、四冲程、双可变气门正时	轴颈圆柱度	0.007mm
		凸轮平行度	0.005mm
排量	1.485L	凸轮高度	进气[(25.20+17.00)±0.05]mm
缸径×行程	74.7mm×84.7mm		排气[(24.55+17.00)±0.05]mm
压缩比	10.2：1	曲轴	
最大功率/转速	82kW/5800r/min	曲轴端隙	0.08～0.29mm
最大扭矩	146.5N·m（3600～4000r/min）	曲轴主轴承间隙（全部）	0.018～0.05mm
点火顺序	1-3-4-2	曲轴主轴径直径和宽度	49（-0.005/-0.021）mm 和（23.15±0.10）mm
火花塞间隙	0.8～0.9mm	曲轴主轴承轴颈失圆度	0.005mm
怠速转速	(775±30)r/min		
火花塞型号	YR7DC	曲轴主轴承轴颈跳动量	0.03mm
轮廓尺寸（长×宽×高）	610mm×579mm×642mm	连杆轴颈直径	40(-0.005/-0.021)mm
发动机质量	(111.5±2)kg(MT)	连杆轴颈失圆度	0.005mm
	(101.5±2)kg(AT)	连杆轴颈与轴瓦间隙	0.018～0.050mm
气缸		气缸盖	
气缸直径	(74.710±0.013)mm	总高	(121.3±0.1)mm
缸孔圆度	0.005mm	气门导管高度	导管总长(35.0±0.2)mm
缸孔圆柱度	0.008mm		
气缸压力	平均有效压力 1.236MPa，任意两个缸之间的压力差不大于 98kPa	压入缸盖后凸出高度	(13.0±0.2)mm
凸轮轴		活塞	
凸轮轴轴径和宽度	前端 32(-0.05/-0.066)mm 和 42.7mm，其他 23(-0.04/-0.061)mm 和 17.5mm	与气缸孔间隙	0.023～0.053mm
		活塞直径	(74.672±0.007)mm
轴颈跳动度	0.08～0.26mm	活塞凸出缸体面最大高度	2.6mm

续表

应用	规格	应用	规格
活塞		气门	
活塞顶面锥度	15°	气门工作面跳动量	0.03mm
活塞销		气门座密封面宽度(进气)	1.17(−0.1/+0.3)mm
活塞销与活塞间隙	0.006~0.018mm	气门座密封面宽度(排气)	1.35(−0.1/+0.3)mm
活塞销直径	18mm	气门杆直径(进气)	(4.972±0.007)mm
活塞销长度	48mm	气门杆直径(排气)	(4.963±0.007)mm
活塞销偏移量(朝推力侧)	0.5mm	气门导管内径	5(0/+0.12)mm
活塞环		气门间隙(进气)	0.075~0.125mm
一环闭口间隙与侧隙	(0.18~0.33)/(0.04~0.08)mm	气门间隙(排气)	0.245~0.295mm
二环闭口间隙与侧隙	(0.35~0.55)/(0.03~0.07)mm	气门弹簧	
油环闭口间隙与侧隙	(0.2~0.7)/(0.04~0.12)mm	气门弹簧自由长度	44.2mm
连杆		气门弹簧预负荷	(118.00±4.72)N(压缩至34mm时)
连杆小头与活塞销间隙	0.006~0.018mm	气门弹簧垂直度	2°
连杆弯曲平行度	0.017/18mm	机油泵	
连杆扭转平行度	0.040/18mm	机油泵压力[(4000+40)r/min]	300kPa,流量30L/min
连杆大端止推间隙	0.10~0.25mm	机油压力[(4000±40)r/min]	400kPa
气门		润滑系统	
气门直径(进气)	(27.9±0.12)mm	润滑类型	飞溅+压力润滑
气门直径(排气)	(24.4±0.12)mm	机油容量(带机滤器)	4L
气门工作面角度	90°15′±15′		

表 7-5 发动机扭矩规格

项目	规格	项目	规格
空调压缩机支架螺栓	22N·m	进气歧管支架螺栓(M10)	45N·m
动力转向泵托架螺栓	22N·m	进气歧管支架螺栓(M8)	25N·m
水泵螺栓	22N·m	排气歧管隔热罩螺栓	10N·m
发动机后吊架螺栓	22N·m	三元催化器安装螺母(连接排气歧管端)	50N·m
发动机前吊架螺栓	22N·m		
进气歧管双头螺柱	15N·m	排气歧管螺母	22N·m
进气歧管螺栓	25N·m	排气歧管螺柱	20N·m
进气歧管螺母	25N·m	点火线圈安装螺栓	10N·m
水泵皮带轮螺栓	22N·m	点火线圈盖螺栓	10N·m

续表

项目	规格	项目	规格
油底壳螺栓	10N·m	连杆螺栓	20N·m+90°
油底壳放油螺栓	25N·m	燃油导轨安装螺栓	15N·m
机油集滤器连接螺栓	10N·m	进气歧管调节阀执行器螺栓（M6）	8N·m
曲轴皮带轮螺栓	95N·m+55°		
前盖螺柱	22N·m	进气歧管调节阀执行器螺栓（M4）	2.5N·m
前盖螺栓（中间1颗）	22N·m		
前盖螺栓（边缘11颗）	22N·m	节气门体安装螺栓	10N·m
凸轮轴链轮螺栓	55N·m	节气门体支架螺栓	22N·m
正时张紧器螺栓	10N·m	进气压力传感器螺栓	10N·m
正时链条排气侧导轨螺栓	10N·m	凸轮轴位置传感器螺栓	10N·m
正时链条进气侧导轨螺栓	10N·m	凸轮轴罩盖螺栓	10N·m
凸轮轴轴承盖螺栓	10N·m	凸轮轴相位执行器电磁阀螺栓	10N·m
出水口支座螺栓	22N·m	曲轴位置传感器螺栓	10N·m
发动机出水管螺栓	10N·m	曲轴位置传感器信号盘螺栓	10N·m
发动机出水管支架螺栓	22N·m	爆震传感器螺栓	20N·m
冷却液温度传感器	20N·m	机油压力开关总成	27N·m
发动机支座固定螺栓	55N·m	机油泵安装螺钉	10N·m
发动机支座螺柱	40N·m	机油泄压阀螺堵	42N·m
发动机支座至支架固定螺母	90N·m	油尺导管支架安装螺栓	10N·m
发动机支座支架至支架固定螺栓和螺母	130N·m	火花塞安装螺栓	20N·m
		活性炭罐电磁阀安装螺栓	10N·m
节温器壳体螺栓	10N·m	机油滤清器安装螺柱	22N·m
缸盖螺栓	22N·m+100°	机油滤清器总成	20N·m
离合器压盘紧固螺栓	25N·m	前氧传感器	46N·m
飞轮/柔性盘紧固螺栓	35N·m+30°+15°	后氧传感器	50N·m
曲轴后油封座安装螺栓	10N·m	传动皮带张紧器螺栓	55N·m
主轴承盖螺栓	30N·m+30°	传动皮带惰轮螺栓	55N·m

第三节 2.0L（LDK）发动机

一、机油加注

① 更换机油时含机油滤清器滤芯的加注量为6.0L。
② 放油螺栓力矩为25N·m。
③ 机油滤清器盖安装力矩为22N·m。

二、发动机常规数据和扭矩规格（表 7-6 和表 7-7）

表 7-6 发动机常规数据

应用	规格	应用	规格
基本数据		连杆	
发动机类型	直列 4 缸	连杆孔径（轴承端）	52.118～52.134mm
排量	2.0L	连杆孔径（活塞销端）	23.007～23.017mm
常规选装件（VIN）	LDK：F	连杆侧隙	0.070～0.370mm
缸径	85.992～86.008mm	连杆最大弯曲直线度	0.021mm
行程	86mm	连杆最大扭曲直线度	0.04mm
压缩比	9.2：1	连杆轴颈直径	49.000～49.014mm
火花塞间隙	0.75～0.90mm	曲轴	
平衡轴		曲轴轴向间隙	0.050～0.380mm
轴承间隙	0.030～0.060mm	曲轴主轴承间隙	0.031～0.067mm
轴承内径（托架）	20.050～20.063mm	曲轴主轴颈直径	55.994～56.008mm
轴承外径（托架）	41.975～41.995mm	气缸盖	
轴承轴颈直径	20.000～20.020mm	总高度（最小值）	128.9mm
衬套间隙	0.033～0.102mm	顶面直线度（150mm 内）	0.05mm
衬套内径	36.775～36.835mm	顶面直线度（25mm 内）	0.025mm
衬套轴颈直径	36.723～36.743mm	气缸盖螺栓孔之间	0.030mm
轴向间隙	0.050～0.300mm	气缸体顶平面纵向不平度	0.050mm
气缸		气缸体顶平面总体不平度	0.1mm
平衡轴轴承孔直径（托架）	42.000～42.016mm	气缸体顶平面横向不平度	0.030mm
平衡轴衬套孔直径	40.763～40.776mm	排气气门导管孔	6.000～6.012mm
曲轴主轴承孔直径	64.068～64.082mm	进气气门导管孔	6.000～6.012mm
气缸孔直径	85.992～86.008mm	气门挺柱孔径（固定式间隙调节器）	12.013～12.037mm
最大缸径不圆度	0.010mm		
最大缸径锥度	0.010mm	铲削面气门座锥角	30°
气缸盖顶面纵向不平度	0.050mm	座合面气门座锥角	45°
气缸盖顶面整体不平度	0.10mm	底切面气门座锥角	60°
气缸盖顶面横向不平度	0.030mm	气门座圆度（最大值）	0.025mm
凸轮轴		气门座最大跳动量	0.080mm
凸轮轴轴向间隙	0.040～0.307mm	座合面排气气门座宽度	1.600mm
凸轮轴轴颈直径	26.935～26.960mm	座合面进气气门座宽度	1.200mm
前凸轮轴轴颈直径	34.960～34.935mm	润滑系统	
凸轮轴止推面（安装有凸轮轴执行器）	30.020～30.175mm	机油压力（最小值,1000r/min,90℃）	206.84～482.63kPa
连杆			
连杆轴承间隙	0.029～0.073mm	机油容量	6.0L

续表

应用	规格	应用	规格
活塞环		气门系统	
活塞环开口间隙(第一道压缩环)	0.20~0.35mm	气门锥角	45°
		气门锥面跳动度(最大值)	0.040mm
活塞环开口间隙(第二道压缩环)	0.35~0.55mm	气门座跳动度(最大值)	0.080mm
		排气门座宽度	1.6000mm
活塞环开口间隙(油环-刮片)	0.25~0.75mm	进气门座宽度	1.2000mm
活塞环至环槽的间隙(第一道压缩环)	0.040~0.080mm	排气门气门头直径	29.950~30.250mm
		进气门气门头直径	34.950~35.250mm
活塞环至环槽的间隙(第二道压缩环)	0.003~0.068mm	排气门头外径和倒角高度	1.1174mm
		进气门头外径和倒角高度	1.0526mm
活塞环至环槽的间隙(油环)	0.024~0.176mm	排气门气门杆直径	5.935~5.950mm
活塞环厚度(第一道压缩环)	1.170~1.190mm	进气门气门杆直径	5.955~5.970mm
活塞环厚度(第二道压缩环)	1.471~1.490mm	气门杆高度(关闭)	32.500mm
活塞环厚度(油环-刮片,最大值)	0.473mm	排气门气门杆至导管的间隙	0.050~0.077mm
		进气门气门杆至导管的间隙	0.030~0.057mm
活塞环厚度(油环-垫片)	0.96~1.04mm	气门挺柱直径(固定式间隙调节器)	11.986~12.000mm
活塞和活塞销			
活塞销至连杆孔的间隙	0.009~0.023mm	气门挺柱至孔间隙(固定式间隙调节器)	0.013~0.051mm
活塞销至活塞销孔的间隙	0.005~0.015mm		
活塞销直径	22.995~23.000mm	气门摇臂传动比	1.68:1
活塞销轴向间隙	0.320~1.278mm	气门摇臂滚子直径	17.740~17.800mm
活塞直径(向上14.5mm)	85.967~85.982mm	气门弹簧自由长度	41.400~44.200mm
活塞销孔直径	23.005~23.010mm	气门弹簧安装高度(关闭)	32.500mm
活塞环槽宽度(油环)	2.001~2.003mm	气门弹簧安装高度(打开)	22.500mm
活塞环槽宽度(第二道)	1.52~1.54mm	气门弹簧载荷(关闭)	245.0~271.0N
活塞环槽宽度(顶部)	1.23~1.25mm	气门弹簧载荷(打开)	525.0~575.0N
活塞至气缸孔的间隙	0.010~0.041mm		

表7-7 发动机扭矩规格

应用	规格	应用	规格
空调压缩机至气缸体的螺栓	22N·m	平衡轴链轮螺栓	
自动变速器挠性盘螺栓		第一遍	20N·m
第一遍	53N·m	最后一遍	35°
最后一遍	25°	气缸体冷却液螺塞	15N·m
平衡轴可调式链条导板螺栓	10N·m	凸轮盖至气缸盖的螺栓	10N·m
平衡轴轴承座螺栓	10N·m	凸轮盖至搭铁电缆的螺栓	10N·m
平衡轴传动链条张紧器螺栓	10N·m	凸轮盖至搭铁电缆的双头螺栓	10N·m
平衡轴固定式链条导板螺栓	12N·m		

续表

应用	规格	应用	规格
凸轮轴		气缸盖螺栓	
凸轮轴盖螺栓	10N·m	蒸发排放吹洗电磁阀螺栓	10N·m
凸轮轴位置执行器电磁阀螺栓	10N·m	前排气管紧固件	10N·m
凸轮轴位置传感器螺栓	10N·m	前排气管紧固件(前部)	50N·m
排气凸轮轴位置执行器(第一遍)	30N·m	前排气管紧固件(后部)	30N·m
排气凸轮轴位置执行器(最后一遍)	100°	排气歧管隔热罩螺栓	25N·m
进气凸轮轴位置执行器(第一遍)	30N·m	排气歧管至涡轮增压器双头螺栓	20N·m
进气凸轮轴位置执行器(最后一遍)	100°	排气歧管至气缸盖螺母	14N·m
凸轮轴壳体盖绝缘体螺栓	10N·m	排气歧管至气缸盖的双头螺栓	15N·m
催化转化器螺栓	50N·m	前盖至气缸体的螺栓	25N·m
催化转化器托架螺栓	50N·m	燃油供油管线螺栓	10N·m
催化转化器螺母	50N·m	燃油管托架螺栓	10N·m
催化转化器双头螺栓	50N·m	燃油压力减振器螺栓	10N·m
增压器空气旁通螺栓	25N·m	油压传感器	33N·m
增压器空气旁通螺母	25N·m	燃油泵高压管路	30N·m
连杆螺栓		燃油泵低压管路	30N·m
第一遍	20N·m	燃油泵螺栓(高压)	15N·m
最后一遍	85°	燃油泵盖(高压)	10N·m
冷却液套螺塞	75N·m	燃油泵护罩螺栓	10N·m
冷却液温度传感器	20N·m	燃油导轨螺栓	25N·m
曲轴扭转减振器螺栓		发电机至气缸体的螺栓	22N·m
第一遍	150N·m	点火线圈螺栓	10N·m
最后一遍	100°	进气歧管撑杆螺栓	25N·m
曲轴轴承(下部曲轴箱至气缸体)底板		进气歧管撑杆螺母	25N·m
第一遍	20N·m	进气歧管撑杆双头螺栓	15N·m
最后一遍	70°	进气歧管至气缸盖的螺栓	25N·m
曲轴位置变磁阻环	15N·m	进气歧管至气缸盖的螺母	25N·m
曲轴位置传感器螺栓	10N·m	进气歧管至气缸盖的双头螺栓	15N·m
气缸盖螺栓		爆震传感器螺栓	25N·m
第一遍	30N·m	下曲轴箱至气缸体周边螺栓	25N·m
最后一遍	155°	歧管绝对压力传感器螺栓	10N·m
气缸盖前链盒螺栓	35N·m	机油冷却器螺栓	25N·m
气缸盖机油道塞	35N·m	机油滤清器座盖	22N·m
气缸盖开口板螺栓	10N·m	机油道后盖(后螺栓)	6N·m
传动皮带张紧器螺栓	45N·m	机油油道孔塞(气缸体后部)	60N·m
发动机前提升托架螺栓	25N·m	机油尺套管螺栓	10N·m
发动机后提升托架螺栓	25N·m	机油油位传感器板螺栓	10N·m

续表

应用	规格	应用	规格
气缸盖螺栓		涡轮增压器空气旁通阀盖螺栓	10N·m
油底壳挡板螺栓	14N·m	涡轮增压器空气冷却器出口管螺栓	25N·m
油底壳螺栓	25N·m	涡轮增压器撑杆螺栓	58N·m
油底壳放油螺塞	25N·m	涡轮增压器撑杆托架双头螺栓	25N·m
机油压力开关	26N·m	涡轮增压器撑杆螺母	58N·m
机油泵后盖螺栓	6N·m	涡轮增压器冷却液供给管螺栓	45N·m
机油泵泄压阀塞	40N·m	涡轮增压器冷却液供液管安装螺栓	10N·m
氧传感器	42N·m	涡轮增压器冷却液回流管螺栓	45N·m
活塞机油喷嘴总成	15N·m	涡轮增压器隔热罩螺栓	10N·m
电动制动助力器泵螺栓	22N·m	涡轮增压器螺母	30N·m
动力转向系统张紧器螺栓	22N·m	涡轮增压器供油管螺栓	45N·m
火花塞	20N·m	涡轮增压器机油回油管螺栓	10N·m
起动机至气缸体紧固件	58N·m	涡轮增压器排气泄压阀调节电磁阀托架螺栓	7N·m
节温器壳体至气缸体的螺栓	10N·m	通风管至气缸盖	15N·m
节气门螺栓	10N·m	水套排放塞	20N·m
节气门体螺母	10N·m	水管支撑架螺栓	10N·m
可调式正时链条导板螺栓	10N·m	水泵检修盖螺栓	10N·m
固定式正时链条导板螺栓	12N·m	水泵螺栓	25N·m
正时链条导板螺栓检修孔塞	75N·m	水泵盖双头螺栓	10N·m
正时链条机油喷嘴螺栓	10N·m	水泵排放塞	20N·m
正时链条张紧器	75N·m	水泵链轮螺栓	10N·m
正时链条上导板螺栓	10N·m		

第四节 2.4L（LAF、LUK）发动机

一、机油加注

① 更换机油时含机油滤清器滤芯的加注量为4.7L。

② 放油螺栓力矩为25N·m。

③ 机油滤清器盖安装力矩为25N·m。

二、发动机常规数据和扭矩规格（表7-8和表7-9）

表7-8 发动机常规数据

应用	规格	应用	规格
基本数据		基本数据	
发动机类型	直列4缸	常规选装件（VIN）	LAF:W
排量	2.4L		LUK:G

续表

应用	规格	应用	规格
基本数据		曲轴	
缸径	87.992~88.008mm	曲轴轴向间隙	0.050~0.380mm
行程	98mm	曲轴主轴承间隙	0.031~0.067mm
压缩比	11.16:1	曲轴主轴颈直径	55.993~56.009mm
火花塞间隙	0.75~0.90mm	气缸盖	
平衡轴		总高度(最小值)	128.9mm
轴承间隙	0.030~0.060mm	气缸体顶平面纵向不平度	0.050mm
轴承内径(托架)	20.050~20.063mm	气缸体顶平面总体不平度	0.1mm
轴承外径(托架)	41.975~41.995mm	气缸体顶平面横向不平度	0.030mm
轴承轴颈直径	20.000~20.020mm	排气气门导管孔	6.000~6.012mm
衬套间隙	0.033~0.102mm	进气气门导管孔	6.000~6.012mm
衬套内径	36.776~36.825mm	气门挺柱孔径(固定式间隙调节器)	12.013~12.037mm
衬套轴颈直径	36.723~36.743mm		
轴向间隙	0.050~0.300mm	铲削面气门座锥角	30°
气缸		座合面气门座锥角	45°
平衡轴轴承孔直径(托架)	42.000~42.016mm	底切面气门座锥角	60°
平衡轴衬套孔直径	40.763~40.776mm	气门座圆度(最大值)	0.025mm
曲轴主轴承孔直径	64.068~64.082mm	气门座最大跳动量	0.080mm
气缸孔直径	87.992~88.008mm	座合面排气气门座宽度	1.600mm
最大缸径不圆度	0.010mm	座合面进气气门座宽度	1.200mm
最大缸径锥度	0.010mm	润滑系统	
气缸盖顶面纵向不平度	0.050mm	机油压力最小值(1000r/min,90℃)	206.84~482.63kPa
气缸盖顶面整体不平度	0.08mm		
气缸盖顶面横向不平度	0.030mm	机油容量	4.7L
凸轮轴		活塞环	
凸轮轴轴向间隙	0.040~0.144mm	活塞环开口间隙(第一道压缩环)	0.15~0.30mm
凸轮轴轴颈直径	26.935~26.960mm		
凸轮轴止推面	21.000~21.052mm	活塞环开口间隙(第二道压缩环)	0.20~0.45mm
连杆			
连杆轴承间隙	0.029~0.073mm	活塞环开口间隙(油环-刮片)	0.15~0.65mm
连杆孔径(轴承端)	52.118~52.134mm	活塞环至环槽的间隙(第一道压缩环)	0.04~0.08mm
连杆孔径(活塞销端)	20.007~20.017mm	活塞环至环槽的间隙(第二道压缩环)	0.030~0.070mm
连杆侧隙	0.070~0.370mm		
连杆最大弯曲直线度	0.021mm	活塞环至环槽的间隙(油环)	0.058~0.207mm
连杆最大扭曲直线度	0.04mm	活塞环厚度(第一道压缩环)	1.170~1.190mm
曲轴		活塞环厚度(第二道压缩环)	1.471~1.490mm
连杆轴颈直径	48.999~49.015mm	活塞环最大厚度(油环-刮片)	0.473mm

续表

应用	规格	应用	规格
活塞环		气门系统	
活塞环厚度（油环-垫片-刮片）	0.929～1.006mm	进气门气门头直径	34.950～35.250mm
活塞和活塞销		排气门头倒角高度	1.1174mm
活塞销至连杆孔的间隙	0.007～0.020mm	进气门头倒角高度	1.0526mm
活塞销至活塞销孔的间隙	0.004～0.012mm	排气门气门杆直径	5.935～5.950mm
活塞销直径	19.997～20.000mm	进气门气门杆直径	5.955～5.970mm
活塞销轴向间隙	0.410～1.266mm	气门杆高度（关闭）	32.500mm
活塞直径（向上14.5mm）	87.967～87.982mm	排气气门杆至导管的间隙	0.050～0.077mm
活塞销孔直径	20.004～20.009mm	进气门气门杆至导管的间隙	0.030～0.057mm
活塞环槽宽度（油环）	2.01～2.03mm	气门间隙调节器直径（固定式间隙调节器）	11.986～12.000mm
活塞环槽宽度（第二道）	1.52～1.54mm		
活塞环槽宽度（顶部）	1.23～1.25mm	气门间隙调节器至孔的间隙（固定式间隙调节器）	0.013～0.051mm
活塞至气缸孔的间隙	0.010～0.041mm		
气门系统		气门摇臂传动比	1.68:1
气门锥角	45°	气门摇臂滚子直径	17.740～17.800mm
气门锥面跳动度（最大值）	0.040mm	气门弹簧自由长度	41.400～44.200mm
气门座跳动度（最大值）	0.080mm	气门弹簧安装高度（关闭）	32.500mm
排气门座宽度	1.6000mm	气门弹簧安装高度（打开）	22.500mm
进气门座宽度	1.2000mm	气门弹簧载荷（关闭,32.5mm）	245.0～271.0N
排气门气门头直径	29.950～30.250mm	气门弹簧载荷（打开,22.5mm）	525.0～575.0N

表 7-9 发动机扭矩规格

应用	规格	应用	规格
空调压缩机至气缸体的螺栓	22N·m	凸轮轴	
空气泵总成螺栓	22N·m	排气凸轮轴位置执行器（最后一遍）	100°
平衡轴轴承座至气缸体的螺栓	10N·m	进气凸轮轴位置执行器（第一遍）	30N·m
平衡轴链条导板螺栓（可调式）	10N·m	进气凸轮轴位置执行器（最后一遍）	100°
平衡轴链条导板螺栓（固定式）	12N·m	进气凸轮轴后盖螺栓	10N·m
平衡轴链条张紧器	10N·m	连杆螺栓	
气缸体芯孔塞	35N·m	第一遍	20N·m
气缸体加热器螺栓	10N·m	最后一遍	85°
凸轮盖至气缸盖的螺栓	10N·m	曲轴扭转减振器螺栓	
凸轮盖至搭铁电缆的螺栓	10N·m	第一遍	150N·m
凸轮盖至搭铁电缆的双头螺栓	10N·m	最后一遍	100°
凸轮轴		曲轴位置变磁阻环	15N·m
凸轮轴轴承盖螺栓	10N·m	曲轴位置传感器螺栓	10N·m
凸轮轴位置执行器电磁阀螺栓	10N·m	气缸盖螺栓	
凸轮轴位置传感器螺栓	10N·m	第一遍	30N·m
排气凸轮轴位置执行器（第一遍）	30N·m	最后一遍	155°

续表

应用	规格	应用	规格
气缸盖螺栓		曲轴轴承下部曲轴箱至气缸体(底板)	
气缸盖前链盒螺栓	35N·m	最后一遍	70°
气缸盖机油道塞	35N·m	下部曲轴箱周边螺栓	25N·m
传动皮带张紧螺栓	22N·m	歧管绝对压力(MAP)传感器螺栓	4N·m
传动皮带张紧器轴枢螺栓	58N·m	机油滤清器盖	25N·m
发动机气缸体机油油道孔塞	60N·m	机油道后盖(后螺栓)	6N·m
发动机冷却液放气接头	15N·m	机油尺套管至进气歧管的螺栓	10N·m
发动机冷却液温度传感器	20N·m	油底壳挡板	14N·m
发动机前提升托架螺栓	25N·m	油底壳放油螺塞	25N·m
发动机后提升托架螺栓	25N·m	油底壳至气缸体的螺栓	25N·m
发动机提升托架双头螺栓	25N·m	机油压力开关	26N·m
发动机支座托架至车身的螺栓	62N·m	机油泵盖螺栓	6N·m
发动机支座托架至发动机的螺栓	100N·m	机油泵泄压阀塞	40N·m
蒸发排放活性炭罐阀螺栓	25N·m	氧传感器	42N·m
排气歧管隔热罩螺栓	14N·m	活塞机油喷嘴总成	15N·m
排气歧管至气缸盖的螺母(2遍)	14N·m	火花塞	20N·m
排气歧管至气缸盖的双头螺栓	15N·m	节温器壳体至气缸体的螺栓	10N·m
飞轮螺栓(自动变速器)		节气门螺栓	10N·m
第一遍	53N·m	正时链条导板螺栓(可调式)	10N·m
最后一遍	25°	正时链条导板螺栓(固定式)	12N·m
前盖至气缸体的螺栓	25N·m	正时链条上导板螺栓	10N·m
燃油供油中间管	30N·m	正时链条导板螺栓检修孔塞	75N·m
燃油管托架螺栓	10N·m	正时链条机油喷嘴螺栓	10N·m
燃油泵盖螺栓	10N·m	正时链条张紧器	75N·m
燃油泵盖螺母	10N·m	变速器至发动机撑杆的螺栓	50N·m
燃油导轨总成螺栓	25N·m	变速器变矩器至自动变速器挠性盘螺栓	60N·m
燃油导轨线束连接器托架螺栓	10N·m	通风管至气缸盖	15N·m
发电机至气缸体的螺栓	22N·m	水套排放塞	20N·m
发电机线束螺母	20N·m	水管支撑架螺栓	10N·m
点火线圈螺栓	10N·m	水泵检修盖螺栓	10N·m
进气歧管绝缘体螺栓	10N·m	水泵/平衡轴链条张紧器螺栓	10N·m
进气歧管至气缸盖的螺栓	25N·m	水泵螺栓	25N·m
进气歧管至气缸盖的螺母	25N·m	水泵盖双头螺栓	10N·m
进气歧管至气缸盖的双头螺栓	15N·m	水泵链轮螺栓	10N·m
爆震传感器螺栓	25N·m		
曲轴轴承下部曲轴箱至气缸体(底板)			
第一遍	20N·m		

第五节 3.0L（LFW）发动机

一、机油加注

① 更换机油时含机油滤清器滤芯的加注量为5.7L。
② 放油螺栓力矩为250N·m。
③ 机油滤清器盖安装力矩为30N·m。

二、发动机常规数据和扭矩规格（表7-10 和表7-11）

表7-10 发动机常规数据

应用	规格	应用	规格
一般信息		凸轮轴	
发动机类型	V6	凸轮轴凸角升程（进气）	42.385~42.685mm
排量	3.0L	凸轮轴跳动量（前部和后部1号和4号）	0.025mm
常规选装件	LFW		
VIN	B	凸轮轴跳动量（中间2号和3号）	0.050mm
缸径	89mm	排气气门升程	10.8mm
行程	80.3mm	进气气门挺柱	10.8mm
压缩比	11.7：1	连杆	
怠速转速（AT）	600r/min	连杆轴承间隙	0.010~0.070mm
点火顺序	1-2-3-4-5-6	连杆孔径（轴承端）	59.620~59.636mm
火花塞间隙	0.95~1.10mm	连杆孔径（活塞销端,出厂件）	24.009~24.019mm
气缸		连杆孔径（活塞销端,维修最大值）	24.007mm
曲轴主轴承孔直径	72.867~72.881mm		
气缸孔直径	88.992~89.008mm	连杆长度（至中心）	156.05mm
气缸孔圆度（出厂最大值）	0.026mm	连杆侧隙	0.095~0.355mm
气缸孔锥度	0.020mm	连杆宽度（轴承端）	
凸轮轴		出厂件	21.775mm
凸轮轴轴承内径（前部1号）	35.000~35.020mm	维修	21.725~21.825mm
凸轮轴轴承内径（中间和后部2~4号）	27.000~27.020mm	连杆宽度（活塞销端）	
		出厂件	21.775mm
凸轮轴轴向间隙	0.045~0.215mm	维修	21.725~21.825mm
凸轮轴轴颈直径（前部1号）	34.936~34.960mm	曲轴	
凸轮轴轴颈直径（中间和后部2~4号）	26.936~26.960mm	连杆轴颈直径	55.992~56.008mm
		连杆轴颈圆度	0.005mm
凸轮轴轴颈圆度	0.006mm	连杆轴颈锥度	0.005mm
凸轮轴轴颈至孔间隙	0.040~0.084mm	连杆轴颈宽度	
凸轮轴凸角升程（排气）	42.456~42.756mm	出厂件	22.000mm

续表

应用	规格	应用	规格
连杆轴颈宽度		活塞环	
维修	21.920～22.080mm	第一道压缩环(最大值,孔内环)	0.350mm
曲轴轴向间隙	0.100～0.330mm	第二道压缩环(标称)	0.280～0.480mm
曲轴主轴承间隙	0.031～0.069mm	第二道压缩环(最大值,孔内环)	0.450mm
曲轴主轴颈直径	68.000mm	油环	0.150～0.600mm
曲轴主轴颈圆度	0.005mm	活塞环至环槽间隙	
曲轴主轴颈锥度	0.005mm	第一道压缩环	0.030～0.065mm
曲轴主轴颈止推壁		第二道压缩环	0.015～0.060mm
跳动量	0.000～0.040mm	油环	0.030～0.170mm
垂直度	0.000～0.010mm	活塞环厚度	
曲轴主轴颈宽度(2号和4号)		第一道压缩环	1.175～1.190mm
出厂件	24.000mm	第二道压缩环	1.470～1.495mm
维修	23.900～24.100mm	油环	2.360～2.480mm
曲轴主轴颈宽度(3号)		活塞和活塞销	
出厂件	24.400mm	活塞	
维修	24.360～24.440mm	活塞直径(超过裙部涂层的测量值)	88.476～89.014mm
曲轴导向轴承孔直径	20.965～20.995mm		
曲轴后法兰跳动量	0.025mm	活塞直径(维修最小极限值,大于10000mile,1mile=1.6km)	88.926mm
曲轴变磁阻环跳动量(最大值)	2.000mm		
曲轴跳动量	0.030mm	活塞销孔直径	24.007～24.012mm
曲轴止推轴承间隙	0.076～0.305mm	活塞环槽宽度(第一道压缩环)	1.220～1.240mm
曲轴止推面(高度直径)	95.000mm	活塞环槽宽度(第二道压缩环)	1.510～1.530mm
曲轴止推面跳动量	0.040mm	活塞环槽宽度(油环)	2.510～2.530mm
气缸盖		活塞至孔间隙(出厂件,裙部涂层的测量值)	0.022～0.032mm
排气气门导管孔	6.000～6.020mm		
进气气门导管孔	6.000～6.020mm	活塞至孔间隙(维修最大极限值,大于10000mile,1mile=1.6km)	0.650mm
气门导管安装高度	14.050～14.550mm		
气门挺柱孔直径	12.008～12.030mm	活塞销	
润滑系统		活塞销至连杆孔间隙(出厂件)	0.007～0.024mm
机油容量(带滤清器)	5.7L	活塞销至连杆孔间隙(维修最大值)	0.030mm
机油容量(不带滤清器)	5.2L		
机油压力(最小值,怠速时)	69kPa	活塞销至活塞销孔间隙(出厂件)	0.007～0.015mm
机油压力(最小值,2000r/min时)	138kPa		
活塞冷却喷射阀开启压力	1.7～2.3bar(1bar=10⁵Pa)	活塞销至活塞销孔间隙(维修最大值)	0.015mm
活塞环			
活塞环开口间隙		活塞销直径	23.997～24.000mm
第一道压缩环(标称)	0.150～0.300mm	活塞销长度	60.60～61.10mm

续表

应用	规格	应用	规格
气门系统		气门	
气门		排气气门杆至导管间隙	0.035～0.075mm
气门锥角	44.25°	进气气门杆至导管间隙	0.025～0.065mm
气门锥面跳动量	0.050mm	气门挺柱[液压挺柱(SHLA)]	
排气气门锥面宽度	不可研磨,更换气门	气门挺柱(液压挺柱)直径	11.989～12.000mm
进气气门锥面宽度	不可研磨,更换气门	气门挺柱(液压挺柱)至挺柱孔间隙	0.037～0.041mm
排气气门头直径	30.470～30.730mm		
进气气门头直径	35.03～35.29mm	摇臂	
气门安装高度	35.23～36.69mm	气门摇臂比值	1.68:1
排气气门长度	97.11mm	气门摇臂滚柱直径	17.740～17.800mm
进气气门长度	101.23mm	气门弹簧	
座合面气门座锥角	45°	气门弹簧圈厚度	3.250mm～3.900mm
铲削面气门座锥角	30°	气门弹簧直径(内侧顶部)	12.090～12.590mm
底切面气门座锥角	60°	气门弹簧直径(外侧顶部)	20.140mm
气门座最大圆度	0.025mm	气门弹簧直径(内侧底部)	17.950～18.450mm
气门座最大跳动量	0.080mm	气门弹簧直径(外侧底部)	26.000mm
座合面排气气门座宽度	1.400～1.800mm	气门弹簧自由长度	42.050～44.850mm
铲削面排气气门座宽度	0.700～0.900mm	气门弹簧安装高度(关闭)	35.000mm
座合面进气气门座宽度	1.000～1.400mm	气门弹簧安装高度(打开)	24.000mm
铲削面进气气门座宽度	0.500～0.700mm	气门弹簧载荷(关闭)	247～273N
排气气门杆直径	5.945～5.965mm	气门弹簧载荷(打开)	598～662N
进气气门杆直径	5.955～5.975mm		

表 7-11 发动机扭矩规格

应用	规格	应用	规格
大气压力(BARO)传感器螺栓	10N·m	连杆螺栓	
凸轮轴盖螺栓	10N·m	最后一遍	110°
凸轮轴中间传动链轮螺栓(惰轮链轮)	58N·m	冷却液排放塞(发动机气缸体)	50N·m
		冷却液出口螺栓	10N·m
凸轮轴位置执行器		曲轴扭转减振器螺栓	
凸轮轴螺栓	58N·m	第一遍	100N·m
机油控制阀螺栓	10N·m	最后一遍	150°
凸轮轴位置传感器螺栓	10N·m	曲轴主轴承螺栓	
隔音罩螺栓	10N·m	内	
连杆螺栓		第一遍	20N·m
第一遍	30N·m	最后一遍	80°
第二遍	逆时针后退至零	外	
第三遍	25N·m	第一遍	15N·m

续表

应用		规格	应用	规格
外			发动机支座	
最后一遍		110°	后上发动机支座至发动机支座螺母	60N·m
侧边				
第一遍		30N·m	发动机机油油位开关螺栓	10N·m
最后一遍		60°	蒸发排放(EVAP)吹洗阀螺栓(球头螺栓)	10N·m
曲轴位置传感器螺栓		10N·m		
曲轴位置传感器(右侧排气歧管下隔热罩)			排气连通管螺母	34N·m
螺栓	M6	10N·m	燃油泵螺栓(高压)	15N·m
	M10	58N·m	燃油导轨螺栓	25N·m
曲轴后油封壳体螺栓		10N·m	燃油导轨支撑架	10N·m
气缸盖螺栓(M8)			加热器进口/出口管总成螺栓	10N·m
第一遍		15N·m	点火线圈螺栓	10N·m
最后一遍		75°	进气歧管	
气缸盖螺栓(M11)			气缸盖上部长螺栓	25N·m
第一遍		30N·m	气缸盖上部短螺栓	25N·m
最后一遍		150°	上进气歧管至下进气歧管螺栓	7N·m
气缸盖孔塞		75N·m	爆震传感器螺栓	25N·m
传动皮带			放油螺塞	25N·m
惰轮皮带轮螺栓		58N·m	机油滤清器	30N·m
张紧器螺栓		25N·m	机油滤清器外壳适配器螺栓	25N·m
发动机冷却液温度(ECT)传感器		22N·m	机油油道孔塞(M20)	75N·m
发动机飞轮螺栓(挠性盘自动变速器)			机油油道孔塞	50N·m
第一遍		30N·m	机油尺套管螺栓	10N·m
最后一遍		45°	油底壳	
发动机前盖双头螺柱		15N·m	气缸螺栓(M8)	25N·m
发动机前盖螺栓(M6)		15N·m	曲轴后油封壳体螺栓(M6)	10N·m
发动机前盖螺栓(M8)			刮油板螺栓	10N·m
第一遍		20N·m	油压输送器	20N·m
第二遍		20N·m	机油泵	
最后一遍		60°	螺栓	25N·m
发动机前盖螺栓(M12)		65N·m	盖螺栓	13N·m
发动机支座			曲轴箱强制通风管托架螺栓(球头螺栓)	10N·m
托架至发动机气缸体螺栓		100N·m		
发动机支座滑柱螺栓		58N·m	活塞机油冷却喷嘴螺栓	10N·m
发动机支座滑柱托架至发动机螺栓		90N·m	初级凸轮轴传动链条	
前下发动机支座至车架螺母		75N·m	左下导板螺栓(机油泵,第二设计)	25N·m
前上发动机支座至发动机支座螺母		90N·m	张紧器螺栓	25N·m

续表

应用	规格	应用	规格
初级凸轮轴传动链条		起动机	
上导板螺栓	25N·m	节温器壳体螺栓	10N·m
次级凸轮轴传动链条		节气门螺栓	10N·m
导板螺栓	25N·m	变矩器螺栓	60N·m
支撑板螺栓	25N·m	变速器	
张紧器螺栓	25N·m	变速器安装螺栓(常规选装件)	60N·m
火花塞	18N·m	选挡杆螺母	9.5N·m
起动机		水泵螺栓	
螺栓	58N·m	第一遍	10N·m
电缆螺母	10N·m	第二遍	10N·m
吸油滤网螺栓	10N·m	最后一遍	45°
吸油管螺栓	10N·m	水泵皮带轮螺栓	10N·m

第八章 雪佛兰车系

第一节 1.4L（LE2、LEX、LFE、LV7）发动机

一、机油加注

① 更换机油时含机油滤清器滤芯的加注量为 4.0L。
② 放油螺栓力矩为 25N·m。
③ 机油滤清器盖：将机油滤清器紧固 3/4~1 圈。

二、发动机常规数据和扭矩规格（表 8-1 和表 8-2）

表 8-1 发动机常规数据

应用	规格	应用	规格
基本数据		气缸	
发动机类型	直列 4 缸	发动机气缸体至底板总体不平度	0.1mm
排量	1.4L		
常规选装件	LE2	发动机气缸体至底板不平度（平直度）	0.050~0.100mm
气门	16		
缸径	74mm	发动机气缸体(气缸面高度)	198.115~198.365mm
行程	81.3mm	活塞顶面高度（顶面以下）	0.74~0.94mm
压缩比	10.0:1	凸轮轴	
火花塞间隙	0.60~0.70mm	凸轮轴轴向间隙	0.040~0.660mm
点火顺序	1-3-4-2	凸轮轴轴颈间隙	0.040~0.085mm
气缸		凸轮轴轴颈直径(轴颈 1)	30.935~30.960mm
曲轴主轴承孔直径	51.868~51.882mm	凸轮轴轴颈直径(轴颈 2~6)	23.935~23.960mm
气缸孔直径	73.992~74.008mm	凸轮轴止推宽度(凸轮轴带安装的相位器)	33.175~33.525mm
最大缸径不圆度	0.013mm		
气缸盖顶面不平度（超过 25mm 长度）	0.025mm	凸轮轴止推宽度(气缸盖)	32.865~33.135mm
气缸盖顶面不平度（超过 150mm 长度）	0.050mm	连杆	
		连杆轴承至曲柄销间隙	0.013~0.068mm

续表

应用	规格	应用	规格
连杆		活塞环	
连杆孔径(轴承端)	47.186~47.202mm	活塞环至环槽间隙(顶部)	0.03~0.08mm
连杆孔径(活塞销端,带衬套)	18.007~18.017mm	活塞环至环槽间隙(第二道)	0.03~0.07mm
连杆侧隙	0.090~0.350mm	活塞环至环槽的间隙(油环)	0.050~0.190mm
连杆最大弯曲直线度	0.017mm	活塞环厚度(顶部)	1.17~1.19mm
连杆最大扭曲直线度	0.040mm	活塞环厚度(第二道)	1.17~1.19mm
曲轴		活塞环厚度(油环-刮片)	0.045~0.47mm
连杆轴颈直径	43.992~44.008mm	活塞环厚度(油环-垫片)	1.67~1.79mm
连杆轴颈圆度	0.005mm	活塞和活塞销	
曲轴轴向间隙	0.15~0.38mm	活塞销至连杆孔的间隙	0.007~0.020mm
曲轴主轴承间隙(1号轴承)	0.011~0.070mm	活塞销至活塞销孔的间隙	0.002~0.010mm
曲轴主轴承间隙(2~5号轴承)	0.012~0.067mm	活塞销直径	17.997~18.000mm
		活塞销轴向间隙	0.18~0.79mm
曲轴主轴颈直径	46.992~47.008mm	活塞直径(至活塞顶38mm)	73.957~73.971mm
曲轴主轴颈圆度	0.005mm	活塞销孔直径	18.002~18.010mm
气缸盖		活塞环槽宽度(顶部)	1.23~1.25mm
凸轮轴轴承盖孔径(1号)	31.00~31.02mm	活塞环槽宽度(第二道)	1.23~1.25mm
凸轮轴轴承盖孔径(2~6号)	24.00~24.02mm	活塞环槽宽度(油环)	2.03~2.05mm
气缸体顶平面高度	10.58~10.98mm	活塞至气缸孔的间隙(带聚合物)	−0.017~+0.029mm
气缸体顶平面不平度(25mm内)	0.025mm	气门系统	
气缸体顶平面不平度(150mm内)	0.050mm	气门锥角	90°
气缸体顶平面不平度(螺栓之间)	0.030mm	气门锥面跳动度(最大值)	0.050mm
气缸体顶平面总体不平度	0.100mm	气门座跳动度(最大值)	0.080mm
排气气门导管孔	5.000~5.020mm	气门座球面标高(排气)	8.85~9.09mm
进气气门导管孔	5.000~5.020mm	气门座球面标高(进气)	9.47~9.71mm
气门挺柱孔径(固定式间隙调节器)	12.008~12.030mm	排气门杆直径	4.945~4.965mm
		进气门杆直径	4.955~4.975mm
铲削面气门座锥角	50°	气门杆安装高度	检查与记录
座合面气门座锥角	90°	排气门杆至导管的间隙	0.035~0.075mm
底切面气门座锥角	120°	进气门杆至导管的间隙	0.025~0.065mm
气门座最大跳动量	0.080mm	气门间隙调节器直径(固定式间隙调节器)	11.986~12.000mm
润滑系统			
机油压力(1500r/min,100℃)	200~250kPa	气门间隙调节器至孔的间隙(固定式间隙调节器)	0.008~0.044mm
活塞环			
活塞环开口间隙(顶部)	0.25~0.40mm	气门弹簧安装高度	34.50~35.50mm
活塞环开口间隙(第二道)	0.40~0.60mm	气门弹簧载荷(关闭,35mm时)	225~245N
活塞环开口间隙(油环)	0.25~0.75mm	气门弹簧载荷(打开,26.5mm)	405~445N

表8-2 发动机扭矩规格

应用	规格	应用	规格
空调压缩机螺栓	19~25N·m	曲轴扭转减振器螺栓	
空调压缩机托架螺栓	19~25N·m	第一遍	100N·m
空调压缩机托架双头螺栓	5~11N·m	最后一遍	180°
空调压缩机螺母	19~25N·m	曲轴机油导流板螺栓	10N·m
空调压缩机双头螺栓	8N·m	曲轴位置传感器螺栓	10N·m
自动变速器挠性盘螺栓		气缸盖螺栓	
第一遍	30N·m	第一遍	30N·m
最后一遍	70°	最后一遍	240°
平衡链条导板螺栓	10N·m	气缸盖塞	25N·m
皮带惰轮托架螺栓	19~25N·m	带垫圈的气缸盖塞	75N·m
凸轮轴轴承盖螺栓	12N·m	传动皮带张紧器螺栓	49~67N·m
凸轮轴轴承前盖螺栓	12N·m	废气再循环冷却器螺栓	10N·m
凸轮轴盖螺栓	15N·m	废气再循环管螺栓	10N·m
凸轮轴外壳盖球头螺栓	10N·m	废气再循环阀螺栓	10N·m
凸轮轴壳体盖双头螺栓	15N·m	发动机气缸体油道塞	65N·m
凸轮轴位置执行器电磁阀螺栓	10N·m	发动机冷却液节温器壳体螺栓	10N·m
		发动机冷却液加热器孔塞	60N·m
凸轮轴位置执行器螺栓		发动机冷却液节温器壳体螺栓	10N·m
第一遍	20N·m	发动机控制模块(ECM)线束搭铁螺栓	10N·m
最后一遍	90°		
凸轮轴位置传感器螺栓	10N·m	发动机前盖周围螺栓(M6)	15N·m
催化转化器撑杆螺栓	22N·m	发动机前盖螺栓(M6,数量为1)	15N·m
催化转化器撑杆托架螺栓	22N·m	发动机前盖螺栓(M10,轻型牵引车变速器托架位置)	58N·m
催化转化器撑杆托架螺母(下部)	22N·m	发动机前盖螺栓(M14)	58N·m
催化转化器撑杆托架螺母(涡轮托架至变速器壳体,上部)	22N·m	发动机前盖孔塞	50N·m
		发动机前盖双头螺栓	15N·m
催化转化器撑杆托架螺母(涡轮托架至变速器壳体,下部)	49~67N·m	发动机前提升托架螺栓	25N·m
		发动机后提升托架螺栓	25N·m
催化转化器隔热罩螺栓	9N·m	发动机机油冷却器螺栓	10N·m
催化转化器螺母	22N·m	发动机机油压力传感器	35N·m
增压空气旁通阀螺栓	8N·m	发动机防溅罩球头螺栓	10N·m
离合器压板盖总成螺栓		蒸发排放炭罐吹洗电磁阀螺栓	10N·m
第一遍	20N·m	排气口法兰双头螺栓	10N·m
最后一遍	紧固至最后扭矩	排气管卡箍总成	15N·m
连杆螺栓		飞轮螺栓	
第一遍	25N·m	第一遍	30N·m
最后一遍	75°		

续表

应用	规格	应用	规格
飞轮螺栓		机油泵链轮螺栓	
最后一遍	70°	曲轴箱强制通风阀螺栓	10N·m
燃油供油中间管	30N·m	活塞机油喷嘴螺栓	10N·m
燃油供油中间管螺栓	10N·m	二次空气喷射旁通阀适配器螺栓	25N·m
燃油喷射导轨螺栓	10N·m		
燃油泵螺栓	25N·m	火花塞	17N·m
燃油喷射器螺钉	5N·m	起动机螺栓	58N·m
发电机螺栓	19~25N·m	起动机托架螺栓	49~67N·m
发电机螺母	19~25N·m	起动机螺母	19~25N·m
发电机双头螺栓	5~11N·m	起动机开口盖螺栓	58N·m
点火线圈螺栓	10N·m	起动机双头螺栓	10N·m
进气压力和温度传感器螺栓	5N·m	热旁通阀管螺栓	10N·m
进气歧管螺栓	12N·m	热旁通阀管托架螺栓	10N·m
进气歧管盖螺栓	7.5~10.5N·m	节气门体螺栓	10N·m
进气歧管双头螺栓	10N·m	正时链条导板螺栓	10N·m
爆震传感器螺栓	25N·m	正时链条机油喷嘴	15N·m
下部曲轴箱周围螺栓		正时链条张紧器螺栓	25N·m
第一遍	5N·m	正时链条张紧器蹄片螺栓	25N·m
最后一遍	10N·m	变速驱动桥PTU支架螺栓	49~67N·m
下部曲轴箱螺栓		变速驱动桥变矩器螺栓	51~69N·m
第一遍	15N·m	变速器双头螺栓	10N·m
最后一遍	180°	涡轮增压器撑臂螺栓	25N·m
歧管绝对压力传感器螺栓	5N·m	涡轮增压器旁通电磁阀螺栓	10N·m
机油滤清器	当衬垫接触到滤清器安装法兰上的密封面后,将机油滤清器紧固3/4~1圈	涡轮增压器冷却液供液管螺栓	35N·m
		涡轮增压器冷却液回液管螺栓	35N·m
		涡轮增压器冷却液回液管托架螺栓	10N·m
机油滤清器接头	55N·m	涡轮增压器隔热罩螺栓	7.5~10.5N·m
油底壳螺栓(下底壳至上底壳)	10N·m	涡轮增压器螺母	
油底壳螺栓(上底壳至底座)	10N·m	第一遍	15N·m
油底壳放油塞	25N·m	第二遍	20N·m
机油泵螺栓	10N·m	最后一遍	60°
机油泵传动链条张紧器螺栓	10N·m	涡轮增压器机油供给管螺栓	25N·m
机油泵链轮螺栓		涡轮增压器供油管卡夹螺栓	10N·m
第一遍	10N·m	涡轮增压器机油回油管螺栓	10N·m
最后一遍	60°	涡轮增压器曲轴箱强制通风接头螺栓	10N·m
机油泵吸油管螺栓	10N·m		
曲轴箱强制通风油分离器排放管螺栓	10N·m	涡轮增压器管接头	35N·m

续表

应用	规格	应用	规格
涡轮增压器螺母		涡轮增压器螺母	
涡轮增压器双头螺栓	10N·m	水泵螺栓	10N·m
真空泵螺栓	25N·m	水泵壳体螺栓	25N·m
排气泄压阀执行器螺母	10N·m	线束托架螺栓	25N·m
出水口螺栓	10N·m	线束连接器螺栓	10N·m

第二节　1.5L（L3A、L3G、LFV）发动机

一、机油加注

① 更换机油时含机油滤清器滤芯的加注量为4.0L。
② 放油螺栓力矩为25N·m。
③ 机油滤清器盖：将机油滤清器紧固3/4～1圈。

二、发动机常规数据和扭矩规格（表8-3和表8-4）

表8-3　发动机常规数据

应用	规格	应用	规格
一般数据		气缸	
发动机类型	直列4缸	活塞顶面高度（顶面以下）	0.54～0.74mm
排量	1.5L	凸轮轴	
常规选装件	L3G	凸轮轴轴向间隙	0.040～0.660mm
气门	16	凸轮轴轴颈间隙	0.040～0.085mm
孔径	74mm	凸轮轴轴颈直径（1号轴颈）	30.935～30.960mm
行程	86.6mm	凸轮轴轴颈直径（2～6号轴颈）	23.935～23.960mm
压缩比	11.5∶1	凸轮轴止推宽度（凸轮轴带安装的相位器）	33.175～33.525mm
火花塞间隙	0.60～0.70mm		
点火次序	1-3-4-2	凸轮轴止推宽度（气缸盖）	32.865～33.135mm
气缸		连杆	
曲轴主轴承孔直径	51.868～51.882mm	连杆轴承至曲柄销间隙	0.013～0.068mm
气缸孔直径	73.992～74.008mm	连杆孔径（轴承端）	47.186～47.202mm
最大缸径不圆度	0.013mm	连杆孔径（活塞销端，带衬套）	18.007～18.017mm
气缸盖顶面不平度（超过25mm长度）	0.025mm	连杆侧隙	0.090～0.350mm
气缸盖顶面不平度（超过150mm长度）	0.050mm	连杆最大弯曲直线度	0.017mm
		连杆最大扭曲直线度	0.040mm
发动机气缸体至底板总体不平度	0.1mm	曲轴	
		连杆轴颈直径	43.992～44.008mm
发动机气缸体至底板不平度（平直度）	0.050～0.100mm	连杆轴颈圆度	0.005mm

续表

应用	规格	应用	规格
曲轴		活塞环	
曲轴轴向间隙	0.15～0.38mm	活塞环厚度（油环-刮片）	0.045～0.47mm
曲轴主轴承间隙（1号轴承）	0.011～0.070mm	活塞环厚度（油环-垫片）	1.67～1.79mm
曲轴主轴承间隙（2～5号轴承）	0.012～0.067mm	活塞和活塞销	
曲轴主轴颈直径	46.992～47.008mm	活塞销至连杆孔的间隙	0.007～0.020mm
曲轴主轴颈圆度	0.005mm	活塞销至活塞销孔的间隙	0.002～0.010mm
气缸盖		活塞销直径	17.997～18.000mm
平面不平度（缸体顶,25mm内）	0.025mm	活塞销轴向间隙	0.18～0.79mm
平面不平度（缸体顶,150mm内）	0.050mm	活塞直径（至活塞顶38mm）	73.957～73.971mm
缸体顶平面不平度（螺栓之间）	0.030mm	活塞销孔直径	18.002～18.010mm
缸体顶平面总体不平度	0.100mm	活塞环槽宽度（顶部）	1.23～1.25mm
排气气门导管孔径	5.000～5.020mm	活塞环槽宽度（第二道）	1.23～1.25mm
进气气门导管孔径	5.000～5.020mm	活塞环槽宽度（油环）	2.03～2.05mm
气门挺柱孔径（固定式间隙调节器）	12.008～12.030mm	活塞至气缸孔的间隙（带聚合物）	－0.017～＋0.029mm
铲削面气门座锥角	50°	气门系统	
座合面气门座锥角	90°	气门锥角	90°
底切面气门座锥角	120°	气门锥面跳动度（最大值）	0.050mm
气门座最大跳动量	0.080mm	气门座跳动度（最大值）	0.080mm
润滑系统		气门座球面标高（排气）	8.85～9.09mm
机油压力（1500r/min,100℃）	200～250kPa	气门座球面标高（进气）	9.47～9.71mm
活塞环		排气门气门杆直径	4.945～4.965mm
活塞环开口间隙（顶部）	0.25～0.40mm	进气门气门杆直径	4.955～4.975mm
活塞环开口间隙（第二道）	0.40～0.60mm	排气门气门杆至导管的间隙	0.035～0.075mm
活塞环开口间隙（油环）	0.25～0.75mm	进气门气门杆至导管的间隙	0.025～0.065mm
活塞环至环槽间隙（顶部）	0.03～0.08mm	气门间隙调节器直径（固定式间隙调节器）	11.986～12.000mm
活塞环至环槽间隙（第二道）	0.03～0.07mm	气门间隙调节器至孔的间隙（固定式间隙调节器）	0.008～0.044mm
活塞环至环槽的间隙（油环）	0.050～0.190mm	气门弹簧安装高度	34.50～35.50mm
活塞环厚度（顶部）	1.17～1.19mm	气门弹簧载荷（关闭,35mm时）	225～245N
活塞环厚度（第二道）	1.17～1.19mm	气门弹簧载荷（打开,26.5mm）	405～445N

表8-4 发动机扭矩规格

应用	规格	应用	规格
空调压缩机螺栓	19～25N·m	空调压缩机双头螺栓	8N·m
空调压缩机托架螺栓	19～25N·m	自动变速器挠性盘螺栓	
空调压缩机托架双头螺栓	5～11N·m	第一遍	30N·m
空调压缩机螺母	19～25N·m	最后一遍	70°

续表

应用	规格	应用	规格
自动变速器挠性盘螺栓		气缸盖螺栓	
平衡链条导板螺栓	10N·m	废气再循环阀螺栓	10N·m
皮带惰轮托架螺栓	19~25N·m	发动机气缸体油道塞	50N·m
凸轮轴轴承盖螺栓	12N·m	发动机气缸体油道塞	65N·m
凸轮轴轴承前盖螺栓	12N·m	发动机冷却液加热器孔塞	60N·m
凸轮轴盖螺栓	15N·m	发动机冷却液节温器壳体螺栓	10N·m
凸轮轴外壳盖球头螺栓	10N·m	发动机控制模块(ECM)线束搭铁螺栓	10N·m
凸轮轴壳体盖双头螺栓	15N·m		
凸轮轴位置执行器电磁阀螺栓	10N·m	发动机前盖周围螺栓(M6,周围)	15N·m
凸轮轴位置执行器螺栓		发动机前盖螺栓(M6,数量为1)	15N·m
第一遍	20N·m	发动机前盖螺栓(M10,轻型牵引车变速器托架位置)	58N·m
最后一遍	90°		
凸轮轴位置传感器螺栓	10N·m	发动机前盖周围螺栓(M14)	58N·m
催化转化器撑杆螺栓	22N·m	发动机前盖孔塞	50N·m
催化转化器撑杆托架螺栓	22N·m	发动机前盖双头螺栓	15N·m
催化转化器隔热罩螺栓	9N·m	发动机前提升托架螺栓	25N·m
催化转化器螺母	25N·m	发动机后提升托架螺栓	25N·m
增压空气旁通阀螺栓	8N·m	发动机机油压力传感器	35N·m
离合器压板盖总成螺栓		发动机防溅罩球头螺栓	10N·m
第一遍	20N·m	蒸发排放炭罐吹洗电磁阀螺栓	10N·m
最后一遍	紧固至最后扭矩	排气口法兰双头螺栓	10N·m
连杆螺栓		排气管卡箍总成	15N·m
第一遍	25N·m	飞轮螺栓	
最后一遍	75°	第一遍	30N·m
曲轴扭转减振器螺栓		最后一遍	70°
第一遍	100N·m	燃油供油中间管	30N·m
最后一遍	180°	燃油供油中间管螺栓	10N·m
曲轴机油导流板螺栓	10N·m	燃油喷射导轨螺栓	10N·m
曲轴位置传感器螺栓	10N·m	燃油泵螺栓	25N·m
气缸盖螺栓		燃油喷射器螺钉	5N·m
第一遍	30N·m	发电机螺栓	19~25N·m
最后一遍	240°	发电机螺母	19~25N·m
气缸盖塞	25N·m	发电机双头螺栓	5~11N·m
带垫圈的气缸盖塞	75N·m	点火线圈螺栓	10N·m
传动皮带张紧器螺栓	49~67N·m	进气歧管螺栓	12N·m
废气再循环冷却器螺栓	10N·m	进气歧管下盖螺栓	7N·m
废气再循环管螺栓	10N·m	进气歧管管路控制阀执行器螺栓	6N·m

续表

应用	规格	应用	规格
飞轮螺栓		曲轴箱强制通风油分离器排放管螺栓	10N·m
进气歧管通路控制阀执行器板螺栓	5N·m	曲轴箱强制通风阀螺栓	10N·m
进气歧管双头螺栓	10N·m	活塞机油喷嘴螺栓	10N·m
进气歧管上盖螺栓	8N·m	二次空气喷射旁通阀适配器螺栓	25N·m
爆震传感器螺栓	25N·m	火花塞	17N·m
下部曲轴箱周围螺栓(周围)		起动机螺栓	58N·m
第一遍	5N·m	起动机托架螺栓	49~67N·m
最后一遍	10N·m	起动机螺母	19~25N·m
下部曲轴箱螺栓		起动机开口盖螺栓	58N·m
第一遍	15N·m	起动机双头螺栓	10N·m
最后一遍	180°	热旁通阀管螺栓	10N·m
M歧管绝对压力(MAP)传感器螺栓	5N·m	热旁通阀管托架螺栓	10N·m
		节气门体螺栓	10N·m
机油滤清器	当衬垫接触到滤清器安装法兰上的密封面后,将机油滤清器紧固3/4~1圈	正时链条导板螺栓	10N·m
		正时链条机油喷嘴	15N·m
		正时链条张紧器螺栓	25N·m
		正时链条张紧器蹄片螺栓	25N·m
机油滤清器接头	55N·m	变速驱动桥PTU支架螺栓	49~67N·m
油底壳螺栓(下底壳至上底壳)	10N·m	变速驱动桥变矩器螺栓	51~69N·m
油底壳螺栓(上底壳至底座)	10N·m	变速器双头螺栓	10N·m
油底壳放油塞	25N·m	真空泵螺栓	25N·m
机油泵螺栓	10N·m	排气泄压阀执行器螺母	10N·m
机油泵传动链条张紧器螺栓	10N·m	出水口螺栓	10N·m
机油泵链轮螺栓		水泵螺栓	10N·m
第一遍	10N·m	水泵壳体螺栓	25N·m
最后一遍	60°	线束托架螺栓	25N·m
机油泵吸油管螺栓	10N·m	线束连接器螺栓	10N·m

第三节 1.4L(LCU、LFF)发动机

一、机油加注

① 更换机油时含机油滤清器滤芯的加注量为4.0L。
② 放油螺栓力矩为25N·m。
③ 机油滤清器盖安装力矩为20N·m。

二、发动机常规数据和扭矩规格（表 8-5 和表 8-6）

表 8-5 发动机常规数据

应用	规格	应用	规格
基本数据		曲轴	
发动机类型	直列 4 缸	曲轴主轴承壳厚度（本色）	1.991～1.996mm
常规选装件	LFF	曲轴主轴承壳厚度（绿色）	1.996～2.001mm
VIN	J	气缸盖	
气门	16	气缸体顶平面纵向不平度	0.05mm
排量	1372mL		0.02mm（在 100mm×100mm 区域内）
缸径	73.8mm		
缸孔中心距	79.7mm		如果顶平面超出规格，则更换气缸盖。不要机加工气缸盖
行程	80.2mm		
压缩比	9.5∶1	气缸体顶平面横向不平度	0.05mm
点火顺序	1-3-4-2		0.02mm（在 100mm×100mm 区域内）
火花塞间隙	0.70～0.80mm		
火花塞报废间隙	0.90mm		如果顶平面超出规格，则更换气缸盖。不要机加工气缸盖
4800r/min 时的最大功率	103kW		
1700～4800r/min 时的最大扭矩	200N·m	进气门座宽度	0.50～1.25mm
急速转速	680～700r/min	排气门座宽度	0.54～1.71mm
发动机质量	131kg	气门座锥角	90°（密封面）
气缸		上气门座锥角的调节	90°
气缸体高度	245mm	下气门座锥角的调节	89°
气缸孔直径（标准尺寸导向值）	73.8mm	气门导管孔径标准尺寸	5.00～5.02mm
1～5 号曲轴孔直径（0 号轴颈）	53.005～53.010mm	气门导管总成高度	12.8～13.2mm
1～5 号曲轴孔直径（1 号轴颈）	53.010～53.015mm	气门导管长度	39.3～39.7mm
冷却系统		连杆	
冷却液规格	水/乙二醇	连杆轴承间隙（径向）	0.01～0.026mm
水泵设计	叶轮泵	连杆孔径（轴承端）	45.005～45.015mm
流量（节温器完全打开）	165L/min, 125kPa	连杆孔径（活塞销端）	19.006～19.016mm
节温器开度	电子控制	连杆侧隙	0.08～0.29mm
曲轴		连杆最大弯曲直线度	0.08mm
1～5 号曲轴 0 号主轴承轴颈直径	48.989～48.995mm	连杆最大扭曲直线度	0.04mm
1～5 号曲轴 1 号主轴承轴颈直径	48.983～48.989mm	活塞环	
曲轴主轴承 3 宽度	23.15～23.20mm	活塞环开口间隙（第一道压缩环）	0.15～0.3mm
曲轴轴承间隙	0 号曲轴孔和 0 号主轴颈：0.018～0.039mm	活塞环开口间隙（第二道压缩环）	0.35～0.5mm
	0 号曲轴孔和 1 号主轴颈：0.019～0.040mm	活塞环开口间隙（油环-刮片）	0.2～0.7mm
	1 号曲轴孔和 0 号主轴颈：0.014～0.035mm	活塞环至环槽的间隙（第一道压缩环，径向）	0.55～0.86mm
	1 号曲轴孔和 1 号主轴颈：0.013～0.034mm		

续表

应用	规格	应用	规格
活塞环		活塞环槽宽度(油环)	3.4075mm
活塞环至环槽的间隙(第一道压缩环,轴向)	0.04～0.08mm	活塞环槽宽度(第二道)	3.8575mm
活塞环至环槽的间隙(第二道压缩环,径向)	0.91～1.21mm	活塞环槽宽度(顶部)	3.4075mm
		活塞至气缸孔的间隙(不带聚合物)	0.023～0.047mm
活塞环至环槽的间隙(第二道压缩环,轴向)	0.03～0.07mm	发动机机油	
活塞环至环槽的间隙(油环,径向)	0.61～1.11mm	黏度	5W30
活塞环至环槽的间隙(油环,轴向)	0.04～0.12mm	容量(带机油滤清器)	4L
活塞环厚度(第一道压缩环)	0.97～0.99mm	气门系统	
活塞环厚度(第二道压缩环)	1.17～1.19mm	进气门标准长度	95.87mm
活塞环厚度(油环-刮片,最大值)	0.415～0.425mm	排气门标准长度	97.1mm
		进气门气门杆标准直径	4.972mm
活塞环厚度(油环-垫片)	1.97～1.98mm	排气门气门杆标准直径	4.963mm
活塞和活塞销		进气门气门杆至导管的间隙	0.021～0.055mm
活塞销至连杆孔的间隙	0.006～0.019mm	排气门气门杆至导管的间隙	0.030～0.064mm
活塞销至活塞销孔的间隙	0.004～0.014mm	进气门气门头直径	29.34mm
活塞销直径	18.995～19mm	排气门气门头直径	25.47mm
活塞销轴向间隙	0.3mm	气门弹簧长度	42.23mm
活塞直径(向上14.5mm)	73.773～73.787mm	载荷下的气门弹簧长度(打开)	22.5mm
活塞销孔直径	19.004～19.009mm	载荷下的气门弹簧长度(关闭)	32.5mm

表8-6 发动机扭矩规格

应用	规格	应用	规格
空调压缩机螺栓	22N·m	曲轴轴承盖螺栓	
空调压缩机托架螺栓	22N·m	第一遍	30N·m
自动变速器挠性盘螺栓	60N·m	第二遍	80°
发动机飞轮螺栓	60N·m	曲轴位置传感器螺栓	10N·m
凸轮轴壳体螺栓	10N·m	曲轴位置传感器磁阻环螺栓	10N·m
凸轮轴壳体双头螺栓	10N·m	曲轴后油封壳体螺栓	10N·m
凸轮轴壳体后盖螺栓	10N·m	气缸盖螺栓	
凸轮轴位置传感器螺栓	10N·m	第一遍	30N·m
凸轮轴位置执行器调节器螺栓	55N·m	第二遍	90°
凸轮轴位置执行器电磁阀螺栓	10N·m	最后一遍	90°
曲轴箱强制通风油分离器螺栓	10N·m	气缸盖孔塞	75N·m
连杆轴承盖螺栓		传动皮带张紧器螺栓	55N·m
第一遍	20N·m	发动机气缸体机油油道孔塞(3/8)	20N·m
第二遍	90°	发动机气缸体机油油道孔塞(1/8)	15N·m
曲轴皮带轮螺栓		活塞机油喷嘴螺栓	12N·m
第一遍	95N·m	发动机冷却液节温器螺栓	10N·m
第二遍	55°	发动机冷却液节温器壳体螺栓	10N·m

续表

应用	规格	应用	规格
气缸盖螺栓		进气歧管	
发动机冷却液温度传感器	20N·m	机油滤清器盖	20N·m
发动机机油冷却器螺栓	22N·m	机油尺套管螺栓	10N·m
发动机机油冷却器壳体螺栓	22N·m	油底壳	
发动机前盖螺栓	58N·m	油底壳螺栓至发动机气缸体	22N·m
发动机前提升托架螺栓	22N·m	油底壳放油塞	25N·m
发动机后提升托架螺栓	22N·m	油底壳挡板螺栓	10N·m
发动机支座螺母	58N·m	油底壳螺栓至变速器	58N·m
发动机支座托架至发动机气缸体螺栓		机油泵	
第一遍	60N·m	机油泵盖螺栓	10N·m
第二遍	45°	机油泵壳体螺塞	35N·m
最后一遍	15°	机油泄压塞	45N·m
发动机支座托架至发动机支座螺栓		机油泵滤网螺栓至发动机前盖	10N·m
第一遍	50N·m	火花塞	22.5N·m
第二遍	60°	节气门体螺栓	10N·m
最后一遍	15°	凸轮轴正时系统紧固件	
发动机机油压力指示灯开关	26N·m	正时链条张紧器螺栓	10N·m
排气歧管		正时链条张紧器蹄片螺栓	10N·m
双头螺栓至气缸盖	15N·m	正时链条导板螺栓	10N·m
螺母至气缸盖	15N·m	正时链条上导板螺栓	10N·m
隔热罩螺栓至排气歧管	10N·m	涡轮增压器	
上部隔热罩全卜部螺栓	15N·m	涡轮增压器冷却液回液管空心螺栓	30N·m
发电机螺栓	58N·m	涡轮增压器冷却液回液管托架螺栓	10N·m
加热型氧传感器	42N·m	涡轮增压器冷却液供液管空心螺栓	30N·m
点火线圈螺栓	10N·m	涡轮增压器冷却液供液管托架螺栓	10N·m
点火线圈线束搭铁螺栓	9N·m	涡轮增压器供油管接头	20N·m
歧管绝对压力传感器螺栓	10N·m	涡轮增压器供油管托架螺栓	10N·m
进气歧管		涡轮增压器回油管	10N·m
螺栓至气缸盖	22N·m	涡轮增压器撑臂螺栓	25N·m
双头螺栓至气缸盖	15N·m	涡轮增压器螺母	25N·m
螺母至气缸盖	22N·m	涡轮增压器双头螺栓至排气歧管法兰	7N·m
双头螺栓至进气歧管	10N·m		
爆震传感器螺栓	25N·m	涡轮增压器隔热罩螺栓	12N·m
		水泵进水管螺栓	10N·m
燃油喷射导轨螺栓	15N·m	水泵螺栓	22N·m

第四节　1.5L（L2B、L2C、L3C、LM9）发动机

一、机油加注

① 更换机油时含机油滤清器滤芯的加注量为3.5L。

② 放油螺栓力矩为25N·m。
③ 机油滤清器盖安装力矩为20N·m。

二、发动机常规数据和扭矩规格（表8-7和表8-8）

表8-7 发动机常规数据

应用	规格	应用	规格
基本数据		曲轴	
发动机类型	直列4缸，水冷，双顶置式凸轮轴，16气门，可变进气长度进气歧管，多点顺序燃油电控喷射和独立点火模块，双可变正时系统，四冲程	曲轴止推轴承间隙	0.08～0.29mm
		气缸盖	
		气缸盖下平面不平度	0.1mm
			0.05mm(在100mm×100mm区域内)
			如果下平面超出规格，则更换气缸盖，不要加工气缸盖
排量	1.485L		
缸径×行程	74.7mm×84.7mm		
压缩比	10.2:1		
额定功率/转速	83kW/6000r/min	活塞	
最大扭矩/转速	141N·m/4000r/min	与气缸孔间隙	0.015～0.034mm
点火顺序	1-3-4-2	活塞直径	74.656～74.670mm
火花塞间隙	0.8～0.9mm	活塞销	
怠速转速	675r/min	活塞销直径	17.997～18.000mm
发动机质量	110.8kg或111.5kg	活塞环	
气缸体		一环闭口间隙与侧隙	0.15～0.30mm
气缸直径	74.697～74.723mm	二环闭口间隙与侧隙	0.30～0.45mm
缸孔圆度	0.005mm	油环闭口间隙与侧隙	0.20～0.70mm
缸孔圆柱度	0.008mm	一环至环槽间隙	0.04～0.08mm
凸轮轴		二环至环槽间隙	0.03～0.07mm
轴颈跳动度	0.04mm	油环至环槽间隙	0.04～0.12mm
凸轮轴轴颈直径(前端)	31.934～31.950mm	连杆	
凸轮轴轴颈直径(其他)	22.939～22.960mm	连杆孔径(活塞销端)	18.006～18.014mm
曲轴		连杆小头与活塞销间隙	0.006～0.017mm
曲轴端隙	0.08～0.29mm	连杆轴瓦间隙	0.018～0.050mm
曲轴主轴承间隙	0.018～0.050mm	气门	
曲轴主轴承轴颈失圆度	0.005mm	气门间隙(进气)	0.075～0.125mm
曲轴连杆轴颈失圆度	0.005mm	气门间隙(排气)	0.245～0.295mm
曲轴主轴承轴颈锥度	0.005mm	气门弹簧	
曲轴主轴承轴颈跳动量	0.03mm	气门弹簧自由长度	44.2mm
曲轴连杆轴颈直径	39.983～39.995mm	气门弹簧垂直度	2°
曲轴主轴颈直径	48.983～48.995mm	润滑系统	
曲轴主轴颈宽度	23.0～23.3mm	机油容量(带机滤器)	3.5L
连杆轴颈宽度	22.1～22.2mm		

表 8-8 发动机扭矩规格

项目	规格	项目	规格
发动机支座固定螺栓	110N·m	曲轴后油封座螺栓	10N·m
发动机支座至支架固定螺栓	100N·m+30°~45°	凸轮轴罩盖螺栓	10N·m
发动机支座托架螺栓	50N·m	凸轮轴轴承盖螺栓	10N·m
传动皮带张紧器螺栓	55N·m	发动机线束固定支架螺栓	10N·m
传动皮带惰轮固定螺栓	55N·m	正时张紧器螺栓	10N·m
发动机机油压力开关	27N·m	正时链条导板螺栓	10N·m
发动机前提升支架螺栓	25N·m	凸轮轴链轮螺栓	55N·m
发动机后提升支架螺栓	25N·m	进气歧管支架螺栓（至缸体）	45N·m
进气歧管固定螺母	25N·m	进气歧管支架螺栓（至进气歧管）	25N·m
进气歧管固定螺栓	25N·m	机油减压阀堵盖	40N·m
节气门支架螺栓	22N·m	主轴承盖螺栓	30N·m+30°
节气门体螺栓	10N·m	连杆螺栓	20N·m+90°
油底壳螺栓	10N·m	缸盖螺栓	22N·m+102°
油底壳螺栓（至变速箱）	30N·m	飞轮螺栓	35N·m+40°
机油尺导管支架螺栓	10N·m	节温器壳体螺栓	22N·m
发动机飞轮螺栓	35N·m+40°	排气歧管螺母	20N·m
曲轴皮带轮螺栓	95N·m+55°	空调压缩机支架螺栓	22N·m
油底壳螺栓	25N·m	排气歧管隔热罩螺栓	10N·m
机油滤清器螺栓	22N·m	转向泵支架固定螺栓	22N·m
机油滤清器	20N·m	机油减压阀堵盖	40N·m

第五节　2.0L（LTD）发动机

一、机油加注

① 更换机油时含机油滤清器滤芯的加注量为 4.8L。

② 放油螺栓力矩为 25N·m。

③ 机油滤清器盖安装力矩为 25N·m。

二、发动机常规数据和扭矩规格（表 8-9 和表 8-10）

表 8-9 发动机常规数据

应用	规格	应用	规格
基本数据		基本数据	
发动机类型	直列 4 缸	缸径	85.992~86.008mm
排量	2.0L	行程	86mm
常规选装件（VIN）	LTD：Y	压缩比	10：01

续表

应用	规格	应用	规格
基本数据		气缸盖	
火花塞间隙	0.95～1.10mm	最小总高度	128.9mm
平衡轴		气缸体顶平面纵向不平度	0.050mm
轴承间隙	0.030～0.060mm	气缸体顶平面总体不平度	0.1mm
轴承内径(托架)	20.050～20.063mm	气缸体顶平面横向不平度	0.030mm
轴承外径(托架)	41.975～41.995mm	排气气门导管孔径	6.000～6.012mm
轴承轴颈直径	20.000～20.020mm	进气气门导管孔径	6.000～6.012mm
衬套间隙	0.033～0.102mm	气门挺柱孔径(固定式间隙调节器)	12.013～12.037mm
衬套内径	36.776～36.825mm		
衬套轴颈直径	36.723～36.743mm	铲削面气门座锥角	30°
轴向间隙	0.050～0.300mm	座合面气门座锥角	45°
气缸		底切面气门座锥角	60°
平衡轴轴承孔直径(托架)	42.000～42.016mm	气门座圆度(最大值)	0.025mm
平衡轴衬套孔直径	40.763～40.776mm	气门座最大跳动量	0.080mm
曲轴主轴承孔直径	64.068～64.082mm	座合面排气气门座宽度	1.600
气缸孔直径	85.992～86.008mm	座合面进气气门座宽度	1.200mm
最大缸径不圆度	0.010mm	润滑系统	
最大缸径锥度	0.010mm	机油压力(最小值,1000r/min,90℃)	206.84～482.63kPa
气缸盖顶面纵向不平度	0.050mm		
气缸盖顶面整体不平度	0.08mm	机油容量	4.8L
气缸盖顶面横向不平度	0.030mm	活塞环	
凸轮轴		活塞环开口间隙(第一道压缩环)	0.20～0.35mm
凸轮轴轴向间隙	0.040～0.144mm	活塞环开口间隙(第二道压缩环)	0.35～0.55mm
凸轮轴轴颈直径	26.935～26.960mm	活塞环开口间隙(油环-刮片)	0.25～0.75mm
凸轮轴止推面	21.000～21.052mm	活塞环至环槽间隙(第一道压缩环)	0.04～0.08mm
连杆			
连杆轴承间隙	0.029～0.073mm	活塞环至环槽间隙(第二道压缩环)	0.030～0.070mm
连杆孔径(轴承端)	52.118～52.134mm		
连杆孔径(活塞销端)	20.007～20.017mm	活塞环至环槽间隙(油环)	0.058～0.207mm
连杆侧隙	0.070～0.370mm	活塞环厚度(第一道压缩环)	1.170～1.190mm
连杆最大弯曲直线度	0.021mm	活塞环厚度(第二道压缩环)	1.471～1.490mm
连杆最大扭曲直线度	0.04mm	活塞环厚度(油环-刮片,最大值)	0.473mm
曲轴			
连杆轴颈直径	49.000～49.014mm	活塞环厚度(油环-垫片)	0.929～1.006mm
曲轴轴向间隙	0.050～0.380mm	活塞和活塞销	
曲轴主轴承间隙	0.031～0.067mm	活塞销至连杆孔间隙	0.007～0.020mm
曲轴主轴颈直径	55.994～56.008mm	活塞销至活塞销孔间隙	0.004～0.012mm

续表

应用	规格	应用	规格
活塞和活塞销		气门系统	
活塞销直径	19.997~20.000mm	进气门头外径和倒角高度	1.0526mm
活塞销轴向间隙	0.410~1.266mm	排气门气门杆直径	5.935~5.950mm
活塞直径(向上14.5mm)	85.967~85.982mm	进气门气门杆直径	5.955~5.970mm
活塞销孔直径	20.004~20.009mm	气门杆高度(关闭)	32.500mm
活塞环槽宽度(油环)	2.01~2.03mm	排气门气门杆至导管间隙	0.050~0.077mm
活塞环槽宽度(第二道)	1.52~1.54mm	进气门气门杆至导管间隙	0.030~0.057mm
活塞环槽宽度(顶部)	1.23~1.25mm	气门间隙调节器直径(固定式间隙调节器)	11.986~12.000mm
活塞至气缸孔的间隙(不带聚合物)	0.010~0.041mm	气门间隙调节器至孔间隙(固定式间隙调节器)	0.013~0.051mm
气门系统			
气门锥角	45°	气门摇臂传动比	1.68:1
气门锥面跳动度(最大值)	0.040mm	气门摇臂滚子直径	17.740~17.800mm
气门座跳动度(最大值)	0.080mm	气门弹簧自由长度	41.400~44.200mm
排气门座宽度	1.6000mm	气门弹簧安装高度(关闭)	32.500mm
进气门座宽度	1.2000mm	气门弹簧安装高度(打开)	22.500mm
排气门气门头直径	29.950~30.250mm	气门弹簧载荷(关闭,32.5mm)	245.0~271.0N
进气门气门头直径	34.950~35.250mm	气门弹簧载荷(打开,22.5mm)	525.0~575.0N
排气门头外径和倒角高度	1.1174mm		

表8-10 发动机扭矩规格

应用	规格	应用	规格
空调压缩机至气缸体的螺栓	22N·m	凸轮轴	
平衡轴链条导板螺栓(可调式)	10N·m	进气/排气凸轮轴位置执行器(最后一遍)	100°
平衡轴链条导板螺栓(固定式)	12N·m		
平衡轴轴承座至气缸体的螺栓	10N·m	连杆螺栓	
气缸体芯孔塞	35N·m	第一遍	20N·m
气缸体加热器螺栓	10N·m	最后一遍	85°
气缸体机油道塞	60N·m	冷却液放气接头	15N·m
凸轮盖至气缸盖的螺栓	10N·m	曲轴扭转减振器螺栓	
凸轮盖至搭铁电缆的螺栓	10N·m	第一遍	150N·m
凸轮盖至搭铁电缆的双头螺栓	10N·m	最后一遍	100°
凸轮轴		曲轴轴承(下部曲轴箱至气缸体,底板)	
凸轮轴轴承盖	10N·m	第一遍	20N·m
凸轮轴位置执行器电磁阀螺栓	10N·m	最后一遍	70°
凸轮轴位置传感器螺栓	10N·m	曲轴位置传感器螺栓	10N·m
进气/排气凸轮轴位置执行器(第一遍)	30N·m	气缸盖螺栓	
		第一遍	30N·m

续表

应用	规格	应用	规格
气缸盖螺栓		飞轮螺栓(自动变速器)	
最后一遍	155°	机油道后盖(后螺栓)	6N·m
气缸盖芯孔塞	75N·m	机油尺套管至进气歧管的螺栓	10N·m
气缸盖前链盒螺栓	35N·m	油底壳挡板	14N·m
气缸盖机油道塞	35N·m	油底壳放油螺塞	25N·m
传动皮带张紧器螺栓	45N·m	油底壳至气缸体的螺栓	25N·m
发动机冷却液温度传感器	20N·m	机油压力开关	26N·m
发动机前提升托架螺栓	25N·m	机油泵盖螺栓	6N·m
发动机后提升托架螺栓	25N·m	机油泵泄压阀塞	40N·m
发动机安装托架至车身的螺栓和螺母	50N·m	氧传感器	42N·m
		活塞机油喷嘴	15N·m
发动机支座托架至发动机的螺栓	100N·m	火花塞	20N·m
		起动机至气缸体的螺栓	58N·m
发动机至变速器的螺栓	58N·m	起动机线束螺母	3N·m
蒸发排放吹洗电磁阀螺栓	25N·m	起动机电磁线圈蓄电池电缆螺母	17N·m
排气歧管法兰双头螺栓	16N·m		
排气歧管至气缸盖的螺母(2遍)	14N·m	节温器壳体至气缸体的螺栓	10N·m
排气歧管至气缸盖的双头螺栓	15N·m	节气门体螺栓	10N·m
飞轮螺栓(自动变速器)		正时链条导板螺栓	10N·m
第一遍	53N·m	正时链条导板螺栓检修孔塞	75N·m
最后一遍	25°	正时链条导板螺栓(可调式)	10N·m
前盖至气缸体的螺栓	25N·m	正时链条导板螺栓(固定式)	12N·m
燃油管托架螺栓	10N·m	正时链条机油喷嘴螺栓	10N·m
燃油导轨托架螺栓	10N·m	正时链条张紧器	75N·m
发电机至气缸体的螺栓	22N·m	变速器至发动机撑杆的螺栓	50N·m
发电机线束螺母	20N·m	变速器变矩器至飞轮的螺栓	60N·m
隔热罩至排气歧管的螺栓	14N·m	通风管至气缸盖	15N·m
点火线圈螺栓	10N·m	水套排放塞	20N·m
进气歧管至气缸盖的螺栓	10N·m	水管支撑架螺栓	10N·m
进气歧管至气缸盖的螺母	10N·m	水泵检修盖螺栓	10N·m
进气歧管至气缸盖的双头螺栓	6N·m	水泵/平衡轴链条张紧器螺栓	10N·m
爆震传感器螺栓	25N·m	水泵盖双头螺栓	10N·m
下部曲轴箱周边螺栓	25N·m	水泵螺栓	25N·m
机油滤清器壳体盖	22N·m	水泵链轮螺栓	10N·m

第九章 凯迪拉克车系

第一节 2.0L（LD4、LHP、LTG）或 2.5L（LCV、LHN、LKW）发动机

一、机油加注

① 更换机油时含机油滤清器滤芯的加注量为 4.7L。
② 放油螺栓力矩为 25N·m。
③ 机油滤清器盖：将机油滤清器紧固 3/4~1 圈。

二、发动机相关数据（表 9-1~表 9-3）

表 9-1 发动机常规数据

应用	规格	应用	规格
一般数据		发动机缸体至底板总体不平度	0.1mm
发动机类型	直列 4 缸	发动机缸体至底板不平度（平直度）	0.050mm/100mm
位移	2.0L		
常规选装件（VIN）	LTG	活塞顶面高度（顶面以下）	1.155~1.725mm
孔径	85.992~86.008mm	凸轮轴	
行程	86mm	凸轮轴轴向间隙	0.040~0.307mm
压缩比	9.50：1	凸轮轴轴颈直径（轴颈 1）	34.935~34.960mm
火花塞间隙	0.95~1.10mm	凸轮轴轴颈直径（轴颈 2~5）	26.935~26.960mm
气缸		凸轮轴止推宽度（凸轮轴带安装的相位器）	30.025~30.175mm
曲轴主轴承孔直径	60.862~60.876mm	凸轮轴止推宽度（气缸盖）	29.868~29.890mm
气缸孔直径	85.992~86.008mm	连杆	
最大缸径不圆度	0.013mm	连杆轴承至曲柄销间隙	0.030~0.073mm
气缸盖顶面不平度（在 25mm 长度内）	0.025mm	连杆孔径（轴承端）	52.118~52.134mm
气缸盖顶面不平度（在 150mm 长度内）	0.050mm	连杆孔径（活塞销端）	24.007~24.017mm
		连杆侧隙	0.070~0.370mm

续表

应用	规格	应用	规格
连杆		活塞环	
连杆最大弯曲直线度	0.017mm	活塞环厚度(油环-刮片)	0.447～0.473mm
连杆最大扭曲直线度	0.040mm	活塞环厚度(油环-垫片)	0.960～1.040mm
曲轴		活塞和活塞销	
连杆销直径	48.999～49.015mm	活塞销至连杆孔的间隙	0.007～0.020mm
曲轴轴向间隙	0.040～0.270mm	活塞销至活塞销孔的间隙	0.005～0.013mm
曲轴主轴承间隙	0.020～0.048mm	活塞销直径	23.997～24.000mm
曲轴主轴颈直径	55.993～56.009mm	活塞销轴向间隙	0.263～1.164mm
曲轴止推轴承宽度	20.30～20.45mm	活塞直径(在上方14.8mm处)	85.968～85.982mm
气缸盖		活塞销孔径	24.005～24.010mm
平面不平度(缸体顶面,25mm内)	0.025mm	活塞环槽宽度(顶部)	1.23～1.25mm
平面不平度(缸体顶面,150mm内)	0.050mm	活塞环槽宽度(第二道)	1.52～1.54mm
缸体顶平面不平度(螺栓之间)	0.030mm	活塞环槽宽度(机油控制)	2.01～2.03mm
缸体顶平面总体不平度	0.100mm	活塞至气缸孔的间隙(不带聚合物)	0.010～0.041mm
排气气门导管孔径	6.000～6.020mm	气门系统	
进气气门导管孔径	6.000～6.020mm	气门锥角	45°
气门挺柱孔径(固定式间隙调节器)	12.008～12.030mm	气门锥面跳动量(最大值)	0.040mm
铲削面气门座锥角	30°	气门座跳动量(最大值)	0.080mm
座合面气门座锥角	45°	气门座球面标高(排气)	12.746～12.976mm
底切面气门座锥角	60°	气门座球面标高(进气)	12.425～12.653mm
气门座最大跳动量	0.080mm	排气门气门杆直径	5.945～5.965mm
润滑系统		进气门气门杆直径	5.955～5.975mm
机油压力(700r/min,100℃)	140～200kPa	排气门气门杆至导管的间隙	0.038～0.082mm
活塞环		进气门气门杆至导管的间隙	0.030～0.057mm
活塞环开口间隙(顶部)	0.20～0.35mm	气门间隙调节器直径(固定式间隙调节器)	11.986～12.000mm
活塞环开口间隙(第二道)	0.35～0.55mm		
活塞环开口间隙(油环)	0.25～0.75mm	气门间隙调节器至孔的间隙(固定式间隙调节器)	0.013～0.051mm
活塞环至环槽间隙(顶部)	0.04～0.08mm		
活塞环至环槽间隙(第二道)	0.030～0.070mm	气门弹簧安装高度	35.0mm
活塞环至环槽间隙(油环)	0.024～0.176mm	气门弹簧载荷(关闭,在35mm处)	247～273N
活塞环厚度(顶部)	1.170～1.190mm	气门弹簧载荷(打开,在24mm处)	598～662N
活塞环厚度(第二道)	1.470～1.490mm		

表 9-2 一次性使用螺纹紧固件/部件紧固规格

应用	规格	应用	规格
自动变速器挠性盘螺栓(8个)		发动机前盖螺栓(M10,3个)	
第一遍	20N·m	第一遍	15N·m
第二遍	30N·m	最后一遍	130°
最后一遍	40°	排气歧管螺栓(5个)	20N·m
平衡轴链轮螺栓		排气歧管撑杆螺母(2个)	25N·m
第一遍	40N·m	燃油供油中间管	
最后一遍	50°	第一遍	15N·m
凸轮轴位置执行器螺栓		最后一遍	30N·m
第一遍	30N·m	下部曲轴箱螺栓(10个)	
最后一遍	100°	第一遍	20N·m
连杆螺栓		最后一遍	140°
第一遍	25N·m	机油滤清器	当衬垫接触到滤清器安装法兰上的密封面后,将机油滤清器紧固3/4~1圈
最后一遍	110°		
曲轴扭转减振器螺栓			
第一遍	150N·m		
最后一遍	140°	曲轴箱强制通风阀螺栓(10个)刚度	89lb/in(1lb/in≈0.175N/mm)
气缸盖螺栓(10个)			
第一遍	30N·m	涡轮增压器螺母(4个)	
最后一遍	190°	第一遍	30N·m
气缸盖芯孔塞	50N·m	第二遍	90°
气缸盖机油道塞	40N·m		

注:本表中所列的所有紧固件/部件在拆卸后必须报废并用新的更换。

表 9-3 可重复使用的螺纹紧固件紧固规格

应用	规格	应用	规格
平衡链条导板螺栓(2个)	10N·m	带机油泵的平衡轴的螺栓(8个)	
平衡器链条张紧器螺栓	10N·m	凸轮轴位置传感器螺栓	10N·m
带机油泵的平衡轴的螺栓(8个)		催化转化器撑杆螺栓(4个)	25N·m
第一遍	58N·m	曲轴位置传感器螺栓	10N·m
最后一遍	58N·m	传动皮带张紧器螺栓	58N·m
凸轮轴轴承盖螺栓(18个)	10N·m	发动机缸体油道塞	65N·m
凸轮轴轴承盖螺栓(前,4个)	10N·m	发动机冷却液放气管螺栓	10N·m
凸轮轴盖螺栓(23个)	10N·m	发动机冷却液加热器	50N·m
凸轮轴盖隔热罩螺栓(4个)	10N·m	发动机冷却液加热器孔塞	60N·m
凸轮轴盖螺塞	35N·m	发动机冷却液节温器壳体螺栓(2个)	10N·m
凸轮轴位置执行器电磁阀螺栓	10N·m	发动机前盖螺栓(M6,4个)	10N·m

续表

应用	规格	应用	规格
带机油泵的平衡轴的螺栓(8个)		燃油泵螺栓(2个)	
发动机前盖螺栓(M8,13个)	25N·m	油底壳螺栓(变速器)	60N·m
发动机前提升托架螺栓(2个)	25N·m	油底壳放油塞	25N·m
发动机后提升托架螺栓(2个)	25N·m	机油泵吸油管螺栓(2个)	10N·m
发动机支座螺栓(6个)	62N·m	机油泵流量控制阀螺栓	10N·m
发动机机油冷却器螺栓	10N·m	活塞机油喷嘴螺栓(4个)	10N·m
发动机机油冷却器连接器	50N·m	曲轴箱强制通风软管紧固件	12N·m
发动机机油油位指示灯开关螺栓	10N·m	曲轴箱强制通风软管接头螺栓	8N·m
发动机机油压力传感器	35N·m	节温器旁通管螺栓(2个)	10N·m
排气歧管撑杆螺栓(2个)	25N·m	节气门体螺栓(4个)	10N·m
排气歧管隔热罩螺栓(2个)	14N·m	正时链条导板螺栓(2个)	25N·m
燃油喷射导轨螺栓	25N·m	正时链条张紧器螺栓(2个)	25N·m
燃油喷射导轨油压传感器	33N·m	正时链条张紧器蹄片螺栓	25N·m
燃油泵螺栓(2个)		变速器螺栓(2个)	58N·m
第一遍	8N·m	涡轮增压器旁通电磁阀螺栓(3个)	8N·m
最后一遍	50°	涡轮增压器冷却液供液管螺栓(2个)	10N·m
燃油泵护罩螺栓(2个)	10N·m	涡轮增压器冷却液回液管螺栓	35N·m
点火线圈螺栓(4个)	10N·m	涡轮增压器隔热罩螺栓(3个)	14N·m
进气歧管螺栓(5个)	12N·m	涡轮增压器排气管双头螺栓(4个)	25N·m
进气歧管盖螺栓(3个)	9N·m	涡轮增压器机油供油管螺栓(2个)	35N·m
爆震传感器螺栓(2个)	25N·m	涡轮增压器机油回油管螺栓(4个)	10N·m
下曲轴箱螺栓(11个)	25N·m	涡轮增压器排气泄压阀执行器螺栓(2个)	8N·m
下油底壳螺栓(15个)	10N·m	涡轮增压器排气泄压阀调节电磁阀螺栓	8N·m
歧管绝对压力传感器螺栓	5N·m		
油底壳挡板螺栓(5个)	10N·m	真空泵螺栓(3个)	10N·m
油底壳螺栓(2个)	10N·m	出水口螺栓(2个)	10N·m
油底壳螺栓(11个)	25N·m	水泵螺栓(3个)	25N·m

第二节 2.8L、3.0L、3.2L或3.6L发动机

一、机油加注

① 更换机油时含机油滤清器滤芯的加注量为5.7L。

② 放油螺栓力矩为25N·m。

③ 机油滤清器盖：将机油滤清器紧固 3/4~1 圈。

二、发动机相关数据（表 9-4~表 9-7）

表 9-4 发动机机械系统规格

应用	规格	应用	规格
一般信息		连杆	
发动机类型	V6	连杆轴承间隙	0.010~0.070mm
排量	3.0L	连杆孔径(轴承端)	60.920~60.936mm
RPO	LGW	连杆孔径(活塞销端,出厂件)	23.007~23.017mm
VIN	6	连杆孔径(活塞销端,维修最大值)	23.021mm
孔径	86mm	连杆长度	148.8mm
行程	85.8mm	连杆侧隙	0.095~0.355mm
压缩比	9.8:1	连杆宽度(轴承端)	
点火次序	1-2-3-4-5-6	出厂件	21.775mm
火花塞间隙	0.90mm	维修	21.725~21.825mm
气缸		连杆宽度(活塞销端)	
曲轴主轴承孔直径	76.021~76.035mm	出厂件	21.775mm
气缸孔直径	85.992~86.008mm	维修	21.725~21.825mm
气缸孔不圆度(出厂最大值)	0.026mm	曲轴	
凸轮轴		连杆轴颈直径	57.292~57.308mm
凸轮轴轴承内径(前部1号)	31.000~31.020mm	连杆轴颈圆度	0.005mm
凸轮轴轴承内径(中间和后部2~4号)	24.000~24.020mm	连杆轴颈锥度	0.005mm
凸轮轴轴向间隙	0.055~0.465mm	连杆轴颈宽度	
凸轮轴轴颈直径(前部1号)	30.936~30.960mm	出厂件	23.000mm
凸轮轴轴颈直径(中间和后部2~4号)	23.936~23.960mm	维修	22.920~23.080mm
		曲轴轴向间隙	0.100~0.330mm
凸轮轴轴颈圆度	0.006mm	曲轴主轴承间隙	0.028~0.063mm
凸轮轴轴颈至孔间隙	0.040~0.084mm	曲轴主轴颈直径	70.992~71.008mm
排气凸轮轴凸角升程(AFM)	40.557~40.707mm	曲轴主轴颈圆度	0.005mm
排气凸轮轴凸角升程(非AFM)	42.519~42.669mm	曲轴主轴颈锥度	0.005mm
进气凸轮轴凸角升程(AFM)	40.353~42.503mm	曲轴主轴颈止推壁	
进气凸轮轴凸角升程(非AFM)	42.317~42.467mm	跳动量	0.000~0.040mm
凸轮轴跳动量(前部和后部1号、4号)	0.025mm	垂直度	0.000~0.010mm
		曲轴主轴颈宽度(2号和4号)	
凸轮轴跳动量(中间2号和3号)	0.050mm	出厂件	25.500mm
排气门升程(AFM)	11.350mm	维修	25.400~25.600mm
排气门升程(非AFM)	11.222mm	曲轴主轴颈宽度(3号)	
进气门升程(AFM)	11.00mm	出厂件	25.900mm
进气门升程(非AFM)	10.872mm	维修	25.875~25.925mm

续表

应用	规格	应用	规格
曲轴主轴颈宽度(3号)		活塞和活塞销	
曲轴导向轴承孔直径	20.965～20.995mm	活塞	
曲轴后法兰跳动量	0.025mm	活塞直径(超过裙部涂层的测量值)	94.976～95.014mm
曲轴磁阻环跳动量(最大值)	1.500mm	活塞直径(维修最小极限值)	94.926mm
曲轴跳动量	0.030mm	活塞销孔直径	23.004～23.009mm
曲轴止推轴承间隙	0.076～0.305mm	活塞环槽宽度(第一道压缩环)	1.02～1.05mm
曲轴止推面(高度直径)	99.500mm	活塞环槽宽度(第二道压缩环)	1.210～1.230mm
曲轴止推面跳动量	0.040mm	活塞环槽宽度(油环)	2.01～2.03mm
气缸盖		活塞至孔间隙(出厂件,裙部涂层的测量值)	0.022～0.032mm
气门导管孔(排气)	6.000～6.020mm		
气门导管孔(进气)	6.000～6.020mm	活塞至孔间隙[维修最大极限值,大于10000mile(1mile=1.6km)]	0.050mm
气门导管安装高度	16.050～16.550mm	针脚	
气门座宽度(排气座合面)	1.550～1.950mm	活塞销至连杆孔间隙(出厂件)	0.007～0.020mm
气门座宽度(排气铲削面)	0.780～0.980mm	活塞销至连杆孔间隙(维修最大值)	0.030mm
气门座宽度(进气座合面)	1.000～1.400mm		
气门座宽度(进气铲削面)	0.500～0.700mm	活塞销至活塞销孔间隙(出厂件)	0.004～0.012mm
气门挺柱孔直径	12.008～12.030mm	活塞销至活塞销孔间隙(维修最大值)	0.015mm
润滑系统			
机油压力最小值(怠速时)	69kPa	活塞销直径	22.997～23.000mm
机油压力最小值(2000r/min时)	136kPa	活塞销长度	55.7～56.0mm
活塞冷却喷射阀开启压力	3.15～3.85bar (1bar=10^5Pa)	气门系统	
		气门	
活塞环		气门锥角	44°(至燃烧面)
活塞环开口间隙		气门锥面跳动量	0.0500mm
第一道压缩环(标称)	0.140～0.240mm	排气门头直径	31.37～31.63mm
第一道压缩环(最大值,孔内环)	0.290mm	进气门头直径	39.27～39.53mm
第二道压缩环(标称)	0.300～0.450mm	气门安装高度	35.23～36.69mm
第二道压缩环(最大值,孔内环)	0.490mm	排气门长度	100.54mm
油环	0.150～0.350mm	进气门长度	106.321mm
活塞环至环槽间隙		气门座锥角(座合面)	45°
第一道压缩环	0.03～0.08mm	气门座锥角(铲削面)	30°
第二道压缩环	0.020～0.060mm	气门座圆度(最大值)	0.008mm
油环	0.06～0.19mm	气门座锥角(最大值)	0.025mm
活塞环厚度		排气门杆直径	5.945～5.965mm
第一道压缩环	0.975～0.990mm	进气门杆直径	5.595～5.975mm
第二道压缩环	1.170～1.195mm	排气门杆至导管间隙	0.035～0.075mm
油环	1.360～1.480mm	进气门杆至导管间隙	0.025～0.065mm

续表

应用	规格	应用	规格
气门挺柱[固定式液压间隙调节器(SHLA)]		气门弹簧	
气门挺柱(液压挺柱)直径	11.989～12.000mm	气门弹簧直径(内侧顶部)	12.200～12.700mm
气门挺柱(液压挺柱)至挺柱孔间隙	0.008～0.041mm	气门弹簧直径(内侧底部)	17.950～18.450mm
		气门弹簧自由长度	44.34～47.34mm
摇臂		气门弹簧安装高度(关闭)	37.50mm
气门摇臂比值	1.68:1	气门弹簧安装高度(打开)	26.2mm
气门摇臂滚柱直径	17.750～17.800mm	气门弹簧载荷(关闭)	247～273N
气门弹簧		气门弹簧载荷(打开)	611～669N
气门弹簧圈厚度	3.6mm		

表9-5 一次性使用无螺纹紧固件/部件

应用	应用
凸轮轴盖密封件	加热器进口和出口管衬垫
连杆轴承	进气歧管密封件
曲轴下轴承	机油尺套管密封件
曲轴止推上轴承	油底壳高压孔口密封件
曲轴上轴承	机油泵壳体流道密封件
曲轴后油封壳体	机油泵吸油管衬垫
气缸盖衬垫	曲轴箱强制通风油气分离器密封件
发动机冷却液节温器衬垫	活塞销固定件
发动机机油油位指示灯开关O形密封圈	火花塞护罩密封件
发动机机油歧管单向阀	节气门体衬垫
燃油供油中间管	正时链条张紧器衬垫
燃油喷射器喷嘴外壳密封件	真空泵密封件
燃油喷射器固定件	气门杆油封
燃油喷射器垫片	进水口密封件
燃油泵托架衬垫	出水口密封件
燃油泵O形圈	水泵衬垫

注:本表中所列的所有紧固件/部件在拆卸后必须报废并用新的更换。

表9-6 一次性使用螺纹紧固件/部件紧固规格

应用	规格	应用	规格
自动变速器挠性盘螺栓		曲轴扭转减振器螺栓	
第一遍	30N·m	第一遍	100N·m
最后一遍	45°	最后一遍	150°
连杆螺栓		曲轴轴承盖螺栓(内)	
第一遍	25N·m	第一遍	20N·m
最后一遍	110°	最后一遍	80°

续表

应用	规格	应用	规格
曲轴轴承盖螺栓（外）		气缸盖螺栓（M11×178）	
第一遍	15N·m	发动机飞轮螺栓	67N·m
最后一遍	110°	燃油泵螺栓	15N·m
曲轴轴承盖螺栓（侧面）		机油滤清器	当衬垫接触到滤清器安装法兰上的密封面后，将机油滤清器紧固 3/4～1 圈
第一遍	30N·m		
最后一遍	60°		
气缸盖螺栓（M8×80.8）		机油泵传动螺栓	
第一遍	15N·m	第一遍	15N·m
最后一遍	75°	最后一遍	110°
气缸盖螺栓（M11×178）		水泵螺栓	15N·m
第一遍	6N·m	线束连接器螺栓	10N·m
最后一遍	185°		

注：本表中所列的所有紧固件/部件在拆卸后必须报废并用新的更换。

表 9-7　可重复使用的螺纹紧固件紧固规格

应用	规格	应用	规格
皮带惰轮螺栓	10N·m	凸轮轴位置执行器螺栓	
凸轮轴轴承盖螺栓		曲轴后油封壳体螺栓	10N·m
第一遍	6N·m	气缸盖铸孔塞（M9）	15N·m
最后一遍	60°	气缸盖铸孔塞（M12）	25N·m
凸轮轴轴承盖螺栓	10N·m	气缸盖铸孔塞（M14）	35N·m
凸轮轴托架螺栓（M6×65.65）	10N·m	传动皮带张紧器螺栓	30N·m
凸轮轴托架螺栓（M6×50.65）	13N·m	发动机缸体油道塞	25N·m
凸轮轴盖螺栓	10N·m	发动机气缸体机油油道孔塞（M16）	40N·m
凸轮轴位置执行器螺栓		发动机气缸体铸孔塞（M18）	45N·m
第一遍	20N·m	发动机冷却液放气管螺栓	10N·m
最后一遍	45°	发动机冷却液出口管螺栓	10N·m
凸轮轴位置执行器电磁阀螺栓	10N·m	发动机冷却液温度传感器	9N·m
凸轮轴位置传感器螺栓	10N·m	发动机冷却液节温器壳体螺栓	10N·m
增压空气冷却器螺栓	4N·m	发动机前盖螺栓（M6×45）	10N·m
增压空气冷却器螺栓	12N·m	发动机前盖螺栓（M6×60）	10N·m
增压空气冷却器冷却液歧管螺栓	10N·m	发动机前盖螺栓（M8×66）	1N·m
增压空气冷却器进气管螺栓	10N·m	发动机前盖螺栓（M12×55.8）	60N·m
离合器压板螺栓	30N·m	发动机前盖螺栓（M12×75.9）	60N·m
冷却液排水塞	50N·m	发动机前盖双头螺栓	15N·m
冷却液排水塞	75N·m	发动机机油冷却器适配器螺栓（M8×90.8）	22N·m
曲轴机油导流板螺母	10N·m		
曲轴位置传感器螺栓	10N·m	发动机机油冷却器适配器螺栓（M10×45.75）	58N·m

续表

应用	规格	应用	规格
凸轮轴位置执行器螺栓		凸轮轴位置执行器螺栓	
发动机机油冷却器适配器螺栓（M12×65.90）	100N·m	曲轴箱强制通风油气分离器排放管螺栓	10N·m
发动机机油冷却器适配器接头	25N·m	曲轴箱强制通风油分离器螺栓	15N·m
发动机机油油位指示灯开关螺栓	10N·m	曲轴箱强制通风油分离器排放管螺栓	10N·m
发动机机油压力传感器	35N·m	活塞机油冷却喷嘴螺栓	10N·m
蒸发排放炭罐吹洗电磁阀螺栓	10N·m	火花塞	18N·m
发动机线束托架螺栓	15N·m	正时链条导板螺栓	25N·m
燃油供油中间管螺栓	28N·m	正时链条张紧器螺栓	25N·m
燃油供油管螺栓	10N·m	节气门体螺栓	10N·m
燃油喷射导轨螺栓	25N·m	涡轮增压器螺栓	58N·m
燃油喷射导轨油压传感器	33N·m	涡轮增压器进气转接口螺栓	10N·m
燃油管护罩螺栓	10N·m	涡轮增压器冷却液供给和回流管螺栓	35N·m
燃油供油中间管接头	30N·m	涡轮增压器冷却液供给螺栓	35N·m
加热器进口和出口管螺栓	9N·m	涡轮增压器冷却液回流螺栓	10N·m
点火线圈螺栓	10N·m	涡轮增压器冷却液回液管螺栓	35N·m
进气压力和温度传感器螺栓	4N·m	涡轮增压器排气管双头螺栓	25N·m
进气歧管螺栓	25N·m	涡轮增压器隔热罩螺栓	10N·m
爆震传感器螺栓	25N·m	涡轮增压器机油供油管螺栓	35N·m
下进气歧管螺栓	25N·m	涡轮增压器机油供给管接头适配器	35N·m
歧管绝对压力传感器螺栓	4N·m	涡轮增压器机油回油管螺栓	10N·m
机油油道孔塞（M14）	50N·m	涡轮增压器排气泄压阀执行器真空罐托架螺栓	9N·m
机油油道孔塞（M20）	75N·m	涡轮增压器排气泄压阀执行器真空罐螺栓	9N·m
机油尺套管螺栓	10N·m	涡轮增压器排气泄压阀调节电磁阀螺栓	9N·m
油底壳挡板螺栓	10N·m		
下油底壳螺栓	10N·m		
油底壳螺栓（M6×151）	15N·m		
油底壳螺栓（M8×20）	25N·m		
油底壳螺栓（M8×36）	10N·m		
油底壳螺栓（M8×66）	25N·m	真空泵管螺栓	10N·m
油底壳放油塞	25N·m	出水口螺栓	10N·m
机油泵螺栓	15N·m	水泵进口管螺栓	15N·m
机油泵吸油管螺栓	10N·m	水泵皮带螺栓	10N·m
机油泵流量控制阀螺栓	5N·m		

注：本表中所列的所有紧固件在拆卸后可重复使用。

第三节　3.6L（KFX）发动机

一、机油加注

① 更换机油时含机油滤清器滤芯的加注量为5.7L。
② 放油螺栓力矩为25N·m。
③ 机油滤清器盖安装力矩为30N·m。

二、发动机相关数据（表9-8和表9-9）

表9-8 发动机机械系统规格

应用	规格	应用	规格
一般信息		凸轮轴	
发动机类型	V6	凸轮轴跳动量（前部和后部1号、4号）	0.025mm
排量	3.6L		
常规选装件	KFX	凸轮轴跳动量（中间2号和3号）	0.050mm
VIN	V	排气气门升程	10.8mm
缸径	94mm	进气气门挺柱	10.8mm
行程	85.6mm	连杆	
压缩比	11.5:1	连杆轴承间隙	0.010～0.070mm
点火顺序	1-2-3-4-5-6	连杆孔径（轴承端）	59.620～59.636mm
火花塞间隙	0.95～1.10mm	连杆孔径（活塞销端，出厂件）	24.009～24.019mm
气缸		连杆孔径（活塞销端，维修最大值）	24.021mm
曲轴主轴承孔直径	72.867～72.881mm		
气缸孔直径	93.992～94.008mm	连杆长度	152.400mm
气缸孔圆度（出厂最大值）	0.026mm	连杆侧隙	0.095～0.355mm
气缸孔锥度	0.020mm	连杆宽度（轴承端）	
凸轮轴		出厂件	21.775mm
凸轮轴轴承内径（前部1号）	35.000～35.020mm	维修	21.725～21.825mm
凸轮轴轴承内径（中间和后部2～4号）	27.000～27.020mm	连杆宽度（活塞销端）	
		出厂件	21.775mm
凸轮轴轴向间隙	0.072～0.490mm	维修	21.725～21.825mm
凸轮轴轴颈直径（前部1号）	34.936～34.960mm	曲轴	
凸轮轴轴颈直径（中间和后部2～4号）	26.936～26.960mm	连杆轴颈直径	55.992～56.008mm
		连杆轴颈圆度	0.005mm
凸轮轴轴颈圆度	0.006mm	连杆轴颈锥度	0.005mm
凸轮轴轴颈至孔间隙	0.040～0.084mm	连杆轴颈宽度	
凸轮轴凸角升程（排气）	42.425～42.725mm	出厂件	22.000mm
凸轮轴凸角升程（进气）	42.385～42.685mm	维修	21.920～22.080mm

续表

应用	规格	应用	规格
连杆轴颈宽度		活塞环开口间隙	
曲轴轴向间隙	0.100～0.330mm	第二道压缩环(标称)	0.300～0.450mm
曲轴主轴承间隙	0.031～0.069mm	第二道压缩环(最大值,孔内环)	0.490mm
曲轴主轴颈直径	67.992～68.008mm	油环	0.150～0.350mm
曲轴主轴颈圆度	0.005mm	活塞环至环槽间隙	
曲轴主轴颈锥度	0.005mm	第一道压缩环	0.030～0.075mm
曲轴主轴颈止推壁		第二道压缩环	0.015～0.060mm
跳动量	0～0.040mm	油环	0.030～0.170mm
垂直度	0～0.010mm	活塞环厚度	
曲轴主轴颈宽度(2号和4号)		第一道压缩环	0.975～0.990mm
出厂件	24.000mm	第二道压缩环	1.170～1.195mm
维修	23.900～24.100mm	油环	1.360～1.480mm
曲轴主轴颈宽度(3号)		活塞	
出厂件	24.400mm	活塞直径(超过裙部涂层的测量值)	93.976～94.014mm
维修	24.360～24.440mm		
曲轴导向轴承孔直径	20.965～20.995mm	活塞直径[维修最小极限值,大于10000mile(1mile=1.6km)]	93.926mm
曲轴后法兰跳动量	0.025mm		
曲轴变磁阻环跳动量(最大值)	1.500mm	活塞销孔直径	24.004～24.009mm
曲轴跳动量	0.030mm	活塞环槽宽度(第一道压缩环)	1.020～1.050mm
曲轴止推轴承间隙	0.076～0.305mm	活塞环槽宽度(第二道压缩环)	1.210～1.230mm
曲轴止推面(高度直径)	95.000mm	活塞环槽宽度(油环)	1.510～1.530mm
曲轴止推面跳动量	0.040mm	活塞至孔间隙(出厂件,裙部涂层的测量值)	0.022～0.032mm
气缸盖			
排气气门导管孔	6.000～6.020mm	活塞至孔间隙[维修最大极限值,大于10000mile(1mile=1.6km)]	0.050mm
进气气门导管孔	6.000～6.020mm		
气门导管安装高度	14.050～14.550mm	活塞销	
气门挺柱孔直径	12.008～12.030mm	活塞销至连杆孔间隙(出厂件)	0.009～0.022mm
润滑系统		活塞销至连杆孔间隙(维修最大值)	0.030mm
机油容量(带滤清器)	5.7L		
机油容量(不带滤清器)	5.2L	活塞销至活塞销孔间隙(出厂件)	0.004～0.012mm
机油压力最小值(怠速时)	69kPa	活塞销至活塞销孔间隙(维修最大值)	0.015mm
机油压力最小值(2000r/min)	138kPa	活塞销直径	23.997～24.000mm
活塞冷却喷射阀开启压力	1.7～2.3bar(1bar=10^5Pa)	活塞销长度	52.600～53.100mm
活塞环		气门系统	
活塞环开口间隙		气门	
第一道压缩环(标称)	0.150～0.250mm	气门锥角	44.25°
第一道压缩环(最大值,孔内环)	0.290mm	气门锥面跳动量	0.0500mm

续表

应用	规格	应用	规格
气门		气门挺柱[固定式液压间隙调节器(SHLA)]	
排气气门头直径	30.470～30.730mm	气门挺柱(液压挺柱)直径	11.989～12.000mm
进气气门头直径	38.170～38.430mm	气门挺柱(液压挺柱)至挺柱孔间隙	0.008～0.041mm
气门安装高度	35.23～36.69mm		
排气气门长度	95.11mm	摇臂	
进气气门长度	100.630mm	气门摇臂比值	1.68∶1
座合面气门座锥角	45°	气门摇臂滚柱直径	17.750～17.800mm
铲削面气门座锥角	30°	气门弹簧	
底切面气门座锥角	60°	气门弹簧圈厚度	3.250～3.900mm
气门座最大圆度	0.025mm	气门弹簧直径(内侧顶部)	12.200～12.700mm
气门座最大跳动量	0.080mm	气门弹簧直径(外侧顶部)	20.250mm
座合面排气气门座宽度	1.400～1.800mm	气门弹簧直径(内侧底部)	17.950～18.450mm
铲削面排气气门座宽度	0.700～0.900mm	气门弹簧直径(外侧底部)	26.000mm
座合面进气气门座宽度	1.000～1.400mm	气门弹簧自由长度	42.500～45.500mm
铲削面进气气门座宽度	0.500～0.700mm	气门弹簧安装高度(关闭)	35.000mm
排气气门杆直径	5.945～5.965mm	气门弹簧安装高度(打开)	24.000mm
进气气门杆直径	5.945～5.965mm	气门弹簧载荷(关闭)	247～273N
排气气门杆至导管间隙	0.035～0.075mm	气门弹簧载荷(打开)	598～662N
进气气门杆至导管间隙	0.035～0.075mm		

表 9-9 紧固件紧固规格

应用	规格	应用	规格
自动变速器挠性盘螺栓		连杆螺栓	
第一遍	30N·m	冷却液排放塞(M14)	50N·m
最后一遍	45°	冷却液排放塞(M20)	75N·m
大气压力(BARO)传感器螺栓	10N·m	冷却液出口螺栓	10N·m
凸轮轴盖螺栓	10N·m	曲轴扭转减振器螺栓	
凸轮轴中间传动链轮螺栓(惰轮链轮)	58N·m	第一遍	100N·m
		最后一遍	150°
凸轮轴位置执行器		曲轴主轴承螺栓	
凸轮轴螺栓	58N·m	内	
机油控制阀螺栓	10N·m	第一遍	20N·m
凸轮轴位置执行器电磁阀螺栓	10N·m	最后一遍	80°
凸轮轴位置传感器螺栓	10N·m	外	
隔音罩螺栓	10N·m	第一遍	15N·m
连杆螺栓		最后一遍	110°
第一遍	25N·m	侧边	
最后一遍	110°	第一遍	30N·m

续表

应用	规格	应用	规格
侧边		气缸盖上部短螺栓	25N·m
最后一遍	60°	上进气歧管至下进气歧管螺栓	7N·m
曲轴位置传感器螺栓	10N·m	爆震传感器螺栓	25N·m
曲轴位置传感器（右侧排气歧管下隔热罩）		歧管绝对压力传感器（MAP）螺栓	4N·m
M6 螺栓	10N·m	机油滤清器	30N·m
M10 螺栓	58N·m	机油滤清器外壳适配器螺栓	25N·m
曲轴后油封壳体螺栓	10N·m	机油油道孔塞（M14）	50N·m
气缸盖螺栓（M8）		机油油道孔塞（M20）	75N·m
第一遍	15N·m	机油尺套管螺栓	10N·m
最后一遍	75°	油底壳至气缸体螺栓（M8）	25N·m
气缸盖螺栓（M11）		油底壳至曲轴后油封壳体螺栓（M6）	10N·m
第一遍	30N·m		
最后一遍	150°	油底壳放油螺塞	25N·m
气缸盖孔塞	75N·m	油底壳气流挡盘螺栓	10N·m
传动皮带张紧器螺栓	25N·m	油压输送器	20N·m
发动机冷却液温度（ECT）传感器	22N·m	机油泵螺栓	25N·m
发动机前盖双头螺柱	15N·m	氧传感器泵转换器管	42N·m
发动机前盖螺栓（M6）	15N·m	曲轴箱强制通风管托架螺栓（球头螺栓）	10N·m
发动机前盖螺栓（M8）		活塞机油冷却喷嘴螺栓	10N·m
第一遍	20N·m	初级凸轮轴传动链条	
最后一遍	60°	左下导板螺栓（机油泵，第二设计）	25N·m
发动机前盖螺栓（M12）	65N·m		
发动机支座至发动机体	62N·m	张紧器螺栓	
发动机支座至发动机盖	100N·m	第一遍	5N·m
发动机机油油位开关螺栓	10N·m	最后一遍	25N·m
蒸发排放（EVAP）吹洗阀螺栓（球头螺栓）	10N·m	上导板螺栓	25N·m
排气跨接管螺母	34N·m	次级凸轮轴传动链条	
燃油管路压力燃油管路接头螺母	50N·m	导板螺栓	25N·m
		支撑板螺栓	25N·m
燃油泵螺栓（高压）	15N·m	火花塞	18N·m
燃油导轨螺栓	25N·m	起动机	
燃油导轨支撑架	10N·m	螺栓	58N·m
加热器进口（出口管总成螺栓）	10N·m	电缆螺母	12N·m
点火线圈螺栓	10N·m	吸油滤网螺栓	10N·m
进气歧管		吸油管螺栓	10N·m
气缸盖上部长螺栓	25N·m	节温器壳体螺栓	10N·m

续表

应用	规格	应用	规格
起动机		水泵螺栓	
节气门体螺栓	10N·m	第一遍	10N·m
变矩器螺栓	60N·m	第二遍	10N·m
变速器		最后一遍	45°
至发动机螺栓	58N·m	水泵皮带轮螺栓	10N·m
选挡杆螺母	30N·m		

第十章 陆风车系
[2.0L（4G63T）发动机]

一、机油加注

① 更换机油时含机油滤清器滤芯的加注量为4.3L。
② 放油螺栓力矩为40N·m。
③ 机油滤清器安装力矩为30N·m。

二、发动机常规数据和扭矩规格（表10-1和表10-2）

表10-1 发动机常规数据

序号	项目		标准值	维修极限
1	活塞	活塞间隙	0.02~0.04mm	—
2	活塞环侧隙	1号环	0.02~0.06mm	0.1mm
3		2号环	0.02~0.06mm	0.1mm
4	活塞环端隙	1号环	0.25~0.35mm	0.8mm
5		2号环	0.40~0.55mm	0.8mm
6		油环	0.10~0.40mm	1.0mm
7	活塞销	外径	22.0mm	—
8		压入力	755~1750kg	—
9		压入温度	室温	—
10	连杆	大端侧隙	0.10~0.25mm	0.4mm
11	曲轴	轴向间隙	0.05~0.18mm	0.25mm
12		主轴径	57mm	—
13		连杆轴径	45mm	—
14		主轴径向间隙	0.02~0.04mm	0.1mm
15		曲轴销游隙	0.02~0.05mm	0.1mm

续表

序号	项目		标准值	维修极限
16	发动机齿带	张紧器臂凸出量	12mm	—
17		张紧器臂压入量(98~196N)	≤1mm	—
18	机油泵	驱动齿轮侧隙	0.08~0.14mm	—
19		从动齿轮侧隙	0.06~0.12mm	—
20	发动机机油型号	SL/CF 级,SAE:5W-40 半/全合成机油(可在-30℃使用) SAE:0W-30(严寒环境,可在-30℃以下使用)		
21		换机油时(含滤清器)的填充量	4.3L	—
22		换机油时(不含滤清器)的填充量	4.0L	—
23	火花塞	间隙	1~1.1mm	—
24	点火线圈	点火顺序	1-3-4-2	—
25	配气相位	进气门开	上止点前11°	—
26		进气门关	下止点后53°	—
27		排气门开	下止点前63°	—
28		排气门关	上止点后21°	—

表 10-2 发动机扭矩规格

序号	项目	规格	序号	项目	规格
1	水泵皮带轮	9N·m	17	平衡轴齿带轮	46N·m
2	交流发电机撑臂螺栓	24N·m	18	凸轮轴齿带轮螺栓	90N·m
3	交流发电机枢轴螺母	45N·m	19	节气门螺栓	19N·m
4	曲轴皮带轮	25N·m	20	EGR 阀螺栓	22N·m
5	点火线圈	10N·m	21	进气歧管螺栓	20N·m
6	火花塞	25N·m	22	水温传感器	11N·m
7	凸轮轴位置传感器	10N·m	23	进气歧管支架螺栓	14N·m
8	正时齿带盖突缘螺栓	11N·m	24	排气歧管盖螺栓	14N·m
9	张紧带轮螺栓	49N·m	25	排气歧管螺母(M8)	50N·m
10	张紧轮臂螺栓	22N·m	26	排气歧管螺母(M10)	60N·m
11	自动张紧轮螺栓	24N·m	27	水泵螺栓	14N·m
12	中间带轮螺栓	36N·m	28	增压器和排气歧管螺栓	50N·m
13	正时齿带后盖	11N·m	29	摇杆盖螺栓	4N·m
14	正时齿带指示器	9N·m	30	摇臂和凸轮轴总成螺栓	32N·m
15	机油泵齿带轮	55N·m	31	止推盖螺钉	19N·m
16	曲轴齿带轮螺栓	120N·m	32	气缸盖螺栓	78N·m

续表

序号	项目	规格	序号	项目	规格
33	放油塞	45N·m	40	飞轮螺栓	135N·m
34	油底壳螺栓	7N·m	41	后盖板安装螺栓	11N·m
35	机油集滤器螺栓和螺母	19N·m	42	油封盖安装螺栓	11N·m
36	泄压塞	45N·m	43	主轴承盖螺栓	25N·m
37	机油泵盖螺栓	16N·m	44	怠速空气阀螺栓	3.5N·m
38	机油泵盖螺钉	10N·m	45	怠速速度调整螺钉安装螺母	3N·m
39	连杆螺母	20N·m			

第十一章 起亚车系

第一节 1.4L 发动机

一、机油加注

① 更换机油时含机油滤清器滤芯的加注量为 3.3L。
② 放油螺栓力矩为 34～44N·m。
③ 机油滤清器盖安装力矩为 11～15N·m。

二、发动机常规数据和扭矩规格（表 11-1 和表 11-2）

表 11-1 发动机常规数据

序号	项目	规格	极限值
1	类型	直列式，DOHC	
2	气缸数	4 个	
3	气缸内径	77mm	
4	行程	74.99mm	
5	总排气量	1396mL	
6	压缩比	10.5∶1	
7	点火顺序	1-3-4-2	
8	气缸盖衬垫表面平面度	小于 0.05mm	
9	凸轮高度	进气凸轮 42.85mm 排气凸轮 42.85mm	
10	凸轮轴颈外径（进气、排气）	22.964～22.980mm	
11	凸轮轴盖油隙	0.027～0.058mm	0.1mm
12	凸轮轴向间隙	0.10～0.20mm	
13	气门长度	进气门 93.15mm 排气门 92.60mm	
14	气门杆外径	进气门 5.465～5.480mm 排气门 5.458～5.470mm	

续表

序号	项目	规格	极限值
15	气门弹簧自由长度	45.1mm	
16	气门弹簧直角度	小于1.5°	
17	缸体气缸孔内径	77.00～77.03mm	
18	缸体衬垫表面平面度	在总区域范围内小于0.05mm；在100mm×100mm区域内小于0.02mm	
19	活塞外径	76.97～77.00mm	
20	活塞至气缸间隙	0.020～0.040mm	
21	活塞环槽宽度	1号环1.23～1.25mm 2号环1.23～1.25mm 油环2.01～2.025mm	1.26mm 1.26mm 2.05mm
22	活塞侧面间隙	1号环0.04～0.08mm 2号环0.04～0.08mm 油环0.06～0.135mm	0.1mm 0.1mm 0.2mm
23	活塞端隙	1号环0.14～0.28mm 2号环0.30～0.45mm 油环0.20～0.70mm	0.30mm 0.50mm 0.80mm
24	曲轴主轴承油隙	0.0006～0.024mm	0.05mm
25	曲轴轴向间隙	0.05～0.25mm	0.3mm
26	发动机机油	总计3.7L 油底壳3.0L 排放和填充3.3L	
27	机油等级	5W-20/GF4和SM	
28	机油压力(1000r/min时)	100kPa	油底壳内机油温度：(110±2)℃
29	节温器	开启温度(82.0±1.5)℃ 全开启时温度95℃	
30	散热器盖	主阀开启压力93.16～122.58kPa 真空阀开启压力最大6.86kPa	

表11-2　发动机扭矩规格

序号	项目	规格
1	发动机支撑架螺栓(发动机侧)	29.4～41.2N·m
2	梯形架螺栓	18.6～23.5N·m
3	连杆盖螺栓	17.7～21.6N·m+88°～92°
4	曲轴主轴承盖螺栓	17.7～21.6N·m+88°～92°
5	飞轮螺栓(M/T)	71.6～75.5N·m
6	驱动盘螺栓(A/T)	71.6～75.5N·m
7	正时链条和油泵总成盖螺栓(M6×20)	9.8～11.8N·m
8	正时链条和油泵总成盖螺栓(M6×38)	9.8～11.8N·m

续表

序号	项目	规格
9	正时链条和油泵总成盖螺栓(M8×22)	18.6～23.5N·m
10	惰轮总成螺栓	42.2～53.9N·m
11	正时链条张紧器臂螺栓	9.8～11.8N·m
12	正时链条导轨螺栓	9.8～11.8N·m
13	曲轴皮带轮螺栓	127.5～137.3N·m
14	正时链条张紧器螺栓	9.8～11.8N·m
15	发动机盖螺栓	7.8～11.8N·m
16	气缸盖螺栓	7.8～9.8N·m
17	凸轮轴轴承盖螺栓(M6)	11.8～13.7N·m
18	凸轮轴轴承盖螺栓(M8)	18.6～22.6N·m
19	气缸盖螺栓	17.7～21.6N·m+90°～95°+100°～105°
20	水泵皮带轮螺栓	9.8～11.8N·m
21	水泵螺栓	9.8～11.8N·m
22	水温控制总成固定螺栓	9.8～11.8N·m
23	进水管螺母	18.6～23.5N·m
24	加热器水管固定螺栓/螺母(M6)	9.8～11.8N·m
25	加热器水管固定螺栓(M8)	18.6～23.5N·m
26	发动机冷却水温传感器(ECTS)	29.4～39.2N·m
27	机油滤清器	11.8～15.7N·m
28	油底壳螺栓	9.8～11.8N·m
29	油底壳排放塞	34.3～44.1N·m
30	机油滤网螺栓	19.6～26.5N·m
31	机油压力开关	7.8～11.8N·m
32	机油标尺总成固定螺栓	9.8～11.8N·m
33	进气歧管和气缸盖固定螺母	18.6～23.5N·m
34	排气歧管和气缸盖固定螺母	29.4～41.2N·m
35	氧传感器固定	39.2～49.0N·m
36	排气歧管隔热板	16.7～21.6N·m
37	排气歧管拉杆螺栓	39.2～49.0N·m
38	空气滤清器下盖固定	7.8～9.8N·m
39	排气歧管和前消音器固定螺母	39.2～58.8N·m
40	前消音器和催化转化器固定螺母	39.2～58.8N·m
41	中央消音器和后消音器固定螺母	39.2～58.8N·m

第二节 1.6T 发动机

一、机油加注

① 更换机油时含机油滤清器滤芯的加注量为 4.5L。
② 放油螺栓力矩为 34～44N·m。
③ 机油滤清器盖安装力矩为 11～15N·m。

二、发动机常规数据和扭矩规格（表 11-3 和表 11-4）

表 11-3 发动机常规数据

序号	项目	规格	极限值
1	类型	直列式，DOHC	
2	气缸数	4 个	
3	气缸内径	77mm	
4	行程	85.44mm	
5	总排气量	1591mL	
6	压缩比	9.5：1	
7	点火顺序	1-3-4-2	
8	气缸盖衬垫表面平面度	在总区域范围内小于 0.05mm；在 100mm×100mm 区域内小于 0.02mm	
9	凸轮高度	进气凸轮 43.55mm 排气凸轮 42.60mm	
10	凸轮轴颈外径（进气、排气）	22.964～22.980mm	
11	凸轮轴盖油隙	0.027～0.058mm	0.1mm
12	凸轮轴向间隙	0.10～0.20mm	
13	气门长度	进气门 93.15mm 排气门 92.60mm	
14	气门杆外径	进气门 5.465～5.480mm 排气门 5.458～5.470mm	
15	气门弹簧自由长度	45.1mm	
16	气门弹簧直角度	小于 1.5°	
17	缸体气缸孔内径	77.00～77.03mm	
18	缸体衬垫表面平面度	在总区域范围内小于 0.05mm；在 100mm×100mm 区域内小于 0.02mm	
19	活塞外径	76.97～77.00mm	
20	活塞至气缸间隙	0.020～0.040mm	
21	活塞环槽宽度	1 号环 1.23～1.25mm 2 号环 1.53～1.55mm 油环 2.01～2.03mm	

续表

序号	项目	规格	极限值
22	活塞侧面间隙	1号环 0.04～0.08mm 2号环 0.04～0.08mm 油环 0.02～0.06mm	
23	活塞端隙	1号环 0.14～0.24mm 2号环 0.30～0.45mm 油环 0.20～0.40mm	
24	曲轴主轴承油隙	0.0006～0.024mm	
25	曲轴轴向间隙	0.05～0.25mm	
26	发动机机油	总计 4.6～4.9L 油底壳 4.2L 排放和填充 4.5L	
27	机油等级	ACEAA5 或以上/5W-30	
28	机油压力(1000r/min 时)	100kPa	油底壳内机油温度： (110±2℃)
29	节温器	开启温度(82.0±1.5)℃ 全开启时温度95℃	
30	散热器盖	主阀开启压力 93.16～122.58kPa 真空阀开启压力最大 6.86kPa	

表11-4 发动机扭矩规格

序号	项目	规格
1	发动机固定支架到车身固定螺栓	68.6～88.3N·m
2	发动机固定支撑架到发动机固定绝缘体固定螺母	88.3～107.9N·m
3	发动机固定支架到发动机支架固定螺栓	88.3～107.9N·m
4	发动机固定支架到发动机支架固定螺母	88.3～107.9N·m
5	变速器固定支架到车身固定螺栓	68.6～88.3N·m
6	变速器固定支架到车身固定螺母	68.6～88.3N·m
7	变速器装配绝缘体到变速器装配支撑架固定螺栓	107.9～127.5N·m
8	滚转杆支架到副车架固定螺栓	49.0～63.7N·m
9	滚动杆绝缘体到滚动杆装配支撑架固定螺母	107.9～127.5N·m
10	正时链条和油泵总成盖螺栓(M6×20)	9.8～11.8N·m
11	正时链条和油泵总成盖螺栓(M6×38)	9.8～11.8N·m
12	正时链条和油泵总成盖螺栓(M6×70)	9.8～11.8N·m
13	正时链条和油泵总成盖螺栓(M8×22)	18.6～23.5N·m
14	惰轮总成螺栓	42.2～53.9N·m
15	正时链条张紧器臂固定螺栓	9.8～11.8N·m
16	正时链条导轨固定螺栓	9.8～11.8N·m
17	曲轴皮带轮固定螺栓	46.1～51.9N·m+38°～42°
18	发动机支架固定螺栓	29.4～41.1N·m
19	正时链条张紧器固定螺栓	9.8～11.8N·m

续表

序号	项目	规格
20	点火线圈固定螺栓	9.8～11.8N·m
21	气缸盖罩固定螺栓	3.9～5.9N·m+7.8～9.8N·m
22	凸轮轴轴承盖螺栓(M6)	5.9N·m+11.8～13.7N·m
23	凸轮轴轴承盖固定螺栓(M8)	9.8N·m+18.6～22.6N·m
24	气缸盖固定螺栓	29.4N·m+90°+90°
25	CVVT总成固定螺栓	63.7～73.5N·m
26	OCV(机油控制阀)螺栓	9.8～11.8N·m
27	排气OCV(机油控制阀)适配器螺栓	9.8～11.8N·m
28	发动机支架固定螺栓	29.4～41.2N·m
29	梯形架固定螺栓	18.6～23.5N·m
30	连杆盖螺栓	17.7～21.6N·m+88°～92°
31	曲轴主轴承盖螺栓	17.7～21.6N·m+88°～92°
32	外部减振飞轮	71.6～75.5N·m
33	油滤清器	11.8～15.7N·m
34	油底壳螺栓	9.8～11.8N·m
35	油底壳排放塞	34.3～44.1N·m
36	机油滤网螺母	24.5～31.3N·m
37	机油压力开关	7.8～11.8N·m
38	机油标尺总成固定螺栓	9.8～11.8N·m
39	水泵皮带轮固定螺栓	9.8～11.8N·m
40	水泵螺栓	9.8～11.8N·m
41	水温控制总成固定螺栓	9.8～11.8N·m
42	进水管固定螺母	18.6～23.5N·m
43	加热器导管固定螺栓(M6)	9.8～11.8N·m
44	加热器导管固定螺母	9.8～11.8N·m
45	加热器导管固定螺栓(M8)	18.6～23.5N·m
46	水温传感器(ECTS)	29.4～39.2N·m
47	进气软管夹具固定螺栓	2.9～4.9N·m
48	空气滤清器总成固定螺栓	7.8～9.8N·m
49	进气歧管固定螺母	18.6～23.5N·m
50	涡轮增压器歧管总成隔热板固定螺栓	9.8～11.8N·m
51	气缸盖隔热板固定螺栓	9.8～11.8N·m
52	涡轮增压器机油排放管螺栓	9.8～11.8N·m
53	涡轮增压器机油排放管螺母	9.8～11.8N·m
54	涡轮增压器供油管螺栓	9.8～11.8N·m
55	涡轮增压器供油管有眼螺栓	11.7～17.6N·m
56	涡轮增压器导管和软管螺栓	9.8～11.8N·m

续表

序号	项目	规格
57	涡轮增压器水管和软管有眼螺栓	26.4~32.3N·m
58	涡轮增压器歧管总成固定螺母	35.3~41.1N·m
59	涡轮增压器耦合器固定螺母	35.3~41.1N·m
60	进气管支撑固定螺栓(M8)	18.6~23.5N·m
61	进气管支撑固定螺栓(M10)	29.4~34.3N·m
62	进气管固定螺栓	29.4~34.3N·m
63	进气管固定螺母	35.3~41.1N·m
64	中冷器进水管固定螺栓	19.6~26.4N·m
65	催化转化器固定螺母	49.0~53.9N·m
66	消音器固定螺母	39.2~58.8N·m

第三节 1.8L 发动机

一、机油加注

① 更换机油时含机油滤清器滤芯的加注量：无加油口为 3.7L；有加油口为 4.0L。
② 放油螺栓力矩为 35~45N·m。
③ 机油滤清器盖安装力矩为 12~16N·m。

二、发动机常规数据和扭矩规格（表 11-5 和表 11-6）

表 11-5 发动机常规数据

序号	项目	规格	极限值
1	类型	直列式,DOHC	
2	气缸数	4个	
3	气缸内径	82mm	
4	行程	85mm	
5	总排气量	1795mL	
6	压缩比	10∶1	
7	点火顺序	1-3-4-2	
8	气缸盖衬垫表面平面度	0.03mm	0.06mm
9	凸轮高度	进气凸轮 44.820mm 排气凸轮 44.720mm	
10	凸轮轴颈外径(进气、排气)	28mm	
11	凸轮轴末端间隙	0.02~0.061mm	0.1mm
12	凸轮轴向间隙	0.10~0.20mm	
13	气门长度	进气门 114.34mm 排气门 116.8mm	

续表

序号	项目	规格	极限值
14	气门杆直径	进气门 5.965～5.98mm 排气门 5.950～5.965mm	
15	气门弹簧自由长度	5.950～5.965mm	
16	气门导管	进气门 46mm 排气门 54.5mm	
17	缸体气缸孔内径	82.00～82.03mm	
18	活塞外径	81.97～82.00mm	
19	活塞环槽间隙	1号环：0.04～0.08mm 2号环：0.03～0.07mm	
20	活塞环开口间隙	1号环：0.23～0.38mm 2号环：0.45～0.60mm	
21	曲轴轴向间隙	0.06～0.0260mm	

表 11-6 发动机扭矩规格

序号	项目	规格
1	前发动机支撑支架螺栓和螺母	35～50N·m
2	止动器支架螺栓	70～90N·m
3	后止动器支架螺栓	70～90N·m
4	后发动机止动器支架螺栓	35～50N·m
5	连杆盖螺母	50～53N·m
6	曲轴轴承盖螺栓	27～33N·m＋60°～65°
7	飞轮 MT 螺栓	120～130N·m
8	驱动盘 AT 螺栓	120～130N·m
9	发动机盖	4～6N·m
10	链条导管	8～10N·m
11	水管支架螺栓	12～15N·m
12	机油滤清器	12～16N·m
13	油底壳螺栓	10～12N·m
14	油底壳排放塞	35～45N·m
15	机油滤网	15～22N·m
16	机油压力开关	13～15N·m
17	空气滤清器壳体安装螺栓	8～10N·m
18	进气共振片安装螺栓	4～6N·m
19	进气歧管至气缸盖螺母和螺栓	16～23N·m
20	进气歧管撑杆至气缸体螺栓	16～23N·m
21	进气歧管撑杆至气缸体螺栓	16～25N·m
22	节气门体至减振筒螺母	15～20N·m
23	排气歧管至气缸盖螺母	43～55N·m

续表

序号	项目	规格
24	排气歧管盖至排气歧管螺栓	15～20N·m
25	氧传感器至前消音器	50～60N·m
26	氧传感器至排气歧管	50～60N·m
27	后消音器至中心消音器螺母	40～60N·m
28	前排气歧管支架螺栓	30～40N·m
29	前排气管至催化净化器螺栓	40～60N·m
30	主消音器支撑支架螺栓	10～15N·m
31	气缸盖螺栓（M10）	25N·m+60°～65°+60°～65°
32	气缸盖螺栓（M12）	30N·m+60°～65°+60°～65°
33	进气歧管螺母	18～25N·m
34	排气歧管螺母	43～55N·m
35	气缸盖螺栓	8～10N·m
36	凸轮轴轴承盖螺栓	14～15N·m
37	后平板螺栓	8～10N·m
38	凸轮轴轮螺栓	170～180N·m
39	凸轮轴齿轮螺栓	100～120N·m
40	正时皮带张力螺栓	43～55N·m
41	正时皮带盖螺栓	8～10N·m
42	前壳螺栓	20～27N·m
43	正时皮带怠速螺栓	43～55N·m

第四节 2.4L 发动机

一、机油加注

① 更换机油时含机油滤清器滤芯的加注量为4.6L。
② 放油螺栓力矩为34～44N·m。
③ 机油滤清器盖安装力矩为12～15N·m。

二、发动机常规数据和扭矩规格（表11-7和表11-8）

表11-7 发动机常规数据

序号	项目	规格	极限值
1	类型	直列式，DOHC	
2	气缸数	4个	
3	气缸内径	88mm	
4	行程	97mm	

续表

序号	项目	规格	极限值
5	总排气量	2359mL	
6	压缩比	(10.5±0.3)∶1	
7	点火顺序	1-3-4-2	
8	进气门间隙	0.17～0.23mm	发动机冷却水温度为20℃
9	排气门间隙	0.27～0.33mm	
10	凸轮高度	进气 44.2mm 排气 45.0mm	
11	轴向间隙	0.04～0.16mm	
12	气门长度	进气 113.18mm 排气 105.84mm	
13	气门弹簧自由长度	47.44mm	
14	气门弹簧直角度	小于 1.5°	
15	气缸盖衬垫表面平面度	在总区域范围内小于0.05mm； 在100mm×100mm区域内小于0.02mm	
16	歧管装配表面平面度	进气小于0.10mm 排气小于0.10mm	
17	活塞外径	87.975～88.005mm	
18	活塞至气缸间隙	0.015～0.035mm	
19	活塞环槽宽度	1号环 1.235～1.250mm 2号环 1.230～1.250mm 油环 2.010～2.025mm	1.260mm 1.260mm 2.050mm
20	活塞环侧面间隙	1号环 0.050～0.080mm 2号环 0.040～0.080mm 油环 0.060～0.125mm	0.100mm 0.100mm 0.200mm
21	活塞环端隙	1号环 0.15～0.30mm 2号环 0.37～0.52mm 油环 0.20～0.70mm	0.60mm 0.70mm 0.80mm
22	连杆大头内径	51.000～51.018mm	
23	曲轴主轴颈外径	51.942～51.960mm	
24	曲轴连杆轴颈外径	47.954～47.972mm	
25	曲轴主轴承油层间隙	0.020～0.038mm	0.100mm
26	曲轴轴向间隙	0.07～0.25mm	0.30mm
27	气缸衬垫表面平面度	在总区域范围内小于0.05mm； 在100mm×100mm区域内小于0.02mm	

表 11-8 发动机扭矩规格

序号	项目	规格
1	发动机固定支架到车身固定螺栓	49.0～63.7N·m
2	发动机装配绝缘体到发动机固定支架固定螺母	78.5～98.1N·m
3	发动机固定支架到发动机支架固定螺栓	78.5～98.1N·m
4	发动机固定支架到发动机支架固定螺母	78.5～98.1N·m
5	变速器装配支架到车身固定螺栓	49.0～63.7N·m
6	变速器装配支架到车身固定螺母	49.0～63.7N·m
7	变速器固定支架到变速器支架固定螺栓	107.9～127.5N·m
8	滚动杆支架到副车架固定螺栓	49.0～63.7N·m
9	滚动杆支架到变速器固定螺栓和螺母	107.9～127.5N·m
10	惰轮螺栓	53.9～63.7N·m
11	驱动皮带张紧器皮带轮螺栓	53.9～63.7N·m
12	传动皮带张紧器螺栓	53.9～63.7N·m
13	曲轴皮带轮螺栓	166.6～176.4N·m
14	正时链盖维修孔螺栓	11.8～14.7N·m
15	正时链盖螺栓(M6×25)	7.8～9.8N·m
16	正时链盖螺栓(M8×28)	18.6～22.5N·m
17	正时链盖螺栓(M8×30)	19.6～24.5N·m
18	正时链盖螺栓(M10×40)	39.2～44.1N·m
19	正时链盖螺栓(M10×45)	39.2～44.1N·m
20	正时链条张紧器螺栓	9.8～11.8N·m
21	正时链条张紧器臂螺栓	9.8～11.8N·m
22	正时链条导轨螺栓	9.8～11.8N·m
23	正时链燃油喷嘴螺栓	7.8～9.8N·m
24	点火线圈螺栓	3.9～5.9N·m
25	气缸盖螺栓	3.9～5.9N·m＋7.8～9.5N·m
26	CVVT螺栓(左/右)	53.9～63.7N·m
27	凸轮轴轴承盖螺栓(M6)(左/右)	5.9N·m＋10.8～12.7N·m
28	凸轮轴轴承盖螺栓(M8)	14.7N·m＋27.5～31.4N·m
29	气缸盖螺栓	32.4～36.3N·m＋90°～95°＋90°～95°
30	发动机悬架螺栓(前/后)	27.5～31.4N·m
31	凸轮轴位置传感器(CMPS)(左/右)	9.8～11.8N·m
32	机油控制阀(OCV)螺栓(左/右)	9.8～11.8N·m
33	张紧器总成集成支架螺栓	39.2～44.1N·m
34	飞轮螺栓	117.7～127.5N·m

续表

序号	项目	规格
35	驱动盘螺栓	117.7～127.5N·m
36	机油滤清器支架螺栓	21.6～26.5N·m
37	梯形架螺栓	8.8～9.8N·m+17.7～20.6N·m+27.5～31.4N·m
38	连杆轴承盖螺栓	17.7～21.6N·m+88°～92°
39	主轴承盖螺栓	14.7N·m+27.5～31.4N·m+120°～125°
40	曲轴位置传感器(CKPS)螺栓	9.8～11.8N·m
41	CKPS盖螺栓(M6)	9.8～11.8N·m
42	CKPS盖螺栓(M8)	18.6～23.5N·m
43	爆震传感器螺栓	18.6～23.5N·m
44	排油塞	34.3～44.1N·m
45	机油滤清器	11.8～15.7N·m
46	机油标尺总成螺栓	7.8～11.8N·m
47	空调压缩机支架螺栓	19.6～23.5N·m
48	油底壳螺栓(M6)	9.8～11.8N·m
49	油底壳螺栓(M9)	30.4～34.3N·m
50	BSM传动链张紧轮臂螺栓	9.8～11.8N·m
51	BSM链导轨螺栓	9.8～11.8N·m
52	BSM传动链张紧轮螺栓	9.8～11.8N·m
53	平衡轴模块(BSM)螺栓(M9×181.5)(4螺栓型)	22.6～26.5N·m+103°～107°
54	平衡轴模块(BSM)螺栓(M9×181.5)(6螺栓型)	22.6～26.5N·m+88°～92°
55	平衡轴模块(BSM)螺栓(M9×95)(6螺栓型)	22.6～26.5N·m+43°～47°
56	机油压力开关	7.8～11.8N·m
57	水泵皮带轮螺栓	7.8～9.8N·m
58	水泵副总成螺栓	9.8～11.8N·m
59	水泵盖螺栓	18.6～23.5N·m
60	进水管装配螺栓	7.8～11.8N·m
61	水温控制总成螺母	18.6～23.5N·m
62	水温控制总成螺栓	14.7～19.6N·m
63	进水管螺栓	9.8～11.8N·m
64	进气软管夹具螺栓	2.9～4.9N·m
65	空气滤清器总成螺栓	7.8～9.8N·m
66	电子节气门控制(ETC)模块螺栓	9.8～11.8N·m
67	进气歧管支撑螺栓	18.6～23.5N·m
68	进气歧管螺栓	18.6～23.5N·m

续表

序号	项目	规格
69	进气歧管螺母	18.6～23.5N·m
70	氧传感器(前/后)	44.1～49.0N·m
71	排气歧管隔热板螺栓	7.8～11.8N·m
72	排气歧管支架螺栓(M8)	18.6～27.5N·m
73	排气歧管支架螺栓(M10)	51.9～57.8N·m
74	排气歧管螺母	49.0～53.9N·m
75	催化转化器(消声器螺母)	39.2～58.8N·m

第十二章 吉利车系

第一节 1.3L（4G13T）发动机

一、机油加注

① 更换机油时含机油滤清器滤芯的加注量为 4.0L。
② 放油螺栓力矩为 30～40N·m。
③ 机油滤清器盖安装力矩为 25N·m。

二、发动机常规数据和扭矩规格（表 12-1 和表 12-2）

表 12-1 发动机常规数据

序号	项目	规格
1	型式	直列 4 缸、水冷汽油机
2	燃烧室型式	屋脊式
3	进气方式	涡轮增压中冷
4	缸径	75mm
5	行程	73.5mm
6	压缩比	9.5∶1
7	排量	1299mL
8	额定功率	95kW(5300r/min)
9	最大扭矩	185N·m(1750～4500r/min)
10	低速扭矩	119N·m(1500r/min)
11	配气机构型式	双顶置凸轮轴、16 气门、进气 VVT
12	进气 VVT 调整范围	±25°
13	怠速转速	750～800r/min
14	点火顺序	1-3-4-2
15	机油压力	怠速时＞80kPa，额定转速时＞380kPa
16	机油	SAE5W-30；冬季寒冷地区。SAEW-30API 质量等级：SL 级或以上等级

续表

序号	项目	规格
17	旧皮带挠度值	11.5～13.5mm
18	火花塞电极间隙	0.8～0.9mm
19	第一道活塞环开口间隙	0.20～0.35mm
20	第一道活塞环侧隙	0.04～0.08mm
21	第二道活塞环开口间隙	0.30～0.50mm
22	第二道活塞环侧隙	0.035～0.08mm
23	刮片环开口间隙	0.15～0.60mm
24	组合油环侧隙	0.04～0.14mm
25	活塞与气缸间隙	0.031～0.068mm
26	活塞直径	(74.960±0.009)mm
27	活塞销与活塞的间隙	0.004～0.013mm
28	活塞销与连杆的间隙	0.008～0.02mm
29	活塞销长度	54.8～55mm
30	气缸盖总高	(140.00±0.05)mm
31	缸盖平面度	0.05mm
32	缸盖磨削量	0.2mm
33	活塞顶高出缸体顶面	－0.1mm
34	曲轴轴向间隙	0.11～0.31mm
35	主轴承间隙(所有)	0.016～0.046mm
36	曲轴主轴颈圆度	0.005mm
37	曲轴主轴颈圆跳动度	0.02mm
38	凸轮轴轴向间隙	0.05～0.121mm
39	连杆大头侧面与曲轴间隙(连杆侧隙)	0.1～0.35mm

表 12-2　发动机扭矩规格

序号	项目	规格
1	吊钩(缸盖)	(20±2)N·m
2	油道螺塞(缸盖)	(15±1)N·m
3	活塞冷却喷嘴(缸体)	(7±1)N·m
4	主轴承盖螺栓	第1次:(31.5±1.5)N·m 第2次:85°±3°
5	连杆螺栓	第1次:20N·m 第2次:45°±2°
6	气缸盖螺栓	第1次:(31.5±1.5)N·m 第2次:120°±3°
7	凸轮轴支架(缸盖罩)	(9±1)N·m
8	气缸盖罩(缸盖)	(9±1)N·m
9	机油控制阀	(6±1)N·m

续表

序号	项目	规格
10	排气凸轮轴正时链轮(凸轮轴)	第1步:VVT螺栓(40±5)N·m 第2步:排气螺栓(40±5)N·m 第3步:VVT螺栓(110±5)N·m 第4步:排气螺栓(110±5)N·m
11	机油泵总成(缸体)	(9±1)N·m
12	正时链条导向轨组件	(9±1)N·m
13	骨架螺栓(缸体)	(20±1)N·m
14	正时链条张紧销轴	(20±1)N·m
15	紧链器(缸体)	(9±1)N·m
16	堵塞(气缸罩)	10~15N·m
17	放油螺塞(缸体)	(35±3)N·m
18	火花塞(缸盖)	20~25N·m
19	相位传感器(缸盖罩)	(9±1)N·m
20	正时链罩组件(缸体/缸盖)	(9±1)N·m
21	发动机前支架组件	(58±2)N·m
22	惰轮(正时链罩组件)	(45±4)N·m
23	减振皮带轮螺栓	第1次:(95±5)N·m 第2次:140°±5°
24	发动机油底壳调节板(缸体)	(9±1)N·m
25	机油集滤器组件(缸体)	(9±1)N·m
26	后油封盖(缸体)	(9±1)N·m
27	发动机油底壳(缸体)	(9±1)N·m(M6) (20±2)N·m(M8)
28	放油螺塞(机油盘)	(35±5)N·m
29	飞轮螺栓	第1次:(21.5±1.5)N·m 第2次:45°±2°
30	水泵壳体(缸体)	(9±1)N·m
31	水泵皮带轮(水泵壳体)	(10.5±1.5)N·m
32	发电机支架	(20±2)N·m
33	机油滤清器和冷却器集成(缸体)	(20±2)N·m
34	机油压力报警器	(15±1)N·m
35	爆震传感器(缸体)	(20±1)N·m
36	节温器壳体(缸盖)	(9±1)N·m
37	发动机进水口座(节温器壳体)	(9±1)N·m
38	水泵进水管(缸体)	(20±1)N·m
39	水温传感器(节温器壳体)	(15±1)N·m
40	排气歧管(缸体)	(20±1)N·m
41	涡轮增压器(排气歧管)	(20±2)N·m

续表

序号	项目	规格
42	增压器支架（缸体）	(20±2)N·m
43	氧传感器	(50±10)N·m
44	增压器出水管螺栓	(45±3)N·m
45	增压器进水管螺栓	(45±3)N·m
46	增压器进油空心螺栓	(40±3)N·m
47	增压器进油节流螺栓	(40±3)N·m
48	点火线圈	(8±2)N·m
49	电子节气门体（进气歧管）	(9±1)N·m
50	进气歧管（缸盖）	(20±2)N·m
51	进气温度压力传感器（进气歧管）	(9±1)N·m
52	油轨喷油器分总成（进气歧管）	(20±2)N·m
53	发动机机油轨延伸硬管支架	(9±1)N·m
54	皮带张紧机构组件	(40±4)N·m
55	发电机	(45±4)N·m(M10) (20±2)N·m(M8)
56	压缩机支架（缸体）	(20±2)N·m
57	压缩机总成（压缩机支架）	(20±2)N·m

第二节　1.5L（4G15）发动机

一、机油加注

① 更换机油时含机油滤清器滤芯的加注量为 4.5L。
② 放油螺栓力矩为（35±5）N·m。
③ 机油滤清器盖安装力矩为 25N·m。

二、发动机常规数据和扭矩规格（表 12-3 和表 12-4）

表 12-3　发动机常规数据

序号	项目	规格
1	型式	直列 4 缸、水冷汽油机
2	燃烧室型式	屋脊式
3	进气方式	涡轮增压中冷
4	缸径	75mm
5	行程	84.8mm
6	压缩比	10∶1
7	排量	1498mL
8	额定功率	75kW(6000r/min)

续表

序号	项目	规格
9	最大扭矩	141N·m[(4000±200)r/min]
10	低速扭矩	(750±30)N·m(r/min)
11	配气机构型式	双顶置凸轮轴、16气门、进气VVT
12	进气VVT调整范围	±25.75°
13	怠速转速	750~800r/min
14	点火顺序	1-3-4-2
15	机油压力	怠速时>80kPa,额定转速时>380kPa
16	机油	SSAE5W-30API质量等级:SL级或以上等级;干式加注量4.5L,冬夏季通用
17	电器工作电压	12V
18	火花塞电极间隙	0.8~0.9mm
19	第一道活塞环开口间隙	0.15~0.30mm
20	第一道活塞环侧隙	0.04~0.08mm
21	第二道活塞环开口间隙	0.30~0.50mm
22	第二道活塞环侧隙	0.04~0.08mm
23	刮片环开口间隙	0.20~0.70mm
24	组合油环侧隙	0.031~0.068mm
25	活塞与气缸间隙	0.031~0.068mm
26	活塞销与活塞的间隙	0.004~0.013mm
27	活塞销与连杆的间隙	0.008~0.02mm
28	活塞销长度	54.8~55mm
29	气缸盖总高	(140.00±0.05)mm
30	缸盖平面度	0.05mm
31	曲轴轴向间隙	0.11~0.31mm
32	主轴承间隙(所有)	0.016~0.046mm
33	曲轴主轴颈圆度	0.005mm
34	曲轴主轴颈圆跳动度	0.02mm
35	凸轮轴轴向间隙	0.05~0.121mm
36	连杆大头侧面与曲轴间隙(连杆侧隙)	0.1~0.35mm

表12-4 发动机扭矩规格

序号	项目	规格	序号	项目	规格
1	吊钩(缸盖)	(20±2)N·m	5	连杆螺栓	第1次:(16±1)N·m 第2次:45°±2°
2	油道螺塞(缸盖)	(15±1)N·m			
3	油道螺塞(缸体)	(33±2)N·m	6	气缸盖螺栓	第1次:(31.5±1.5)N·m 第2次:120°±3°
4	主轴承盖螺栓	第1次:(31.5±1.5)N·m 第2次:85°±3°	7	凸轮轴支架(缸盖罩)	(9±1)N·m

续表

序号	项目	规格	序号	项目	规格
8	气缸盖罩(缸盖)	(9±1)N·m	30	水泵壳体(缸体)	(9±1)N·m
9	机油控制阀	(6±1)N·m	31	水泵皮带轮(水泵壳体)	(9±1)N·m
10	排气凸轮轴正时链轮(凸轮轴)	第1步:VVT螺栓(40±5)N·m 第2步:排气螺栓(40±5)N·m 第3步:VVT螺栓(110±5)N·m 第4步:排气螺栓(110±5)N·m	32	发电机支架	(20±2)N·m
			33	机油滤清器(缸体)	(20±2)N·m
			34	机油压力报警器	(15±1)N·m
11	机油泵总成(缸体)	(9±1)N·m	35	爆震传感器(缸体)	(20±5)N·m
12	正时链条导向轨组件	(9±1)N·m	36	节温器壳体(缸盖)	(9±1)N·m
13	骨架螺栓(缸体)	(23±2)N·m	37	发动机进水口座(节温器壳体)	(9±1)N·m
14	正时链条张紧销轴	(23±2)N·m	38	水泵进水管(缸体)	(20±2)N·m
15	紧链器(缸体)	(9±1)N·m	39	水温传感器(节温器壳体)	(15±1)N·m
16	放油螺塞(缸体)	(9±1)N·m			
17	火花塞(缸盖)	(23±2)N·m	40	排气歧管(缸体)	(20±2)N·m
18	点火线圈	(9±1)N·m	41	涡轮增压器(排气歧管)	(20±2)N·m
19	相位传感器(缸盖罩)	(9±1)N·m	42	增压器支架(缸体)	(20±2)N·m
20	正时链罩组件(缸体/缸盖)	(9±1)N·m	43	电子节气门体(进气歧管)	(9±1)N·m
21	发动机前支架组件	(58±2)N·m	44	进气歧管(缸盖)	(20±2)N·m
22	惰轮(正时链罩组件)	(45±4)N·m	45	进气温度压力传感器(进气歧管)	(9±1)N·m
23	减振皮带轮螺栓	第1次:(95±5)N·m 第2次:140°±5°	46	油轨喷油器分总成(进气歧管)	(20±2)N·m
24	发动机油底壳调节板(缸体)	(9±1)N·m	47	发动机机油轨延伸硬管支架	(9±1)N·m
25	机油集滤器组件(缸体)	(9±1)N·m	48	皮带张紧机构组件	(40±4)N·m
26	后油封盖(缸体)	(9±1)N·m	49	发电机	(45±4)N·m(M10) (20±2)N·m(M8)
27	发动机油底壳(缸体)	(9±1)N·m(M6) (20±1)N·m(M8)	50	压缩机支架(缸体)	(20±2)N·m
28	放油螺塞(机油盘)	(35±5)N·m	51	压缩机总成(压缩机支架)	(20±2)N·m
29	飞轮螺栓	第1次:(21.5±1.5)N·m 第2次:45°±2°			

第三节　1.8L（4G18）发动机

一、机油加注

① 更换机油时含机油滤清器滤芯的加注量为 4.0L。
② 放油螺栓力矩为 25～35N·m。
③ 机油滤清器盖安装力矩为 25N·m。

二、发动机常规数据和扭矩规格（表 12-5 和表 12-6）

表 12-5　发动机常规数据

项目	规格	项目	规格
发动机冷却液容量	6.5L	气门正时	
发动机冷却液规格/牌号	吉利正厂超长效型冰点－40℃乙二醇型发动机冷却液	排气门开启下止点前	53°
		排气门关闭上止点后	16.5°
		连杆轴颈	
缸径	79mm	连杆轴承间隙	0.020～0.044mm
行程	91mm	连杆轴承轴向间隙	0.16～0.342mm
压缩比	10∶1	曲轴	
排量	1792mL	轴向间隙	0.04～0.24mm
额定功率	102kW(6200r/min)	主轴承间隙(所有)	0.015～0.033mm
最大扭矩	172N·m(4200r/min)	主轴颈直径(所有)	47.982～48mm
工况法排放	CO 小于 2.3g/km；CH 小于 0.2g/km；NO_x 小于 0.15g/km	机体顶面平面度	0.05mm
		曲轴主轴颈圆度	0.003mm
急速转速	800±50r/min	曲轴主轴颈圆跳动度	0.02mm
点火顺序	1-3-4-2	气缸盖	
火花塞电极间隙	0.8～0.9mm	机加工后最小总高	(115－0.05)mm
凸轮轴		总高	(115＋0.05)mm
轴颈外径	231mm	气门导管高	34.5mm
凸轮轴轴向间隙	0.05～0.12mm	活塞	
进气门间隙	(0.23±0.03)mm	至缸套间隙	0.060～0.083mm
排气门间隙	(0.32±0.03)mm	直径	78.9mm
进气 VVT 调整范围	±25°	活塞环	
轴颈外径	23mm	油环端隙	0.20～0.70mm/in
气门正时		第一道压缩环端隙	0.20～0.35mm/in
进气门开启上止点前	19°	第二道压缩环端隙	0.40～0.55mm/in
进气门关闭下止点后	73°		

表 12-6 发动机扭矩规格

序号	项目	规格/N·m	序号	项目	规格/N·m
1	火花塞螺栓	27～33	22	发电机贯穿螺栓	35～45
2	气缸盖罩(短螺栓)	7～11	23	发电机安装螺栓	20～24
3	气门室罩盖(长螺栓、螺母、特殊螺栓)	9～13	24	机油泵安装螺栓	7.2～10.8
			25	正时链罩螺栓	14.4～21.6
4	爆震传感器螺栓	14.4～21.6	26	正时链罩支架螺栓	8.8～13.2
5	气缸盖螺栓	第1次:46～52 第2次:76-84	27	发动机右支承座安装螺栓	37.6～56.4
6	VVT执行器安装螺栓	59～81	28	传动皮带张紧器安装螺栓	55～65
7	进气歧管安装螺栓	24～36			
8	曲轴箱安装螺栓	14.4～21.6	29	排气凸轮轴正时链轮安装螺栓	43.2～64.8
9	排气管安装螺栓	20～30			
10	主轴承盖安装螺栓	第1次:42～46 第2次:54～66	30	油底壳放油螺栓	25～35
			31	缸盖油道螺塞	24～36
11	飞轮安装螺栓	83～93	32	链条导向轨安装螺栓	7～11
12	水泵短安装螺栓	7.2～10.8	33	链条张紧轨安装螺栓	15～21
13	水泵长安装螺栓	9.8～13.2	34	链条张紧器安装螺栓	7～11
14	连杆盖安装螺栓	第1次:19～21 第2次:46～50	35	PCV阀	20～30
			36	点火线圈安装组件	9～11
15	凸轮轴承盖安装螺栓	21.6～24.5(M8) 12.2～13.8(M6)	37	节气门体组件安装螺	15～25
16	油底壳安装螺栓	7.2～10.8	38	加强板(进气歧管安装)螺栓	24～36
17	机油集滤器安装螺栓	7.2～10.8			
18	发动机油压力报警器螺栓	10.5～19.5	39	排气歧管支架组件安装螺栓	28～42
19	机油滤清器管接头螺栓	16～24	40	动力转向泵安装螺栓	45～55
			41	动力转向泵安装螺母	45～55
20	机油滤清器(管接头螺栓)	33～37	42	压缩机安装螺栓	20～30
21	曲轴皮带轮安装螺栓	129.7～146.3	43	VVT电磁阀组件安装螺栓	7～11

第四节 2.0L(4G20)、2.4L(4G24)发动机

一、机油加注

① 更换机油时含机油滤清器滤芯的加注量为 4.0L。

② 放油螺栓力矩为 (25±3) N·m。

③ 机油滤清器盖安装力矩为 25N·m。

二、发动机常规数据和扭矩规格（表 12-7 和表 12-8）

表 12-7　发动机常规数据

项目	规格	
	4G24	4G20
缸径	88.7mm	85mm
行程	96.2mm	88mm
排量	2378mL	1.997mL
压缩比	10∶1	10.2∶1
功率	119kW(5700r/min)	105kW(6000r/min)
扭矩	220N·m(4000～4200r/min)	186N·m(4000～4200r/min)
怠速转速	(750±50)r/min	(750±50)r/min
点火次序	1-3-4-2	1-3-4-2
机油容量(干式充满)	4L	
润滑油规格/牌号	牌号为 SAE10W-30 或 15W-40，API 质量等级为 SL 级及以上	
火花塞型号	K6RTC	
火花塞间隙	0.8～0.9mm	
凸轮轴		
轴颈外径	23mm	
凸轮轴轴向间隙	进气侧为 0.04～0.095mm；排气侧为 0.08～0.135mm	
进气门间隙	(0.25±0.03)mm	
排气门间隙	(0.30±0.03)mm	
进气 VVT 调整范围	±25.75°	
气门正时		
进气门开启	上止点前 18.5°	
进气门关闭	下止点后 75°	
排气门开启	下止点前 58°	
排气门关闭	上止点后 26.5°	
连杆轴颈		
连杆轴承间隙	0.018～0.044mm	
连杆轴承轴向间隙	0.016～0.342mm	
曲轴		
轴向间隙	0.04～0.24mm	
主轴承间隙(所有)	0.016～0.034mm	
主轴颈直径(所有)	54.782～54.8mm	
机体顶面平面度	0.003mm	
气缸盖		
机加工后最小总高	(129−0.1)mm	

续表

项目	规格	
	4G24	4G20
气缸盖		
总高	(129+0.1)mm	
气门导管高	38.5/40.5mm	
活塞		
至缸套间隙	0.0275~0.0575mm	
直径	(88.665±0.0075)mm	(84.965±0.0075)mm
机油泵		
端隙	0.05~0.10mm	
齿隙	0.08~0.18mm	
机油压力报警器点亮压力	≤40kPa	
机油泵输出压力	0.77MPa	
机油泵限压阀开启压力	0.40~0.50MPa	
活塞环		
油环端隙	0.20~0.40mm	
第一道压缩环端隙	0.20~0.40mm	
第二道压缩环端隙	0.30~0.50mm	
气门系统		
进气门直径	34.5mm	
排气门直径	29.7mm	
气门导管内径	5.5mm	
气门杆直径(进气门)	5.5mm	
气门杆直径(排气门)	5.5mm	

表 12-8 发动机扭矩规格

序号	项目	规格/N·m	序号	项目	规格/N·m
1	进气凸轮轴前轴承盖螺栓	30±1	10	机油滤清器接头(曲轴箱)	30±3
2	排气凸轮轴前轴承盖螺栓	30±1	11	机油滤清器(机油滤清器接头)	20±3
3	凸轮轴承盖螺栓	13±1	12	气缸盖螺栓	第1次:35±4 第2次:70±2 第3次:90±3
4	活塞冷却喷嘴螺栓	7±1			
5	连杆螺栓	第1次:20±1 第2次:50~55	13	水温传感器	15±3
6	曲轴箱螺栓	24±1	14	VVT 螺栓	60±3
7	主轴承盖螺栓	第1次:20±2 第2次:40±2 第3次:60±3	15	正时链轮螺栓	50±3
			16	链条导向轨螺栓	9±1
8	平衡轴盖螺栓	第1次:15±2 第2次:38±3	17	机油泵链轮螺母	30±3
			18	机油泵链条张紧器销轴	13±1
9	机油泵螺栓	19±2	19	链条张紧轨销轴	19±1

续表

序号	项目	规格/N·m	序号	项目	规格/N·m
20	机油泵链条紧链器螺栓	6±1	32	下隔热罩螺栓	12±1
21	正时链罩螺栓	M10：50±3 M8：18±3 M6：10±1	33	爆震传感器螺栓	19±2
			34	进气歧管上、下罩螺栓	9±1
			35	进气歧管安装螺栓、螺母	25±3
22	链条张紧器螺母	9±1	36	油轨安装螺栓	9±1
23	火花塞	25±3	37	水泵组件螺栓	35±3
24	机油盘放油塞	25±3	38	水泵皮带轮螺栓	22±3
25	机油盘螺栓、螺母	9±1	39	皮带张紧轮总成螺栓	M10：32±3 M8：60±5
26	凸轮轴相位传感器螺栓	9±1			
27	机油压力报警器	15±1	40	压缩机螺栓	25±3
28	气缸盖罩螺栓、螺母	11±1	41	发电机螺栓	M10：22±5 M8：45±5
29	点火线圈螺栓	9±1			
30	排气歧管螺母	30±3	42	助力转向泵螺栓	40±5
31	上隔热罩螺栓	12±1	43	发动机吊耳吊钩	38±4

第十三章 比亚迪车系

第一节 1.5L（BYD476ZQA）发动机

一、机油加注

① 更换机油时含机油滤清器滤芯的加注量为4.0L。
② 放油螺栓力矩为25N·m。
③ 机油滤清器盖安装力矩为15N·m。

二、发动机常规数据和扭矩规格（表13-1和表13-2）

表13-1 发动机常规数据

序号	项目	规格	序号	项目	规格
1	型式	直列4缸、水冷、双顶置凸轮轴、16气门、4冲程、电控燃油喷射发动机	7	气门结构	齿形链条驱动，双顶置凸轮轴、16气门
2	标定功率	113kW(5200r/min)	8	供油方式	电控燃油缸内直接喷射
3	最大扭矩	240N·m(1750～3500r/min)	9	点火顺序	1-3-4-2
4	缸径×行程	76.5mm×81.4mm	10	增压	废气涡轮增压
5	发动机排量	1.497L	11	凸轮轴调节	进气VVT
6	压缩比	10∶1	12	气缸体材质	铝合金

表13-2 发动机扭矩规格

序号	项目	规格	序号	项目	规格
1	气缸盖螺栓	第1次：20N·m 第2次：70N·m 第3次：90°	5	曲轴皮带轮螺栓	150N·m+180°
			6	火花塞	25N·m
			7	燃油压力传感器	20N·m
2	主轴承盖螺栓	第1次：20N·m 第2次：50N·m 第3次：90°	8	高压油轨进油接头	80N·m
			9	凸轮轴箱螺栓	10N·m+90°
3	连杆螺栓	30N·m+90°	10	VVT组件螺栓	50N·m+90°
4	飞轮螺栓	60N·m+90°	11	排气凸轮轴链轮	50N·m+90°

续表

序号	项目	规格	序号	项目	规格
12	机油泵链轮	30N·m	30	机油冷却器	24N·m
13	排气歧管螺母	20N·m	31	机油冷却器水管合件	20N·m
14	回油孔盖板	10N·m	32	链条导向板	20N·m
15	曲轴后油封组件	10N·m	33	机油滤清器	15N·m
16	气缸体螺堵组合件	35N·m	34	油气分离装置	5N·m
17	固定支板合件	44N·m	35	中冷器	7N·m
18	发动机前吊钩	24N·m	36	高压燃油泵	10N·m
19	发动机后吊钩	24N·m	37	节气门螺钉	7N·m
20	排气歧管	10N·m	38	调温器组件	10N·m
21	凸轮轴后端盖	10N·m	39	水泵皮带轮	24N·m
22	进气接头螺栓组合件	7N·m	40	水泵	24N·m
23	三元催化器螺母	20N·m	41	电动水泵	10N·m
24	进气歧管	24N·m	42	凸轮轴相位传感器	10N·m
25	排气歧管隔热罩	10N·m	43	爆震传感器	20N·m
26	放油螺塞组件	25N·m	44	进气压力温度传感器	5N·m
27	油底壳	10N·m	45	发电机	24N·m
28	机油收集器	10N·m	46	点火线圈	10N·m
29	机油泵	24N·m	47	机油压力开关	18N·m

第二节　1.5L（BYD473QB、BYD473QE）发动机

一、机油加注

① 更换机油时含机油滤清器滤芯的加注量为3.3L。

② 放油螺栓力矩为25N·m。

③ 机油滤清器盖：顺时针3/4～1圈，再紧固12N·m。

二、发动机相关数据（表13-3～表13-5）

表13-3　发动机常规数据

序号	项目	BYD473QB	BYD473QE
1	型式	4冲程、水冷、直列、单顶置凸轮轴、电子控制燃油喷射式	
2	气缸数	4个	
3	气缸直径	73mm	
4	活塞行程	88.9mm	89.4mm
5	压缩比	10.2∶1	10.6∶1
6	点火次序	1-3-4-2	
7	标定功率(5800r/min)	79kW	80kW

续表

序号	项目	BYD473QB	BYD473QE
8	最大扭矩(4800r/min)	144N·m	145N·m
9	标定转速	5800r/min	
10	机油压力[(3000±50)r/min]	340~490kPa	
11	最低稳定转速	(780±50)r/min	
12	总排量	1.488L	1.497L
13	怠速排放(GB 18285—2005)	CO≤0.15% HC≤40×10^{-6}(780±50)r/min CO≤0.15% HC≤40×10^{-6}(2500±50)r/min	
14	润滑油(GB 11121—2006)	SG10W/30(南方各季节和北方春季、夏季、秋季用) SG5W/30(北方冬季用)	

表13-4 维修技术数据

名称	测量项目	标准值	维修极限
气缸盖	翘面高度	119.9~120.1mm	0.08mm
凸轮轴	轴向间隙	0.07~0.25mm	0.5mm
	凸轮轴与支架之间的油膜间隙	0.025~0.046mm	0.1mm
	总跳动度	最大0.03mm	0.04mm
	凸轮凸角高度	进气 35.37mm 可变进气 30.565mm 排气 35.39mm	
气门	间隙(冷态)	进气 0.18~0.22mm 排气 0.23~0.27mm	
	挺杆外径	进气 5.470~5.485mm 排气 5.455~5.470mm	5.45mm 5.42mm
	挺杆与导管之间的间隙	进气 0.025~0.060mm 排气 0.04~0.075mm	0.08mm 0.11mm
气门弹簧	自由长度	进气 50.5mm 排气 57.2mm	
摇臂	摇臂与摇臂轴之间的间隙	进气 0.02~0.054mm 排气 0.02~0.054mm	0.08mm 0.08mm
缸体	表面翘曲	最大0.07mm	0.10mm
	缸径	73~73.019mm	73.07mm
	缸孔锥度	0.05mm	
	重新镗缸极限值	0.25mm	
活塞	从活塞裙底部到活塞裙外径距离	72.955~72.975mm	72.945mm
	与气缸之间的间隙	0.035~0.054mm	0.06mm
	活塞环槽宽度	第一道气环:1.02~1.04mm 第二道气环:1.21~1.23mm 组合油环:2.01~2.03mm	1.07mm 1.25mm 2.05mm

续表

名称	测量项目	标准值	维修极限
活塞环	活塞环与环槽之间的间隙	第一道气环:0.03~0.07mm 第二道气环:0.02~0.06mm	0.15mm 0.13mm
	活塞环开口间隙	第一道气环:0.20~0.35mm 第二道气环:0.35~0.5mm 组合油环:0.2~0.7mm	0.6mm 0.65mm 0.8mm
连杆	销子与连杆小头孔之间的间隙	0.015~0.037mm	
	连杆小端孔径	17.963~17.981mm	
	连杆大端孔径	43~43.015mm	
	安装到曲轴上的轴端间隙	0.15~0.3mm	0.4mm
曲轴	主轴颈直径	49.937~49.955mm	
	连杆轴颈直径	39.940~39.955mm	
	连杆/主轴颈锥度	0.005mm	0.01mm
	连杆/主轴颈失圆度	0.005mm	0.01mm
	轴端间隙	0.1~0.35mm	0.45mm
	跳动度	最大 0.03mm	0.04mm
曲轴轴承	主轴轴承与轴颈的油膜间隙	0.028~0.049mm	0.055mm
	连杆轴承的间隙	0.022~0.050mm	0.055mm
发动机机油	发动机大修	4.0L	
	更换机油,包括机油滤清器	3.3L	
	更换机油,不包括机油滤清器	2.9L	
油泵	内外转子的间隙	0.075~0.15mm	0.18mm
	泵壳体到外转子的间隙	0.06~0.136mm	0.18mm
	泵壳体到外转子轴的间隙	0.028~0.065mm	0.085mm

表 13-5 发动机扭矩规格

序号	项目	规格	序号	项目	规格
1	气缸盖螺栓	29N·m+130°	13	水泵螺栓	12N·m
2	主轴承盖螺栓	25N·m+40°	14	机油收集器螺栓	10N·m
3	连杆盖螺栓	9.8N·m+90°	15	油底壳螺栓	螺栓 M6:12N·m 螺栓 M8:25N·m
4	飞轮螺栓	95N·m			
5	火花塞	20N·m	16	机油滤清器螺纹连接管螺栓	20N·m
6	爆震传感器螺栓	25N·m			
7	油压力开关	15N·m	17	进气歧管螺栓	25N·m
8	张紧链板螺栓	22N·m	18	进气温度压力传感器螺栓	5N·m
9	凸轮轴链轮螺栓	56N·m			
10	导向链板螺栓	12N·m	19	进气门总成螺栓	12N·m
11	张紧器座螺栓	12N·m	20	排气歧管螺栓	44N·m
12	机油泵总成螺栓	10N·m	21	排气歧管隔热罩螺栓	10N·m

续表

序号	项目	规格	序号	项目	规格
22	排气歧管支架螺栓	25N·m	29	水泵皮带轮螺栓	14N·m
23	前氧传感器	45N·m	30	发电机螺栓	25N·m
24	凸轮轴相位传感器螺栓	10N·m	31	离合器盖总成内六角圆柱头螺钉	25N·m
25	冷却液温度传感器螺栓	15N·m	32	变速器螺栓	65N·m
			33	起动机	44N·m
26	气缸盖罩螺栓	12N·m	34	凸轮轴止推盖螺栓	10N·m
27	点火线圈螺栓	10N·m	35	凸轮轴相位传感器信号板螺栓	34N·m
28	曲轴减振皮带轮螺栓	37N·m+90°			

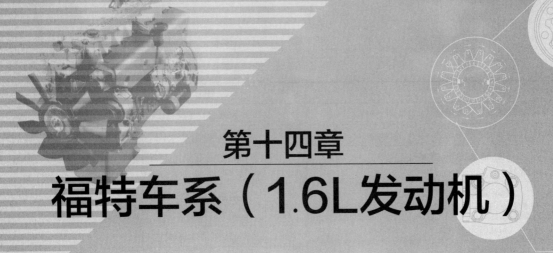

第十四章 福特车系（1.6L发动机）

一、机油加注

① 更换机油时含机油滤清器滤芯的加注量为 4.05L。
② 放油螺栓力矩为 28N·m。
③ 机油滤清器盖安装力矩为 15N·m。

二、发动机常规数据和扭矩规格（表 14-1～表 14-6）

表 14-1 发动机常规数据（一）

项目	规格	项目	规格
发动机		活塞	
工作容积（GTDI）	1.6L	顶部环槽宽度	1.25～1.27mm
气缸数量	4个	第二环槽宽度	1.22～1.24mm
缸径/行程	79.0mm/81.4mm	机油环槽宽度	2.01～2.03mm
点火方式	1-3-4-2	活塞裙涂层厚度	0.011mm
机油压力（800r/min 时高温）	100kPa	活塞销	
机油压力（2000r/min 时高温）	200kPa	直径	20.994～21.000mm
压缩比	10∶1	长度	45.7～46.0mm
发动机质量（含挠性板）	81.0kg	活塞至销的间隙	0.006～0.017mm
发动机与驱动桥质量（自动变速驱动桥）	157.2kg	气缸盖	
		气缸盖平直度（总体）	0.1mm
气缸体		零间隙时的气门升程（排气）	8.6mm
气缸内径	79.005～79.025mm	零间隙时的气门升程（进气）	8.7mm
气缸口径最大变径差	0.008mm	气门导管直径	6.000～6.030mm
主轴承内径	54.000～54.018mm	气门座宽度（进气/排气）	(1.00±0.15)mm
气缸盖垫表面光滑度	一般为 0.1mm 在 200mm×200mm 区域内为 0.05mm	气门座角度	45°
		气门座偏心率	0.029mm
活塞		气门挺杆内径	28.8～29.2mm
活塞至孔径的间隙	0.0225～0.0575mm		

表 14-2 发动机常规数据（二）

项目	规格	项目	规格
凸轮内径	25.0～25.03mm	凸轮轴	
气门		轴端余隙	0.12～0.43mm
气门盖直径(进气)	(30.10±0.15)mm	活塞环	
气门盖直径(排气)	(24.10±0.15)mm	顶部宽度	1.17～1.19mm
气门杆直径(进气)	(5.9680±0.0075)mm	第二层宽度	1.17～1.195mm
气门杆直径(排气)	(5.9680±0.0075)mm	油环宽度	2mm
气门杆至导管的间隙(进气)	0.0245～0.0695mm	顶部活塞环切口间隙	0.18～0.28mm
气门杆至导管的间隙(排气)	0.0295～0.0745mm	第二活塞环切口间隙	0.7～0.9mm
气门工作面偏心距	0.03mm	机油活塞环切口间隙	0.2～0.9mm
气门工作面角度	44.5°±0.15°	气门挺杆	
气门弹簧(压缩压力)		直径	27.965～27.980mm
进气与排气(已安装)	(180±11)N	挺杆至气门的间隙(进气)	0.17～0.23mm
进气升程(气门开启)8.9mm	(320±20)N	挺杆至气门的间隙(排气)	0.31～0.37mm
排气升程(气门开启)8.94mm	(320±20)N	挺杆至镗孔的间隙	0.020～0.065mm
自由长度	(48.70±0.8)mm	凸轮轴	
装配长度	35.60mm	轴端余隙	0.07～0.20mm
凸轮轴		凸轮升程(进气)	8.9mm
主轴承轴颈直径	47.980～48.000mm	凸轮升程(排气)	8.94mm
主轴承轴颈	47.730～47.750mm	偏心距 a	0.02mm
主轴承间隙	0.022～0.051mm	轴向力间隙	30.960～30.980mm
连杆轴颈直径	43.980～44.000mm	轴颈直径	(24.97±0.01)mm
连杆轴颈	43.730～43.750mm	轴颈至镗孔的间隙	0.020～0.070mm

表 14-3 发动机常规数据（三）

项目	规格	项目	规格
连杆		连杆	
运行间隙	0.024～0.050mm	轴承厚度(4级)	1.520～1.527mm
轴承间隙	0.024～0.044mm	连杆端孔直径	47.025～47.045mm
轴承厚度(1级)	1.499～1.506mm	销孔直径	21.018～21.024mm
轴承厚度(2级)	1.506～1.513mm	长度(中心至中心)	134mm
轴承厚度(3级)	1.513～1.520mm		

表 14-4 发动机扭矩规格（一）

项目	扭矩/N·m	项目	扭矩/N·m
辅助传动带张紧器螺栓	48	毕勤气门螺栓	10
空调压缩机螺栓与双头螺栓	25	缸体加热器螺母	3
空调管线螺母	15	凸轮轴轴承盖	—
蓄电池座支架螺母	48	凸轮轴相位器与链轮螺栓(排气)	—

项目	扭矩/N·m	项目	扭矩/N·m
凸轮轴相位器与链轮螺栓（进气）	—	CAC 管夹	5
凸轮轴相位器与链轮塞	16	CAC 管道装至涡轮增压器的锁紧螺母	5
CMP 螺栓	9	连杆盖螺栓	—
催化转化器支架装至下支架的螺栓	25	冷却液出口的螺母与螺栓	18
催化转化器支架装至驱动桥的螺母	25	冷却液泵螺栓	—
催化转化器支架装至驱动桥的螺柱	8	冷却液泵皮带轮螺栓	24
催化转化器装至消音器的螺母	48	凸轮轴后油封螺栓	—
催化转化器装至涡轮增压器的螺栓	30	CKP 传感器螺栓	8
CAC 管道装至驱动桥的螺母	10	凸轮轴皮带轮螺栓	—
CAC 管道装至油盘的螺母	20	曲轴箱通风口机油分离器的螺栓	10

表 14-5 发动机扭矩规格（二）

项目	扭矩/N·m	项目	扭矩/N·m
气缸盖螺栓	—	半轴支架螺栓	48
发动机外观盖板安装双头螺栓	5	半轴固定支架螺母	25
发动机吊眼螺栓（右侧）	19	高电流蓄电池接线盒电线螺母	12
发动机安装支架螺栓（左侧）	55	高压燃油泵螺母	13
发动机安装螺栓	90	高压燃油泵接至燃油轨管道的螺母	—
发动机安装螺母	80	高压燃油泵管道双头螺栓	7
发动机安装双头螺栓	8	前段触媒热氧传感器	48
发动机线束双头螺栓	10	前段催化剂热氧传感器连接件支架螺母与螺栓	10
发动机机油压力开关	18		
发动机膨胀螺栓	20	线圈集成式火花塞的螺栓	10
排气歧管螺母	21	进气歧管下部螺栓	10
排气歧管双头螺栓	10	进气歧管上部螺栓	17
排气歧管接至涡轮增压器的螺母	30	爆震传感器（KS）螺栓	18
排气歧管接至涡轮增压器的双头螺栓	20	主轴承梁螺栓	—
发动机接至驱动桥的螺栓	48	机油冷却器螺栓	55
挠性板螺栓	—	机油滤清器	15
燃油泵安装支架螺栓	—	油盘放油塞	28
燃油轨螺栓	23	油盘螺栓	—
发电机 B+电缆螺母	15	油盘接至驱动桥螺栓	48
发电机螺母与螺栓	48	油泵螺栓	—
发电机双头螺栓	10	油泵屏蔽与感测管道的螺栓	10
接地电线装至车架纵梁的螺栓	23		

表 14-6　发动机扭矩规格（三）

项目	扭矩/N·m	项目	扭矩/N·m
活塞冷却喷嘴螺栓	9	涡轮增压器冷却液管道空心螺栓	25
变速杆电缆支架螺栓	25	涡轮增压器冷却液管道螺栓	23
火花塞	12	涡轮增压器隔热屏螺栓	18
起动机电动机螺栓	35	涡轮增压器注油管螺栓	10
起动机电动机 B＋接线柱螺母	12	涡轮增压器注油管空心螺栓	10
起动机电动机 S－接线柱螺母	6	涡轮增压器回油管螺栓	10
恒温器外壳螺母	9	涡轮增压器接至排气歧管的螺母	25
正时皮带盖螺栓	10	涡轮增压器接至排气歧管的双头螺栓	20
正时皮带张紧器螺栓	25	真空阀安装支架的螺母	10
液力变矩器螺母	48	真空阀安装双头螺母	10
驱动桥接至发动机的螺栓	48	气门盖固定器	—
驱动桥倾侧限定器螺栓	125	可变凸轮轴正时桥螺栓	—
驱动桥换挡拉索支架螺栓	25	可变凸轮轴正时机油调节电磁阀螺栓	8
驱动桥支承绝缘体螺栓	148	气流挡盘螺栓	9

第十五章 名爵车系

第一节 1.4L 发动机

一、机油加注

① 更换机油时含机油滤清器滤芯的加注量为 4.5L。
② 放油螺栓力矩为 21~29N·m。
③ 机油滤清器盖安装力矩为 26~34N·m。

二、发动机相关数据（表 15-1~表 15-9）

表 15-1 发动机主体数据

项目	规格	项目	规格
型号	1.4L 涡轮增压汽油机，16 气门，双顶置凸轮轴，可变进排气凸轮正时	旋转方向	从发动机前端看顺时针
		额定功率(RON91)	110kW(5600r/min)
		最大扭矩	235N·m(2000r/min)
气缸布置	直列式 4 缸	怠速转速	680r/min
气缸口直径	74mm	发动机最高转速	7100r/min
行程	81.3mm	质量（不含机油，A/C，离合器总成，DIN 标准目标质量）	115kg
排量	1.398L		
压缩比	10.0∶1		
点火次序	1-3-4-2	火花塞间隙	0.60~0.70mm

表 15-2 发动机缸体数据

项目	规格	项目	规格
气缸体材料	铝合金	气缸孔不圆度	0.013mm
气缸套类型	预铸式蘑菇头缸套	表面平面度（缸体顶面，长度达 25mm）	0.025mm
气缸套直径	主缸：(74.000±0.008)mm 其他缸：(74.000±0.011)mm	表面平面度（缸体顶面，长度达 150mm）	0.05mm

表 15-3 发动机曲轴数据

项目	规格	项目	规格
连杆轴颈直径	(44.000±0.008)mm	2～4号主轴颈关于1号和5号主轴颈的跳动	0.035mm
曲轴轴向间隙	0.15～0.38mm		
曲轴主轴承孔直径	主轴承孔：(51.875±0.007)mm 其他轴承孔：(51.875±0.011)mm	主轴瓦数量	上下各5片
		型号	主轴瓦上瓦有油孔和油槽，其中1号上主轴瓦有涂层，4号上主轴瓦为带有止推片的翻边轴瓦。其他三个轴瓦型号一致
曲轴主轴承间隙(1号轴承)	0.011～0.070mm		
曲轴主轴承间隙(2～5号轴承)	0.012～0.067mm	止推片	没有单独的止推片，与4号上主轴瓦加工为一体，成为翻边轴瓦
曲轴主轴颈直径	(47.000±0.008)mm		
曲轴主轴颈不圆度	0.005mm	止推片厚度	1.7275～1.7775mm

表 15-4 发动机气缸盖数据

项目	规格	项目	规格
材料	铝合金	气门座锥角(底切面)	120°
缸盖高度	(130.350±0.125)mm	气缸孔锥度	0°
平面度	0.1mm	液压挺柱型号	液压挺柱，凸轮轴直接驱动
气门座锥角(泄压面)	50°	液压挺柱外径	(11.993±0.007)mm
气门座锥角(底座面)	90°		

表 15-5 发动机凸轮轴数据

项目	规格	项目	规格
型号	双顶置组合式凸轮轴	凸轮轴轴颈直径(2～6号轴颈)	23.935～23.960mm
轴承	6挡轴承	凸轮轴止推宽度	33.175～33.525mm
驱动	正时链条驱动	凸轮轴轴向间隙	0.40～0.66mm
凸轮轴轴颈直径(1号轴颈)	30.935～30.960mm	凸轮轴轴颈间隙	0.040～0.085mm

表 15-6 发动机活塞连杆数据

项目	规格	项目	规格
活塞和销		活塞环凹槽宽度(机油控制面)	2.03～2.05mm
活塞销间隙(连杆孔)	0.007～0.020mm	活塞至孔间隙(带聚合物)	−0.017～+0.029mm
活塞销间隙(活塞销孔)	0.002～0.010mm	活塞环	
活塞销直径	17.997～18.000mm	型号	2道气环，1道油环
活塞销端隙	0.18～0.79mm	第一道气环	钢带环，环高1.2 (−0.03，−0.01)mm
活塞直径(活塞顶部下方38mm)	73.957～73.971mm		
活塞与气缸配合间隙	0.021～0.051mm	第二道气环	铸铁环，环高1.2 (−0.03，−0.01)mm
活塞销孔径	18.002～18.010mm		
活塞环凹槽宽度(顶面)	1.23～1.25mm	油环	三片式油环，环高 (1.92±0.07)mm
活塞环凹槽宽度(次级面)	1.23～1.25mm		

项目	规格	项目	规格
活塞环		连杆	
活塞环到环槽的公差 　第一道气环 　第二道气环 　油环	 0.03~0.08mm 0.03~0.07mm 0.050~0.190mm	连杆轴承至曲轴销间隙	0.013~0.068mm
		连杆孔径(轴承端)	47.186~47.202mm
		连杆孔径(活塞销端,带衬套)	18.007~18.017mm
活塞环装配切口间隙 　第一道气环 　第二道气环 　油环	 0.25~0.4mm 0.40~0.60mm 0.25~0.75mm	连杆侧隙	0.090~0.350mm

表 15-7　发动机润滑数据

项目	规格	项目	规格
油泵型号	叶片式机油泵	机油压力	200~480kPa
机油滤清器	全流式	机油容量	4.5L

表 15-8　发动机扭矩数据（一）

项目	扭矩	项目	扭矩
变速器悬置到变速器支架(螺栓)	90~110N·m	油压传感器	31~39N·m
变速器悬置到变速器支架(螺母)	90~110N·m	连杆	25N·m+75°
		机油导流板到下曲轴箱	8~12N·m
下系杆安装支架到变速器	45~55N·m+(40°~50°)	PVC回油管到下曲轴箱	8~12N·m
下系杆到下系杆安装支架	90~110N·m	主轴承盖到气缸体	15N·m+(176°~184°)
		下曲轴箱到气缸体	8~12N·m
空调管到压缩机	19~25N·m	曲轴位置传感器	8~12N·m
蓄电池支架到车身	40~50N·m	空调压缩机到发动机	19~25N·m
蓄电池托盘固定	19~25N·m	涡轮增压器回油管到缸体	8~12N·m
发动机支架到发动机	58~62N·m	上油底壳到下曲轴箱	8~12N·m
发动机悬置到车身	55~65N·m	控制阀连接器到上油底壳	8~12N·m
发动机悬置到发动机支架(螺母)	72~88N·m+(55°~65°)	下油底壳到上油底壳	8~12N·m
发动机悬置到发动机支架(螺栓)	72~88N·m+(55°~65°)	凸轮轴盖到气缸盖	14~16N·m
飞轮到曲轴	30N·m+70°	PCV阀到凸轮轴盖	8~12N·m
气缸盖水道	53~67N·m	PCV阀到涡轮增压器接头	8~10N·m
气缸盖到气缸体	30N·m+240°	高压油管支架到凸轮轴盖	8~12N·m
气缸体水道	53~67N·m		
气缸体油道	45~55N·m	曲轴减振器到曲轴	100N·m+(176°~184°)
冷喷嘴到缸体	8~12N·m	前罩盖到气缸体	14~16N·m
爆震传感器	15~25N·m		

表 15-9　发动机扭矩数据（二）

项目	扭矩	项目	扭矩
前罩盖到气缸体	51～65N·m	机械真空泵到气缸盖	21～29N·m
上油底壳到前罩盖	8～12N·m	软管（中冷器到发动机）到发动机	7～10N·m
定轨到气缸体	8～12N·m	涡轮增压器到气缸盖	21～29N·m
张紧轨到气缸体	21～29N·m	涡轮增压器回油管到涡轮增压器	9～11N·m
上导轨到凸轮轴盖	8～12N·m	涡轮增压器进液管到涡轮增压器	31～39N·m
调相器到凸轮轴	20N·m+90°	涡轮增压器进油管到涡轮增压器	18～22N·m
正时链张紧器到气缸体	21～29N·m	涡轮增压器隔热罩到涡轮增压器	8～12N·m
机油泵到下曲轴箱	9～11N·m	涡轮增压器排液管到凸轮轴盖	8～12N·m
机油泵张紧器到下曲轴箱	8～12N·m	涡轮增压器排液管到涡轮增压器	31～39N·m
凸轮轴轴承盖到气缸盖	10～14N·m	出水口总成到发动机	8～12N·m
进气歧管到缸盖	8～12N·m	油冷器到水泵	8～12N·m
TMAP 到进气歧管	4～5N·m	水泵到气缸体	22～28N·m
机油集滤器到机油泵	8～12N·m	滤清器	26～34N·m

第二节　1.5L 发动机

一、机油加注

① 更换机油时含机油滤清器滤芯的加注量为 4.5L。
② 放油螺栓力矩为 35～40N·m。
③ 机油滤清器盖安装力矩为 16～18N·m。

二、发动机相关数据（表 15-10～表 15-16）

表 15-10　发动机主体数据

项目	规格
型号	1.5L 涡轮增压汽油机，16 气门，双顶置凸轮轴，可变进气凸轮正时
气缸的布置	4 缸，直列式，横置，第一缸在发动机的前方
气缸口直径	75mm
行程	84.8mm
排量	1.498L
点火顺序	1-3-4-2
压缩比	9.5∶1
旋转方向	从发动机的前端看，顺时针方向
额定功率	95kW(5500r/min)
最大扭矩	210N·m(2000～4500r/min)
怠速转速	(750±50)r/min
发动机最高速	6800r/min
质量（不含机油，PAS，A/C，离合器总成）	128.7kg(MT)，115.2kg(AT)

表 15-11　发动机曲轴数据

项目	规格	项目	规格
曲轴		主轴瓦	
曲轴的轴向间隙 维修值极限	(0.205±0.100)mm 0.34mm	数量	上下各5片
主轴承孔直径 等级A 等级B	53.690～53.700mm 53.680～53.690mm	型号	钢背层,合金钢,上半轴瓦有油道
		止推片	第四主轴承座上有左右两片,贴合于缸体止推面上
主轴颈直径 等级0 等级1 曲轴连杆颈直径 最大失圆度	49.993～50.000mm 49.992～49.984mm 48.000～47.984mm 0.008mm	止推垫片的厚度 轴承间隙	2.810～2.855mm 0.020～0.054mm

表 15-12　发动机气缸体和活塞数据

项目	规格
气缸体	
材料 气缸套类型 气缸套直径	铸铁,HT250 自加工平台网纹珩磨缸套 74.985～75.000mm
连杆	
型号 中心之间的距离	胀断连杆,材料C70S6 (143.70±0.05)mm
活塞销型式 装入连杆 长度	半浮式 过盈 51.7～52.0mm
连杆轴瓦	
间隙 轴向窜动	0.020～0.071mm 0.100～0.246mm
活塞	
型号 活塞直径 活塞销口处的公差 最大椭圆度	铝合金,表面石墨处理,热膨胀时朝活塞销处偏移 74.941～74.959mm 0.009～0.020mm 0.002mm
活塞环	
型号 第一道气环 第二道气环 油环	2道气环,1道油环 外圆为桶面,表面氮化处理,采用PVD涂层 鼻形,表面磷化处理 弹簧渗氮处理,刮片磷化处理,外圆面PVD涂层
活塞环到环槽的公差 第一道气环 第二道气环 油环	0.040～0.080mm 0.030～0.07mm 0.01～0.03mm
活塞环装配切口间隙(从缸套口20mm处测量) 第一道气环 第二道气环 油环	0.15～0.30mm 0.37～0.57mm 0.10～0.50mm

续表

项目	规格
活塞环境宽度 　第一道气环 　第二道气环 　油环	 0.970～0.990mm 1.170～1.190mm 1.880～1.980mm

表 15-13 发动机气缸盖和气门数据

项目	规格	项目	规格
缸盖		气门正时	
材料	铝合金	进气门 　开启 　关闭 　最大升程	 20°(ATDC) 76°(ABDC) 8.2mm
缸盖弯曲(最大限度)	0.05mm		
缸盖高度 　新的 　光面极限	 118.95～119.05mm 0.20mm	排气门 　开启 　关闭 　最大升程	 25°(BBDC) 15°(ATDC) 7.3mm
凸轮轴			
型号	直接作用在机械挺柱处的双顶置凸轮轴	气门	
轴承	每个凸轮轴 5 个，直线式排列	气门杆直径 　进气门 　排气门	 5.952～5.967mm 5.947～5.962mm
驱动	曲轴齿轮处链条驱动		
凸轮轴轴向间隙 维修值极限	0.06～0.19mm 0.30mm	气门杆至气门导管的间隙 　进气门 　排气门	 0.033～0.073mm 0.038～0.078mm
轴承间隙 维修值极限	前端 0.025～0.066mm，后端 0.024～0.066mm 0.15mm		
机械挺柱		气门杆配合高度 　新的进气门 　新的排气门 　维修值极限	 50.021～50.881mm 49.925～50.785mm 0.26mm
型号	机械挺柱，凸轮轴直接驱动		
机械挺柱的外径	29.964～29.980mm		

表 15-14 发动机润滑数据

项目	规格	项目	规格
油泵的型号 内外转子啮合间隙 转子与泵盖端面间隙	链驱动转子泵 0.03～0.11mm 0.05～0.086mm	限压阀弹簧的自由长度	(67.95±1.00)mm
		机油滤清器	旋转式全流机油滤清器
		3500r/min 限压阀的截止压力	0.54～0.658MPa

表 15-15 发动机扭矩数据（一）

项目	扭矩	项目	扭矩
变速箱悬置到车身	55～65N·m	发动机悬置到车身	55～65N·m
变速箱悬置支架到变速箱	75～89N·m	下系杆支架到变速箱	45～55N·m+(40°～50°)
		下系杆到前副车架	90～110N·m
双头螺柱到发动机悬架（双头螺柱）	15～18N·m	发动机悬置到发动机(螺栓)	90～110N·m
发动机悬置到气缸体	40～50N·m	发动机悬置到发动机(螺母)	90～110N·m

续表

项目	扭矩	项目	扭矩
变速箱悬置到变速箱支架	90～110N·m	链导轨及张紧导轨	22～28N·m
空滤支架到车身（螺母）	5～7N·m	上导轨到缸盖前凸轮轴承盖	8～12N·m
中冷软管到节气门进气管（卡箍）	4.5～5.5N·m	正时链张紧器到缸盖	77～83N·m
增压器到空滤（卡箍）	2.5～3.5N·m	凸轮轴链轮到凸轮轴	(25 ± 3)N·m+$(45°\pm2°)$
蓄电池托盘到车身	40～50N·m	进气调相器到凸轮轴	70～80N·m
变速箱悬置支架到变速箱	50～64N·m	机油泵链轮到机油泵	22～28N·m
下系杆支架到变速箱	50～64N·m	凸轮轴承盖到缸盖	8～12N·m
飞轮到曲轴（螺栓）	25N·m+60°	点火线圈	8～12N·m
飞轮到曲轴（螺母）	32～38N·m+$(60°\pm2°)$	缸盖到机体	(30 ± 2)N·m+90°+$[(90°+45°)\pm2°]$
曲轴减振器到曲轴	(60 ± 2)N·m+$(120°\pm2°)$	缸盖链仓到气缸体	10～12N·m
正时链上盖板到缸盖	8～12N·m	机油控制阀到缸盖	5～7N·m
正时链下盖板到机体及下曲轴箱	8～12N·m	节温器盖到缸盖	8～12N·m
		交流发电机到气缸盖	40～50N·m
水泵皮带轮到水泵	9～11N·m	火花塞	20～30N·m

表 15-16 发动机扭矩数据（二）

项目	扭矩	项目	扭矩
正时链上盖板到缸盖	8～12N·m	隔热罩到排气歧管（双头螺栓）	4～6N·m
下曲轴箱到气缸体	22～30N·m	排气歧管到增压器（双头螺栓）	13～17N·m
主轴承盖到气缸体	(20 ± 2)N·m+$[(90°+45°)\pm2°]$	增压器到催化器（双头螺栓）	20～25N·m
连杆	(15 ± 2)N·m+$(80°\pm2°)$		
油道堵塞到缸体	35～45N·m	增压器到排气歧管（螺母）	18～22N·m
曲轴后油封	8～12N·m		
机油泵到下曲轴箱	8～12N·m	增压器支架到增压器	26～28N·m
挡油板到下曲轴箱	8～12N·m		
机油滤清器	16～18N·m	增压器支架到缸体	50～52N·m
下曲轴箱（螺塞）	35～40N·m	增压器到催化器（螺母）	55～75N·m
排气歧管到缸盖	13～17N·m		
排气歧管到缸盖	12～16N·m	增压器到中冷器（卡箍）	2.5～3.5N·m
隔热罩到排气歧管（螺母）	8～12N·m	散热器水管固定支架	4～6N·m
隔热罩到催化器	4～6N·m	机油冷却器盖到机油冷却器	25～30N·m
排放控制阀到排放控制阀支架（螺栓）	5～7N·m	增压器进油管到增压器	18～22N·m
排放控制阀到排放控制阀支架（螺母）	7～10N·m		

续表

项目	扭矩	项目	扭矩
增压器进油管到缸体（螺母）	17～21N·m	增压器回油管到增压器	7～10N·m
隔热罩到排气歧管（螺母）	8～12N·m	增压器回油管到缸体	7～10N·m
隔热罩到催化器	8～12N·m		

第三节 1.8L 发动机

一、机油加注

① 更换机油时含机油滤清器滤芯的加注量为 4.9L。
② 放油螺栓力矩为 25～30N·m。
③ 机油滤清器盖安装力矩为 16～20N·m。

二、发动机扭矩数据（表 15-17）

表 15-17　发动机扭矩数据

项目	扭矩	项目	扭矩
凸轮轴架到气缸盖	7～10N·m	压缩机到压缩机安装支架	22～28N·m
排气凸轮轴后油封盖板到气缸	22～28N·m	发电机到发电机下支架	40～50N·m
火花塞	22～28N·m	正时带后上盖到冷却液泵（螺钉）	8～11N·m
进气歧管到气缸盖（螺母）	15～18N·m		
排气歧管到气缸盖（螺母）	40～50N·m	凸轮轴带轮到凸轮轴	61～68N·m
轴承座到缸体	28～32N·m	凸轮轴盖到凸轮轴架	7～10N·m
连杆大头盖到连杆	10～22N·m＋(40°～50°)	CMP 传感器螺栓到凸轮轴盖	8N·m
机油轨到轴承座	7～10N·m		
机油集滤器到机油轨	7～10N·m	进气凸轮轴后油封盖板到气缸盖	5～7N·m
油底壳到轴承座	28～32N·m	点火线圈	8N·m
油标尺管到缸体	7～10N·m	火花塞盖到凸轮轴盖（螺钉）	7～10N·m
油标尺管支架和节温器壳体到缸体	7～10N·m		
机油泵到缸体	8～11N·m	排气歧管到涡轮增压器（螺母）	28～32N·m
飞轮（变矩器驱动盘）到曲轴	70～85N·m	机油进油管到机油滤清器（螺母）	17～21N·m
气缸盖到气缸体	20N·m＋180°＋135°	发动机线束到机油泵	9N·m
发电机上支架到缸盖（螺栓）	22～28N·m	机油滤清器	16～20N·m
发电机上支架到缸盖（螺母）	8～11N·m	油底壳放油	25～30N·m
发电机隔热板到发电机下支架	25N·m	变速器到发动机	75～90N·m

续表

项目	扭矩	项目	扭矩
发动机下系杆支架到油底壳	90~110N·m	变速器左液压悬置支架到车身	85N·m
发动机下系杆到下系杆支架	90~110N·m	变速器悬置到车身支架	50~65N·m
		变速器支架到悬置	90~110N·m
前排气管到涡轮增压器（螺母）	45~55N·m	前轮毂到前下摆臂球节	40~50N·m
		中间轴支撑轴承到发动机	25N·m
固定正时带前上盖(螺钉)	5N·m	系杆固定(螺母)	30N·m
正时带前上盖到后上盖（螺钉）	5N·m	发动机下系杆到副车架	90~110N·m
曲轴带轮减振器	200~210N·m	压缩机到发动机上	22~28N·m
公路型车轮	115~130N·m	PAS出口软管到PAS泵	22N·m
发动机右液压悬置到车身	90~110N·m	PAS进口软管到PAS泵	10N·m
发动机右液压悬置到发动机	90~110N·m	软管支撑支架到冷却导管	10N·m
动力转向储液罐到发动机右液压悬置	7~10N·m	发动机接地导线到变速器	85N·m
		蓄电池导线到起动机	6~10N·m
正时带前下盖到气缸体	8~11N·m	空气滤清器安装支架到车身	45N·m
PAS皮带张紧器	25N·m		
正时带张紧轮到缸盖	20~23N·m	变速器左安装支架到变速器左液压悬置(螺母)	90~110N·m
安装支架到变速器	70~90N·m	发电机到发电机上支架	40~50N·m

第十六章 长安车系

第一节 1.0L 发动机

一、机油加注

① 更换机油时含机油滤清器滤芯的加注量为 4.0L。
② 放油螺栓力矩为 50～60N·m。
③ 机油滤清器盖安装力矩为 20N·m。

二、发动机扭矩数据（表 16-1 和表 16-2）

表 16-1 发动机扭矩数据（一）

序号	项目	规格	序号	项目	规格
1	发动机型式	立式、直列 3 缸、水冷、4 冲程、双顶置凸轮轴	7	排量	0.999L
			8	压缩比	10∶1
2	供油方式	直接喷射	9	最大功率	86kW(5400r/min)
3	进气方式	废气涡轮增压	10	最大扭矩	180N·m(1500～4200r/min)
4	正时驱动方式	正时链条	11	急速转速	(900±50)r/min
5	气缸直径	72mm	12	点火顺序	1-2-3
6	活塞行程	81.8mm	13	火花塞型号	HU10B80P

表 16-2 发动机扭矩数据（二）

序号	项目	规格
1	油道堵塞(R21/2)	30～35N·m
2	曲轴箱 R21/8 螺塞	(12±1)N·m
3	活塞冷却喷嘴总成	(20±2)N·m
4	放油螺塞	50～60N·m
5	凸轮轴与相位器连接螺栓	(70±5)N·m
6	机油控制阀安装螺栓	(5.5±0.5)N·m
7	凸轮轴盖螺栓	(10±1)N·m

续表

序号	项目	规格
8	正时链条导轨安装螺栓	(16±2)N·m
9	信号盘螺钉	(12±1)N·m
10	气缸盖罩安装短螺栓	(10±1)N·m
11	主轴承盖螺栓	转角法：(40±2)N·m+(60°±3°)
12	气缸盖连接螺栓	转角法：(25±2)N·m+(225°±6°)
13	连杆螺栓	转角法：(25±2)N·m+(60°±3°)
14	曲轴减振皮带轮螺栓	转角法：(160±5)N·m+(120°±5°)
15	飞轮螺栓	转角法：(50±2)N·m+(60°±3°)

第二节　1.6L发动机

一、机油加注

① 更换机油时含机油滤清器滤芯的加注量为3.5L。
② 放油螺栓力矩为55N·m。
③ 机油滤清器盖安装力矩为14N·m。

二、发动机扭矩数据（表16-3和表16-4）

表16-3　发动机扭矩数据（一）

项目	规格	项目	规格
发动机型式	立式、直列4缸、水冷、4冲程、双顶置凸轮轴	凸轮轴	
		径向跳动量	0.01mm
供油方式	多点喷射	凸轮轴直径	25mm
进气方式	自然吸气	凸轮轴轴颈孔直径	4mm
正时驱动方式	正时链条	凸轮轴轴颈间隙	0.021mm
气缸直径	78mm	缸盖	
活塞行程	83.6mm	缸盖表面的平面度	0.03mm
排量	1.598L	机加工后最小总高	146.95mm
压缩比	10.4∶1	总高	189mm
最大功率	91kW(6000r/min)	歧管配合面的变形	0.05mm
最大扭矩	156N·m(4000～5000r/min)	气门弹簧	
怠速转速	670～770r/min	气门弹簧自由长度	48mm
点火顺序	1-3-4-2	气门弹簧预负荷	520N
火花塞型号	HU10B80P	气门弹簧垂直度	1.44mm
凸轮轴		气门	
进气凸轮高度	38.477mm	进气门直径	31.9～32.1mm
凸轮高度	38.477mm	排气门直径	26.7～26.8mm

续表

项目	规格	项目	规格
气门		曲轴	
气门杆直径	进气门:5.465～5.480mm 排气门:5.450～5.465mm	连杆轴颈失圆度(最大)	0.008mm
气门杆与导管的间隙	进气门:0.032～0.047mm 排气门:0.047～0.062mm	连杆轴承间隙(油膜厚度)	0.020～0.046mm
		连杆轴承轴向间隙	0.10～0.25mm
气门杆末端偏移极限	进气门:0.01mm 排气门:0.01mm	主轴颈径向跳动极限	0.03mm
		主轴轴向间隙	0.1～0.3mm
气门头厚度	进气门:2.90～3.20mm 排气门:2.90～3.20mm	曲轴止推片的标准厚度	2.500mm
		曲轴止推片加大0.125mm后的厚度	2.625mm
气门印痕标准宽度	进气门:1.6mm 排气门:1.6mm	主轴颈的锥度和椭圆度	0.005mm
气门间隙	进气门:0 排气门:0	主轴承与主轴颈间隙	0.012～0.032mm
活塞		主轴颈直径	1组:44.994～45.000mm 2组:44.988～44.994mm 3组:44.982～44.988mm
活塞标准直径	1组:77.958～77.972mm 2组:77.948～77.962mm	主轴承盖孔径(无轴承)	1组:150.000～50.006mm 2组:250.006～50.012mm 3组:350.012～50.018mm
加大尺寸0.25mm	1组:78.208～78.222mm 2组:78.198～78.212mm		
加大尺寸0.5mm	1组:78.458～78.472mm 2组:78.448～78.462mm	主轴承厚度	1组:2.502～2.506mm 2组:2.499～2.503mm 3组:2.496～2.500mm 4组:2.493～2.497mm 5组:2.490～2.494mm
至缸套间隙	1组:0.038～0.062mm 2组:0.038～0.062mm		
活塞环槽间隙	第1道环:1.23～1.25mm 第2道环:1.22～1.24mm	飞轮端面跳动极限值	0.2mm
		气缸体	
活塞环端隙	第1道环:0.35～0.50mm 第2道环:0.20～0.50mm	气缸锥度和失圆度极限	0.01mm
		平面度	0.03mm
曲轴		气缸直径	1组:78.01～78.02mm 2组:78.00～78.01mm
连杆轴颈直径	1组:42.994～43.000mm 2组:42.988～42.994mm 3组:42.982～42.988mm		
		气缸直径极限	78.5mm

表16-4 发动机扭矩数据（二）

序号	项目	规格	序号	项目	规格
1	机油压力传感器	30N·m	8	前罩壳与缸盖连接短螺栓	32N·m
2	气门室罩盖螺栓	10N·m	9	前罩壳与曲轴箱连接螺栓	10N·m
3	进气歧管螺母	23N·m	10	水泵皮带轮定螺栓	23N·m
4	排气歧管螺母	23N·m	11	张紧器与缸体连接螺栓	106N·m
5	正时链条张紧器螺栓	10N·m	12	张紧器和水泵连接螺栓	30N·m
6	正时链条导轨螺栓	23N·m	13	油盘螺栓和螺母	10N·m
7	前罩壳与缸盖连接长螺栓	32N·m	14	油盘放油塞	55N·m

续表

序号	项目	规格	序号	项目	规格
15	动力转向泵支架螺栓	23N·m	23	凸轮轴位置传感器盖固定螺栓	10N·m
16	油泵螺栓	23N·m	24	缸盖高压油塞	12N·m
17	前端轮系惰轮与前罩壳连接螺栓	50N·m	25	缸盖螺栓	25N·m+180°
18	曲轴皮带轮组合螺栓	120N·m+90°	26	连杆轴承盖螺母	16N·m+90°
19	整体凸轮轴盖螺栓	11N·m	27	曲轴主轴承盖螺栓	25N·m+180°
20	发动机右悬挂托架软垫总成固定螺栓	50N·m	28	飞轮螺栓	76N·m
21	负极线固定螺塞	10N·m	29	发动机安装件及支架螺栓和螺母	87N·m
22	凸轮轴与相位器连接螺栓	75N·m			

第十七章 众泰车系

第一节 1.5L（15S4G）发动机

发动机相关数据见表17-1～表17-5。

表17-1 发动机常规数据

序号	项目	规格
1	总排量	1.498L
2	型号	涡轮增压汽油机,16气门,双顶置凸轮轴,可变进气凸轮正时
3	气缸的布置	4缸,直列式,横置,第一缸在发动机的前方
4	气缸口直径	75mm
5	行程	84.8mm
6	点火顺序	1-3-4-2
7	压缩比	9.5∶1
8	额定功率	119kW(5500r/min)
9	最大扭矩	215N·m(2000～4000r/min)
10	怠速转速	(750±50)r/min
11	发动机最高速	6800r/min
12	质量(不含机油,MT,PAS,A/C,离合器总成)	127kg
13	内外转子啮合间隙	0.03～0.11mm
14	转子与泵盖端面间隙	0.05～0.086mm
15	限压阀弹簧的自由长度	(67.95±1)mm
16	机油滤清器	旋转式全流机油滤清器

表17-2 发动机曲轴维修数据

序号	项目	规格
1	曲轴的轴向间隙	(0.205±0.100)mm
2	维修值极限	0.34mm
3	主轴承孔直径	等级A:53.690～53.700mm 等级B:53.680～53.690mm

续表

序号	项目	规格
4	主轴颈直径	等级 0:49.993~50.000mm 等级 1:49.992~49.984mm 曲轴连杆颈直径:48.000~47.984mm 最大失圆度:0.008mm
5	主轴瓦	数量:上下各5片止推片 第四主轴承座上有左右两片,贴合于缸体止推面上 止推垫片的厚度为2.810~2.855mm;轴承间隙为0.020~0.054mm

表 17-3 发动机气缸体和活塞维修数据

序号	项目	规格
1	气缸体	材料:铸铁,HT250 气缸套类型:自加工平台网纹珩磨缸套 气缸套直径:74.985~75.000mm
2	连杆	中心之间的距离:(143.70±0.05)mm 活塞销型式:半浮式 装入连杆:过盈 过盈:51.7~52.0mm
3	连杆轴瓦	间隙:0.020~0.071mm 轴向窜动:0.100~0.246mm
4	活塞及活塞环	活塞直径:74.941~74.959mm 活塞销口处的公差:0.009~0.020mm 最大椭圆度:0.002mm 第一道气环:外圆为桶面,表面氮化处理,采用PVD涂层 第二道气环:鼻形,表面磷化处理 油环:弹簧渗氮处理,刮片磷化处理,外圆面用PVD涂层
5	活塞环到环槽的公差	第一道气环:0.040~0.080mm 第二道气环:0.030~0.07mm 油环:0.01~0.03mm
6	活塞环宽度	第一道气环:0.15~0.30mm 第二道气环:0.37~0.57mm 油环:0.10~0.50mm
7	活塞环装配切口间隙(从缸套口20mm处测量)	第一道气环:0.970~0.990mm 第二道气环:1.170~1.190mm 油环:1.880~1.980mm

表 17-4 发动机气缸盖和气门维修数据

序号	项目	规格
1	缸盖	材料:铝合金 缸盖弯曲最大程度:0.05mm
2	缸盖高度	新的:118.95~119.05mm 光面极限:0.20mm
3	凸轮轴	轴承:每个凸轮轴5个,直线式排列 驱动:曲轴齿轮处链条驱动
4	凸轮轴轴向间隙	0.06~0.19mm
5	凸轮轴维修值极限	0.30mm

续表

序号	项目	规格
6	轴承间隙	前端0.025～0.066mm，后端0.024～0.066mm
7	轴承维修值极限	0.15mm
8	机械挺柱的外径	29.964～29.980mm
9	气门正时	进气门 开启：20°，ATDC 关闭：76°，ABDC 最大升程：8.2mm 排气门 开启：25°，BBDC 关闭：15°，ATDC 最大升程：7.3mm
10	气门杆直径	进气门：5.952～5.967mm 排气门：5.947～5.962mm
11	气门杆至气门导管的间隙	进气门：0.033～0.073mm 排气门：0.038～0.078mm
12	气门杆配合高度	新的进气门：50.021～50.881 新的排气门：49.925～50.785 维修值极限：0.26mm
13	气门头的直径	进气门：29.2～29.4mm 排气门：24.0～24.2mm
14	气门座宽度	进气门：1.0～1.4mm 排气门：1.4～1.8mm 气门座表面的角度（进气门和排气门） 进气：150°，90°，60° 排气：150°，90°，60°
15	气门间隙	进气门：0.11～0.19mm 排气门：0.20～0.28mm
16	气门弹簧	自由长度：45.36mm 安装长度：37.0mm 装配载荷：(185±10)N·m 进气门开启载荷：(408±21)N·m
17	排气门开启载荷	(384±21)N·m

表 17-5 发动机扭矩数据

序号	项目	规格
1	发动机悬置到气缸体	40～50N·m
2	飞轮到曲轴（螺栓）	25N·m+60°
3	飞轮到曲轴（螺母）	32～38N·m+(60°±2°)
4	曲轴减振器到曲轴	(60±2)N·m+(120°±2°)
5	正时链上盖板到缸盖	8～12N·m
6	正时链下盖板到机体及下曲轴箱	8～12N·m
7	水泵皮带轮到水泵	9～11N·m
8	链导轨及张紧导轨	22～28N·m

续表

序号	项目	规格
9	上导轨到缸盖前凸轮轴承盖	8～12N·m
10	正时链张紧器到缸盖	77～83N·m
11	凸轮轴链轮到凸轮轴	(25 ± 3)N·m+$(45°\pm2°)$
12	进气调相器到凸轮轴	70～80N·m
13	机油泵链轮到机油泵	22～28N·m
14	凸轮轴承盖到缸盖	8～12N·m
15	点火线圈	8～12N·m
16	缸盖到机体	(30 ± 2)N·m+90°+$[(90°+45°)\pm2°]$
17	缸盖链舱到气缸体	10～12N·m
18	机油控制阀到缸盖	5～7N·m
19	节温器盖到缸盖	8～12N·m
20	交流发电机到气缸盖	40～50N·m
21	火花塞	20～30N·m
22	正时链上盖板到缸盖	8～12N·m
23	下曲轴箱到气缸体	22～30N·m
24	主轴承盖到气缸体	(20 ± 2)N·m+$[(90°+45°)\pm2°]$
25	连杆	(15 ± 2)N·m+$(80°\pm2°)$
26	油道堵塞到缸体(油道堵塞)	35～45N·m
27	曲轴后油封	8～12N·m
28	机油泵到下曲轴箱	8～12N·m
29	挡油板到下曲轴箱	8～12N·m
30	机油滤清器	16～18N·m
31	下曲轴箱(螺塞)	35～40N·m
32	排气歧管到缸盖(双头螺柱)	13～17N·m
33	排气歧管到缸盖	12～16N·m
34	隔热罩到排气歧管(螺母)	8～12N·m
35	隔热罩到催化器	4～6N·m
36	排放控制阀到排放控制阀支架(螺栓)	5～7N·m
37	排放控制阀到排放控制阀支架(螺母)	7～10N·m
38	隔热罩到排气歧管(双头螺栓)	4～6N·m
39	排气歧管到增压器(双头螺栓)	13～17N·m
40	增压器到催化器(双头螺栓)	20～25N·m
41	增压器到排气歧管(螺母)	18～22N·m
42	增压器支架到增压器	26～28N·m
43	增压器支架到缸体	50～52N·m
44	增压器到催化器(螺母)	55～75N·m
45	增压器到中冷器(卡箍)	2.5～3.5N·m
46	增压器到空滤(卡箍)	2.5～3.5N·m

续表

序号	项目	规格
47	散热器水管固定支架	4~6N·m
48	机油冷却器盖到机油冷却器	25~30N·m
49	增压器进油管到增压器	18~22N·m
50	增压器进油管到缸体(螺母)	17~21N·m
51	隔热罩到排气歧管(螺母)	8~12N·m
52	隔热罩到催化器	8~12N·m
53	增压器回油管到增压器	7~10N·m
54	增压器回油管到缸体	7~10N·m
55	电子节气门到进气歧管	8~12N·m

第二节 1.8L(TN4G18T)发动机

发动机常规数据和扭矩数据见表17-6和表17-7。

表17-6 发动机常规数据

序号	项目	众泰汽车TN4G18T
1	总排量	1.799L
2	结构特点	L4,DVVT,DOHC,TC
3	缸径×行程	84mm×81.2mm
4	压缩比	9.0:1
5	气缸数	4个
6	额定转速	5800r/min
7	最大功率	125kW(5800r/min)
8	最大扭矩	245N·m(2000~4000r/min)
9	最低空车稳定转速	700r/min
10	全负荷最低燃油消耗率	285g/(kW·h)
11	曲轴旋转方向(面对飞轮端)	逆时针
12	点火顺序	1-3-4-2
13	启动方式	电启动
14	润滑方式	压力润滑、飞溅润滑
15	外形尺寸(长×宽×高)	714mm×674mm×674mm
16	净质量	145kg
17	额定功率时	
	排气温度(总管)	900℃
	冷却液温度	110℃
	机油温度(主油道)	125℃
	主油道最大压力	600kPa

续表

序号	项目	众泰汽车 TN4G18T
18	最低稳定转速时机油压力（机油温度 75～90℃）	70kPa
19	气门间隙（冷态）	进气：(0.22 ± 0.04)mm；排气：(0.30 ± 0.04)mm
20	机油最大填充量（含机滤内 0.3L）	4.0L

表 17-7 发动机扭矩数据

序号	项目	规格
1	主轴承盖螺栓	(19.6 ± 2.45)N·m$+(90°\pm5°)$
2	气缸盖螺栓	(20 ± 2.5)N·m$+(90°\pm5°)+(90°\pm5°)$
3	内六角圆柱头螺钉（紧固活塞冷却喷嘴）	8～10.8N·m
4	六角法兰面螺栓（紧固变速器隔板）	8～10.8N·m
5	六角法兰面螺栓（紧固凸轮轴承盖）	8～10.8N·m
6	六角法兰面螺栓（紧固第一轴承及后端盖）	20～28.8N·m
7	六角法兰面螺栓（紧固真空泵总成）	8～10.8N·m
8	双头螺柱（紧固排气歧管）	7.9～11.7N·m
9	六角法兰面螺栓（紧固阀）	8～10.8N·m
10	气缸盖罩螺栓	8～10.8N·m
11	六角法兰面螺母（紧固线束支架及燃油管支架总成）	8～10.8N·m
12	气缸盖罩螺栓	8～10.8N·m
13	连杆螺栓	25N·m$+90°$
14	皮带轮螺栓	220N·m$+5$N·m
15	螺钉（紧固曲轴信号盘）	5.9～8.8N·m
16	飞轮螺栓	113～120N·m
17	六角法兰面螺栓（紧固曲轴后油封总成）	8～10.8N·m
18	进气 VVT 紧固螺栓	(60 ± 5)N·m
19	排气 VVT 紧固螺栓	(60 ± 5)N·m
20	动轨总成螺栓	15.7～22.6N·m
21	定轨总成螺栓	6.9～9.8N·m
22	六角法兰面螺栓（紧固正时链上导板总成）	20～28.8N·m
23	六角法兰面螺栓（紧固正时链张紧器总成）	8～10.8N·m
24	六角法兰面螺栓（紧固进气歧管总成）	17～19.8N·m
25	六角法兰面螺栓（紧固进气歧管支架）	17～19.8N·m
26	排气歧管螺栓总成	15～22.5N·m
27	六角法兰面螺母（紧固排气歧管）	19.6～24.5N·m
28	隔热罩螺栓	8～10.8N·m

续表

序号	项目	规格
29	六角法兰面螺栓(紧固油底壳分总成)	8～10.8N·m
30	六角法兰面螺栓(紧固油底壳上体分总成)	20～28.8N·m
31	内六角花形盘头螺钉(紧固油底壳上体分总成)	8～10.8N·m
32	螺栓总成(紧固平衡轴下壳体)	15N·m+38N·m
33	螺钉(紧固机油泵盖总成)	5.9～8.8N·m
34	六角法兰面螺栓(紧固机油泵盖总成)	8～10.8N·m
35	内六角花形盘头螺钉(紧固机油标尺导管总成)	5.9～8.8N·m
36	六角法兰面螺栓(紧固正时链罩壳)	8～10.8N·m
37	六角法兰面螺栓(紧固正时链罩壳)	38～54N·m
38	六角法兰面螺栓(紧固机油机滤器总成)	8～10.8N·m
39	六角法兰面螺栓(紧固机油分离器系统)	4～6N·m
40	六角法兰面螺栓(紧固机油滤清器总成)	20～28.8N·m
41	六角法兰面螺栓(紧固发动机前端吊钩)	20～28.8N·m
42	六角法兰面螺栓(紧固发动机排气侧吊钩)	20～28.8N·m
43	六角法兰面螺栓(紧固燃油导轨总成)	17～19.8N·m
44	六角法兰面螺栓(紧固节气门体总成)	6.9～8N·m
45	六角法兰面螺栓(紧固节温器座、出水管座、节温器盖)	20～28.8N·m
46	六角法兰面螺栓(紧固出水管座)	20～28.8N·m
47	六角法兰面螺栓(紧固小循环胶管夹子)	20～28.8N·m
48	六角法兰面螺栓(紧固暖风回水钢管总成)	8～10.8N·m
49	六角法兰面螺栓(紧固水泵壳体)	20～28.8N·m
50	六角法兰面螺栓(紧固水泵皮带轮)	8～10.8N·m
51	离合器盖螺栓总成(紧固离合器)	17.6～26.5N·m
52	六角法兰面螺栓(紧固凸轮轴位置传感器)	8～10.8N·m
53	六角法兰面螺栓(紧固曲轴位置传感器)	8～10.8N·m
54	六角法兰面螺栓(紧固爆震传感器)	20～28.8N·m
55	六角法兰面螺栓(紧固进气温度压力传感器)	8～10.8N·m
56	六角头螺栓(紧固发电机总成)	32～48N·m
57	六角法兰面螺栓(紧固发电机总成)	20～28.8N·m
58	六角法兰面螺栓(紧固发电机支架)	20～28.8N·m
59	六角法兰面螺栓(紧固发电机支臂)	38～54N·m
60	六角法兰面螺栓(紧固自动张紧器总成)	45～55N·m
61	六角法兰面螺栓(紧固点火线圈)	8～10.8N·m
62	火花塞	20～30N·m

续表

序号	项目	规格
63	增压器螺栓(紧固排气歧管与增压器)	25～30N·m
64	六角法兰面螺栓(紧固增压器支架)	20～28.9N·m
65	空心螺栓(紧固增压器进油管总成)	40～45N·m
66	六角法兰面螺栓(紧固增压器进油管总成)	8～10.8N·m
67	六角法兰面螺栓(紧固增压器进油管总成、回水管总成)	8～10.8N·m
68	六角法兰面螺栓(紧固增压器回油管总成)	8～10.8N·m
69	空心螺栓(紧固增压器进水管、出水管总成)	28～33N·m
70	六角法兰面螺栓(紧固电子水泵)	8～10.8N·m
71	六角法兰面螺栓(紧固电子水泵支架)	20～28.8N·m
72	安装机油压力传感器	15N·m
73	安装水温传感器	39.2N·m

第十八章 荣威车系

第一节 1.5L 发动机

一、机油加注

① 更换机油时含机油滤清器滤芯的加注量为 5.5L。

② 放油螺栓力矩为 21～29N·m。

③ 机油滤清器盖安装力矩为 26～34N·m。

二、发动机相关数据（表 18-1～表 18-7）

表 18-1 发动机常规数据

序号	项目	规格
1	型号	1.5L 涡轮增压汽油机,16 气门,双顶置凸轮轴,可变进排气凸轮正时
2	气缸布置	直列式 4 缸
3	气缸口直径	74mm
4	行程	86.6mm
5	排量	1.490L
6	压缩比	10.0∶1
7	点火次序	1-3-4-2
8	旋转方向	从发动机前端看顺时针
9	额定功率	124kW(5600r/min)
10	最大扭矩	250N·m(1700～4400r/min)
11	怠速转速	680r/min
12	发动机最高转速	6600r/min
13	质量(不含机油,PAS,A/C,离合器总成,DIN 标准目标质量)	116kg
14	火花塞间隙	0.60～0.70mm

表 18-2　发动机缸体数据

序号	项目	规格
1	气缸体材料	铝合金
2	气缸套类型	预铸式蘑菇头缸套
3	气缸孔不圆度	0.013mm
4	表面平面度(缸体顶面,长度达 25mm)	0.025mm
5	表面平面度(缸体顶面,长度达 150mm)	0.05mm

表 18-3　发动机曲轴数据

序号	项目	规格
1	连杆轴颈直径	(44.000±0.008)mm
2	曲轴轴向间隙	0.15～0.38mm
3	曲轴主轴承间隙(1 号轴承)	0.011～0.070mm
4	曲轴主轴承间隙(2～5 号轴承)	0.012～0.067mm
5	曲轴主轴颈直径	(47.000±0.008)mm
6	曲轴主轴颈不圆度	0.005mm
7	2～4 号主轴颈关于 1 号和 5 号主轴颈的跳动	0.035mm
8	主轴瓦数量	上下各 5 片
9	型号	主轴瓦上瓦有油孔和油槽,其中 1 号上主轴瓦有涂层,4 号上主轴瓦为带有止推片的翻边轴瓦。其他三个轴瓦型号一致
10	止推片	没有单独的止推片,与 4 号上主轴瓦加工为一体,成为翻边轴瓦
11	止推片厚度	1.7275～1.7775mm

表 18-4　发动机气缸盖数据

序号	项目	规格	序号	项目	规格
1	材料	铝合金	6	气门座锥角(底切面)	120°
2	缸盖高度	(130.35±0.125)mm	7	气缸孔锥度	0°
3	平面度	0.1mm	8	液压挺柱型号	液压挺柱,凸轮轴直接驱动
4	气门座锥角(泄压面)	排气 50°,进气 56°	9	液压挺柱外径	(11.993±0.007)mm
5	气门座锥角(底座面)	90°			

表 18-5　发动机凸轮轴数据

序号	项目	规格	序号	项目	规格
1	型号	双顶置组合式凸轮轴	5	凸轮轴轴颈直径(2～6 号轴颈)	23.935～23.960mm
2	轴承	6 挡轴承	6	凸轮轴止推宽度	33.175～33.525mm
3	驱动	正时链条驱动	7	凸轮轴轴向间隙	0.40～0.66mm
4	凸轮轴轴颈直径(1 号轴颈)	30.935～30.960mm	8	凸轮轴轴颈间隙	0.040～0.085mm

表 18-6 发动机活塞和销数据

项目	规格	项目	规格
活塞销间隙(连杆孔)	0.007~0.020mm	活塞环	
活塞销间隙(活塞销孔)	0.002~0.010mm	油环	三片式油环,环高(1.92±0.07)mm
活塞销直径	17.997~18.000mm		
活塞销端隙	0.18~0.79mm	活塞环到环槽的公差	
活塞直径(活塞顶部下方38mm)	73.957~73.971mm	第一道气环	0.03~0.08mm
		第二道气环	0.03~0.07mm
活塞与气缸配合间隙	0.021~0.051mm	油环	0.050~0.190mm
活塞销孔径	18.002~18.010mm	活塞环装配切口间隙	
活塞环凹槽宽度(顶面)	1.23~1.25mm	第一道气环	0.25~0.4mm
活塞环凹槽宽度(次级面)	1.23~1.25mm	第二道气环	0.40~0.60mm
活塞环凹槽宽度(机油控制面)	2.03~2.05mm	油环	0.25~0.75mm
活塞环		连杆	
型号	2 道气环,1 道油环	连杆轴承至曲轴销间隙	0.013~0.068mm
第一道气环	钢带环,环高 1.2(−0.03,−0.01)mm	连杆孔径(轴承端)	47.186~47.202mm
第二道气环	铸铁环,环高 1.2(−0.03,−0.01)mm	连杆孔径(活塞销端,带衬套)	19.007~19.017mm
		连杆侧隙	0.090~0.350mm

表 18-7 发动机扭矩数据

序号	项目	规格	序号	项目	规格
1	变速器悬置到变速器支架	50N·m+45°	14	气缸盖水道	53~67N·m
			15	气缸盖到气缸体	30N·m+240°
2	下系杆安装支架到变速器	55~65N·m	16	气缸体水道	53~67N·m
			17	气缸体油道	45~55N·m
3	下系杆到下系杆安装支架	90~110N·m	18	冷喷嘴到缸体	8~12N·m
4	空调管到压缩机	19~25N·m	19	爆震传感器	15~25N·m
5	蓄电池支架到车身	40~50N·m	20	油压传感器	31~39N·m
6	变速器悬置到变速器支架(螺栓)	45~55N·m+(40°~50°)	21	连杆	25N·m+75°
			22	机油导流板到下曲轴箱	8~12N·m
7	变速器悬置到变速器支架(螺母)	45~55N·m+(40°~50°)	23	PCV 回油管到下曲轴箱	8~12N·m
8	发动机支架到发动机	58~62N·m	24	主轴承盖到气缸体	15N·m+(176°~184°)
9	发动机悬置到发动机支架(螺母)	90~110N·m	25	下曲轴箱到气缸体	8~12N·m
10	发动机悬置到发动机支架(螺栓)	90~110N·m	26	曲轴位置传感器	8~12N·m
			27	空调压缩机到发动机	19~25N·m
11	发动机悬置到纵梁	90~110N·m	28	涡轮增压器回油管到缸体	8~12N·m
12	发动机悬置到车身	55~65N·m			
13	飞轮到曲轴	30N·m+70°	29	上油底壳到下曲轴箱	9~11N·m

续表

序号	项目	规格	序号	项目	规格
30	控制阀连接器到上油底壳	8~12N·m	49	TMAP到进气歧管	4~5N·m
31	下油底壳到上油底壳	9~11N·m	50	机油集滤器到机油泵	8~12N·m
32	发动机到变速器	49~67N·m	51	机械真空泵到气缸盖	21~29N·m
33	凸轮轴盖到气缸盖	14~16N·m	52	软管（中冷器到发动机）到发动机	7~10N·m
34	PCV阀到凸轮轴盖	8~12N·m	53	涡轮增压器到气缸盖	21~29N·m
35	PCV阀到涡轮增压器接头	8~10N·m	54	涡轮增压器回油管到涡轮增压器	9~11N·m
36	高压油管支架到凸轮轴盖	8~12N·m	55	涡轮增压器进液管到涡轮增压器	31~39N·m
37	曲轴减振器到曲轴	100N·m+(176°~184°)	56	涡轮增压器进油管到涡轮增压器	18~22N·m
38	前罩盖到气缸体	14~16N·m	57	涡轮增压器隔热罩到涡轮增压器	10~12N·m
39	上油底壳到前罩盖	8~12N·m	58	涡轮增压器排液管到凸轮轴盖	8~12N·m
40	定轨到气缸体	8~12N·m	59	涡轮增压器排液管到涡轮增压器	31~39N·m
41	张紧轨到气缸体	21~29N·m	60	出水口总成到发动机	10~14N·m
42	上导轨到凸轮轴盖	8~12N·m	61	油冷器到水泵	8~12N·m
43	调相器到凸轮轴	20N·m+90°	62	水泵到气缸体	22~28N·m
44	正时链张紧器到气缸体	21~29N·m	63	机油滤清器	26~34N·m
45	机油泵到下曲轴箱	9~11N·m	64	油底壳放油	21~29N·m
46	机油泵张紧器到下曲轴箱	8~12N·m	65	变速器悬置到变速器支架	50N·m+45°
47	凸轮轴轴承盖到气缸盖	10~14N·m			
48	进气歧管到缸盖	8~12N·m			

第二节　2.0L发动机

一、机油加注

① 更换机油时含机油滤清器滤芯的加注量为5.2L。
② 放油螺栓力矩为20~25N·m。
③ 机油滤清器盖安装力矩为20~25N·m。

二、发动机相关数据（表18-8~表18-11）

表18-8　发动机常规数据

序号	项目	规格
1	型号	2.0L汽油机,16气门,双顶置凸轮轴,可变进排气凸轮正时

续表

序号	项目	规格
2	气缸的布置	4缸,直列
3	气缸口直径	88mm
4	行程	82mm
5	排量	1.995L
6	点火顺序	1-3-4-2
7	压缩比	10∶1
8	旋转方向	从发动机前端看顺时针
9	额定功率	162kW(5000～5300r/min)
10	最大扭矩	350N·m(2500～4000r/min)
11	怠速转速	700r/min
12	发动机最高转速	6500r/min
13	质量(不含机油,A/C,离合器总成)	153.2kg

表 18-9　发动机曲轴数据

序号	项目	规格
1	缸体/裙架分级尺寸	等级 A:φ56.000～56.005mm 等级 B:φ56.006～56.011mm 等级 C:φ56.012～56.019mm
2	曲轴主轴颈公差	等级 1:φ51.9810～51.9879mm 等级 2:φ51.9880～51.9939mm 等级 3:φ51.9940～52.0000mm
3	曲轴连杆颈直径	51.981～52.000mm
4	圆柱度	0.004mm
5	主轴瓦数量	上下各5片
6	型号	主轴瓦上瓦有油孔和油道
7	止推片	第四主轴承座上左右止推两处有半片状的垫片,贴合止推面
8	止推片厚度	2.413～2.463mm
9	曲轴轴向间隙	0.094～0.277mm

表 18-10　发动机气缸体和活塞数据

项目	规格	项目	规格
气缸体		连杆轴瓦	
气缸体材料	铝合金	间隙	0.023～0.073mm
气缸套类型	预铸式缸套	活塞	
气缸套直径	88～88.01mm	型号	铝合金铸造活塞
连杆		活塞直径	(87.965±0.009)mm
活塞销型式	全浮式	活塞销口处的公差	23(+0.005,+0.013)mm
装入连杆	间隙	活塞环	
活塞销长度	56.7～57mm	型号	2道气环,1道油环

续表

项目	规格	项目	规格
活塞环		活塞环到环槽的公差	
第一道气环	钢带环,环高1.2(−0.03,−0.01)mm	油环	0.02~0.06mm
		活塞环装配切口间隙	
第二道气环	铸铁环,环高1.2(−0.03,−0.01)mm	第一道气环	0.20~0.35mm
		第二道气环	0.40~0.60mm
油环	两片式组合油环,环高2.0(−0.03,−0.01)mm	油环	0.20~0.40mm
		活塞环径向宽度	
活塞环到环槽的公差		第一道气环	(3.10±0.10)mm
第一道气环	0.04~0.08mm	第二道气环	(3.60±0.10)mm
第二道气环	0.03~0.07mm	油环	(2.75±0.15)mm

表18-11 发动机扭矩数据

序号	项目	规格
1	机械真空泵到缸盖	13~15N·m
2	机油控制阀到CVVT壳体	5~7N·m
3	CVVT壳体到凸轮轴盖	9~11N·m
4	节温器壳到气缸体	3~5N·m
5	节温器壳到气缸体	9~11N·m
6	节温器壳支架到缸体及气缸盖	22~28N·m
7	涡轮增压器支架到涡轮增压器	40~45N·m
8	涡轮增压器支架到缸体	50~60N·m
9	辅助水泵支架及节气门进气管支架到气缸盖	9~11N·m
10	调相器到凸轮轴	40N·m+120°
11	油气分离器到凸轮轴盖	9~11N·m
12	凸轮轴盖到缸盖	9~11N·m
13	排气歧管到缸盖	23~27N·m
14	隔热罩到排气歧管	22~28N·m
15	进气歧管到缸盖	23~27N·m
16	火花塞	15~20N·m
17	活塞冷喷嘴到缸体	18~22N·m
18	曲轴信号轮到曲轴	10~12N·m
19	曲轴保持架到气缸体	9~11N·m
20	连杆	25N·m+90°
21	曲轴后油封	9~11N·m
22	飞轮到曲轴	20N·m+60°
23	动力转向泵支架到气缸盖	23~27N·m

续表

序号	项目	规格
24	上导轨到凸轮轴盖	9～11N·m
25	缸盖隔热罩到凸轮轴盖	9～11N·m
26	涡轮增压器排液管到缸盖隔热罩支架	8～12N·m
27	涡轮增压器进液管到凸轮轴罩盖双头螺柱	8～12N·m
28	氧传感器连接器支架到凸轮轴盖	8～12N·m
29	凸轮检查孔盖板到凸轮轴盖及缸盖	5～7N·m
30	低压油管支架到凸轮轴盖	9～11N·m
31	凸轮轴盖到缸盖	9～11N·m
32	进气歧管到缸盖	9～11N·m
33	进气歧管支架到进气歧管	22～28N·m
34	排气歧管到缸盖	13～17N·m
35	涡轮增压器到排气歧管	8～12N·m
36	机油泵到裙架	23～27N·m
37	机油泵链轮到机油泵	68～72N·m
38	油底壳放油	20～25N·m
39	机油滤清器	20～25N·m
40	机油集滤器到机油泵	9～11N·m
41	机油集滤器支架到裙架	13～17N·m
42	机油集滤器到机油集滤器支架	9～11N·m
43	油底壳到裙架	8～12N·m
44	空调压缩机到发动机	19～25N·m
45	变速器到发动机	75～90N·m
46	主轴承盖到气缸体	35N·m+(90°或45°)
47	裙架到气缸体	23～27N·m
48	发动机吊耳	22～28N·m
49	正时链罩盖到发动机	80～90N·m
50	惰轮A到正时链罩盖	32～38N·m
51	油底壳到正时链罩盖	9～11N·m
52	惰轮C到气缸体	45～55N·m
53	动力转向泵皮带轮到EPAS惰轮	14～16N·m
54	水泵皮带轮到水泵	7.5～10.4N·m
55	燃油管固定支架到发动机	19～25N·m
56	机油泵链张紧器到裙架	20～24N·m
57	链导轨及张紧导轨	20～24N·m

续表

序号	项目	规格
58	正时链张紧器到气缸体	9～11N·m
59	曲轴减振器到曲轴	85N·m+90°
60	发动机悬置到车身	90～110N·m
61	发动机悬置到发动机	50N·m+90°
62	动力总成悬置支架	55～65N·m
63	变速器悬置到变速器支架(螺栓)	50N·m+45°
64	变速器悬置到变速器支架(螺母)	50N·m+45°
65	压缩机/冷凝器管路到压缩机	19～25N·m
66	出液冷却软管到双离合自动变速器	7～10N·m
67	管夹到双离合自动变速器	7～10N·m
68	缸盖到机体	45N·m+90°+90°
69	EPAS惰轮到动力转向泵支架	22～28N·m
70	涡轮增压器到排气歧管	28～32N·m
71	涡轮增压器回油管到涡轮增压器	9～11N·m
72	涡轮增压器回油管支架到排气歧管	22～28N·m
73	涡轮增压器回油管到涡轮增压器进油管	9～11N·m
74	涡轮增压器进油管到涡轮增压器	18～22N·m
75	涡轮增压器排液管到涡轮增压器	35～40N·m
76	涡轮增压器进液管到涡轮增压器	35～40N·m
77	涡轮增压器隔热罩到涡轮增压器	22～28N·m
78	涡轮增压器回油管到缸体	9～11N·m
79	涡轮增压器进油管到缸体	18～22N·m
80	节气门进气管到节气门	5.5N·m
81	节气门进气管到中冷器	10～15N·m
82	机油滤清模块到气缸体	22～28N·m
83	水泵进水管到机油滤清模块	8～12N·m
84	水泵进水管到气缸体	8～12N·m

第三节　2.4L 发动机

一、机油加注

① 更换机油时含机油滤清器滤芯的加注量为4.7L。
② 放油螺栓力矩为25N·m。
③ 机油滤清器盖安装力矩为22N·m。

二、发动机常规数据和扭矩数据（表 18-12～表 18-14）

表 18-12 发动机常规数据（一）

项目	规格	项目	规格
一般数据		平衡轴	
发动机类型	直列式 4 缸	轴承内径(托架)	20.050～20.063mm
排量	2.4L	轴承外径(托架)	41.975～41.995mm
常规选装件	C004	轴承轴颈直径	20.000～20.020mm
缸径	87.992～88.008mm	衬套间隙	0.033～0.102mm
行程	98mm	衬套内径	36.776～36.825mm
压缩比	10.0：1	衬套轴颈直径	36.723～36.743mm
火花塞间隙	0.035mm	轴向间隙	0.050～0.300mm
平衡轴		气缸体	
轴承间隙	0.030～0.060mm	平衡轴轴承孔直径(托架)	42.000～42.016mm

表 18-13 发动机常规数据（二）

项目	规格	项目	规格
平衡轴衬套孔直径	40.763～40.776mm	曲轴	
曲轴主轴承孔直径	64.068～64.082mm	曲轴轴向间隙	0.050～0.380mm
气缸孔直径	85.992～86.008mm	曲轴主轴承间隙	0.031～0.067mm
最大气缸孔圆度	0.010mm	曲轴主轴颈直径	55.993～56.009mm
最大气缸孔锥度	0.010mm	气缸盖	
气缸盖顶面纵向平面度	0.050mm	最小总高度	128.9mm
气缸盖顶面整体平面度	0.08mm	气缸体顶面纵向平面度	0.050mm
气缸盖顶面横向平面度	0.030mm	气缸体顶面整体平面度	0.1mm
凸轮轴		气缸体顶面横向平面度	0.030mm
凸轮轴轴向间隙	0.040～0.144mm	气门导管孔径(排气)	6.000～6.012mm
凸轮轴轴颈直径	26.935～26.960mm	气门导管孔径(进气)	6.000～6.012mm
凸轮轴止推面	21.000～21.052mm	气门挺杆孔径(固定式间隙调节器)	12.013～12.037mm
连杆			
连杆轴承间隙	0.029～0.073mm	铲削面气门座锥角	30°
连杆孔径(轴承端)	52.118～52.134mm	气门座锥角座合面	45°
连杆孔径(活塞销端)	20.007～20.017mm	底切面气门座锥角	60°
连杆侧隙	0.070～0.370mm	气门座圆度(最大值)	0.025mm
连杆最大弯曲直线度	0.021mm	气门座跳动量(最大值)	0.080mm
连杆最大扭曲直线度	0.04mm	气门座宽度(排气门座合面)	1.600mm
曲轴			
连杆轴颈直径	48.999～49.015mm		

表 18-14 发动机扭矩数据

序号	项目	规格
1	传动皮带张紧器	45N·m
2	皮带惰轮	20N·m
3	机油压力开关	26N·m
4	发动机支座托架至发动机	100N·m
5	变速器至发动机撑杆	50N·m
6	变速器支座贯穿	100N·m
7	发动机支座至车身	62N·m
8	发动机支座至支架	50N·m+(60°~75°)
9	发动机前提升支架	25N·m
10	机油尺导管至进气歧管	10N·m
11	进气歧管至气缸盖	10N·m
12	进气歧管隔振垫	10N·m
13	燃油分配管线束连接器托架	10N·m
14	曲轴平衡器(第一遍)	100N·m
15	曲轴平衡器(最后一遍)	125°
16	前盖至气缸	25N·m
17	水泵	25N·m
18	平衡轴固定链条导板	12N·m
19	平衡轴可调链条导板	10N·m
20	平衡轴链条张紧器	10N·m
21	正时链条固定导板	12N·m
22	正时链条导板	10N·m
23	正时链条张紧器	75N·m
24	进气/排气凸轮轴位置执行器(第一遍)	30N·m
25	进气/排气凸轮轴位置执行器(最后一遍)	100°
26	正时链条机油喷嘴	10N·m
27	正时链条导板螺栓检修孔塞	90N·m
28	凸轮轴轴承盖	10N·m
29	进气凸轮轴后盖	10N·m
30	凸轮轴位置执行器电磁阀	10N·m
31	凸轮轴定位工具	10N·m
32	凸轮盖至气缸	10N·m
33	气缸盖(第一遍)	30N·m
34	气缸盖(最后一遍)	155°
35	气缸盖前链条箱	35N·m
36	发动机至变速器	75N·m
37	油底壳至气缸体	25N·m

续表

序号	项目	规格
38	活塞机油喷嘴	15N·m
39	连杆(第一遍)	25N·m
40	连杆(最后一遍)	100°
41	气缸孔套拔出器	15N·m
42	气缸孔套拔出器螺纹轴	102N·m
43	轴环螺钉	19N·m
44	气缸套修整工具总成	20N·m
45	飞轮(第一遍)	53N·m
46	飞轮(最后一遍)	25°
47	变速器变矩器至飞轮	62N·m
48	起动机电动机至气缸体	58N·m
49	中间轴至转向机	25N·m+180°
50	蓄电池正极电缆至起动机电磁阀	10N·m
51	空调压缩机至气缸体	22N·m
52	油底壳放油螺塞	25N·m
53	曲轴位置变磁阻环	15N·m
54	机油滤清器壳体盖	22N·m
55	水套排放螺塞	20N·m
56	油轨拆卸工具	22N·m
57	火花塞	20N·m
58	发动机冷却液放气管	9N·m
59	机油油道齿轮盖(后)	6N·m
60	机油泵减压阀螺塞	40N·m
61	燃油压力传感器	33N·m
62	冷却液螺塞	35N·m
63	发动机气缸体机油油道孔塞	60N·m
64	气缸盖机油油道孔塞	35N·m
65	曲轴位置传感器	10N·m
66	爆震传感器	25N·m
67	曲轴轴承(下曲轴箱至气缸体,底板,第一遍)	20N·m
68	曲轴轴承(下曲轴箱至气缸体,底板,最后一遍)	70°
69	下曲轴箱	25N·m
70	气缸盖开口板	10N·m
71	平衡轴轴承座至气缸体	10N·m
72	节温器壳体至气缸体	10N·m
73	发动机冷却液温度传感器	20N·m
74	水泵/平衡轴链条张紧器	10N·m

续表

序号	项目	规格
75	正时链条可调导板	10N·m
76	凸轮轴执行器固定件	10N·m
77	点火线圈	10N·m
78	发动机后提升支架	25N·m
79	燃油分配管总成	25N·m
80	进气歧管至气缸盖	6N·m
81	高压燃油泵	15N·m
82	燃油供油中间管	30N·m
83	燃油泵盖	10N·m
84	节气门体	10N·m
85	歧管绝对压力(MAP)传感器	4N·m
86	蒸发排放炭罐阀	25N·m
87	排气歧管至气缸盖	15N·m
88	排气歧管至气缸盖(2遍)	14N·m
89	气缸体加热器	10N·m
90	氧传感器	42N·m

第四节　3.0L 发动机

一、机油加注

① 更换机油时含机油滤清器滤芯的加注量为5.7L。
② 放油螺栓力矩为25N·m。
③ 机油滤清器盖安装力矩为25N·m。

二、发动机常规数据和扭矩数据（表18-15～表18-17）

表18-15　发动机常规数据（一）

项目	规格	项目	规格
动机类型	V6	发动机气缸体	
排量	3.0L	曲轴主轴承孔直径	72.867～72.881mm
常规选装件	C005	气缸孔直径	88.992～89.008mm
车辆识别号	G-轿车/Y-卡车	气缸孔圆度(出厂最大值)	0.013mm
缸径	89mm	凸轮轴	
行程	80.3mm	凸轮轴轴承内径(前部1号)	35.000～35.020mm
压缩比	11.7：1	凸轮轴轴承内径(中间和后部2～4号)	27.000～27.020mm
点火顺序	1-2-3-4-5-6		
火花塞间隙	1.1mm	凸轮轴轴向间隙	0.045～0.215mm

项目	规格	项目	规格
凸轮轴轴颈直径(前部1号)	34.936～34.960mm	凸轮轴跳动量(中间2号和3号)	0.050mm
凸轮轴轴颈直径(中间和后部2~4号)	26.936～26.960mm	排气门升程	10.8mm
		进气门升程	10.8mm
凸轮轴轴颈圆度	0.006mm	连杆	
凸轮轴轴颈至轴承孔间隙	0.040～0.084mm	连杆轴承间隙	0.010～0.070mm
排气凸轮轴凸角升程	42.456～42.756mm	连杆孔径(轴承端)	59.620～59.636mm
进气凸轮轴凸角升程	42.385～42.685mm	连杆孔径(活塞销端,出厂件)	24.009～24.019mm
凸轮轴跳动量(前部和后部1号及4号)	0.025mm	连杆孔径(活塞销端,维修最大值)	24.007mm

表 18-16 发动机常规数据（二）

项目	规格	项目	规格
气门导管孔径(进气)	6.000～6.020mm	活塞环至环槽间隙	
气门导管安装高度	14.050～14.550mm	第一道压缩环	0.030～0.065mm
气门挺杆孔直径	12.008～12.030mm	第二道压缩环	0.015～0.060mm
润滑系统		油环	0.030～0.170mm
机油容量(更换或没有更换机油滤清器)	5.7L	活塞环厚度	
		第一道压缩环	1.175～1.190mm
机油压力[最小值(怠速时)]	69kPa	第二道压缩环	1.470～1.495mm
机油压力[最小值(2000r/min)]	138kPa	油环	2.360～2.480mm
活塞冷却喷射阀开启压力	1.7～2.3bar(1bar=10^5Pa)	活塞和活塞销	
		活塞	
活塞环		活塞直径(超过裙部的测量值)	88.476～89.014mm
活塞环端隙		活塞直径(维修最小极限值)	88.926mm
第一道压缩环(标称值)	0.150～0.300mm	活塞销孔直径	24.007～24.012mm
第一道压缩环(最大值,孔内环)	0.350mm	活塞环槽宽度(第一道压缩环)	1.220～1.240mm
第二道压缩环(标称值)	0.280～0.480mm	活塞环槽宽度(第二道压缩环)	1.510～1.530mm
		活塞环槽宽度(油环)	2.510～2.530mm
第二道压缩环(最大值,孔内环)	0.450mm	活塞至气缸间隙(出厂件,裙部的测量值)	0.022～0.032mm
油环	0.150～0.600mm	活塞至孔间隙(维修最大极限值)	0.650mm

表 18-17 发动机扭矩数据

序号	项目	规格
1	张紧器托架	25N·m
2	惰轮皮带轮	58N·m
3	进气歧管上气缸盖	25N·m
4	油泵盖	13N·m

续表

序号	项目	规格
5	机油尺导管	10N·m
6	机油滤清器壳体座	25N·m
7	曲轴平衡器(第一遍)	100N·m
8	曲轴平衡器(最后一遍)	150°
9	凸轮轴盖	10N·m
10	次级凸轮轴传动链条(支撑板)	25N·m
11	初级凸轮轴传动链条(机油泵左下导板)	25N·m
12	凸轮轴位置执行器	58N·m
13	螺栓(M11)(气缸盖,第一遍)	30N·m
14	螺栓(M11)(气缸盖,最后一遍)	150°
15	螺栓(M8)(气缸盖,第一遍)	15N·m
16	螺栓(M8)(气缸盖,最后一遍)	75°
17	发动机飞轮(自动变速器挠性盘,第一遍)	30N·m
18	发动机飞轮(自动变速器挠性盘,最后一遍)	45°
19	螺栓(M8)(油底壳至发动机气缸体)	25N·m
20	螺栓(M6)(油底壳至曲轴后油封壳体)	10N·m
21	油底壳到变速器	50N·m
22	机油压力传送器	20N·m
23	吸油管	10N·m
24	刮油板	10N·m
25	变速驱动桥到发动机	75N·m
26	变速驱动桥至油底壳撑杆	58N·m
27	发动机线束搭铁	35N·m
28	放油螺塞	25N·m
29	机油滤清器	25N·m
30	发动机支座至发动机	50N·m+(60°~75°)
31	发动机支座至支架	50N·m+(60°~75°)
32	发动机支座支架至发动机	100N·m
33	燃油压力传感器	33N·m
34	气缸盖冷却液螺塞	31N·m
35	燃油分配管	25N·m
36	机油滤清器接头	50N·m
37	曲轴箱强制通风管托架螺栓/球头	10N·m
38	进气歧管绝对压力(MAP)传感器	5N·m
39	蒸发排放(EVAP)吹洗阀螺栓/球头	10N·m
40	节气门体	10N·m
41	气缸体油道孔塞	50N·m

续表

序号	项目	规格
42	活塞机油冷却喷嘴	10N·m
43	爆震传感器	25N·m
44	螺柱(发动机前盖)	15N·m
45	曲轴主轴承(内,第一遍)	20N·m
46	曲轴主轴承(内,最后一遍)	80°
47	曲轴主轴承(外,第一遍)	15N·m
48	曲轴主轴承(外,最后一遍)	110°
49	曲轴主轴承(侧面,第一遍)	30N·m
50	曲轴主轴承(侧面,最后一遍)	60°
51	连杆(第一遍)	30N·m
52	连杆(第二遍)	逆时针后退至零
53	连杆(第三遍)	25N·m
54	连杆(最后一遍)	110°
55	曲轴后油封壳体	10N·m
56	机油泵	25N·m
57	凸轮轴轴承盖	10N·m
58	高压燃油泵	15N·m
59	燃油中间管	28N·m
60	燃油分配管支撑托架	10N·m
61	凸轮轴中间传动链轮(惰轮链轮)	58N·m
62	次级凸轮轴传动链条(导板)	25N·m
63	初级凸轮轴传动链条张紧器(第一遍)	5N·m
64	次级凸轮轴传动链条(张紧器)	25N·m
65	初级凸轮轴传动链条(上导板)	25N·m
66	初级凸轮轴传动链条(张紧器)	25N·m
67	螺栓(M8)(发动机前盖,第一遍)	20N·m
68	螺栓(M8)(发动机前盖,第二遍)	20N·m
69	螺栓(M8)(发动机前盖,最后一遍)	60°
70	螺栓(M6)(发动机前盖)	15N·m
71	螺栓(M12)(发动机前盖,第一遍)	65N·m
72	凸轮轴位置传感器	10N·m
73	水泵	10N·m
74	水泵皮带轮	10N·m
75	火花塞	18N·m

第十九章 丰田车系

第一节 1.3L（4NR-FE）发动机

一、机油加注

① 更换机油时含机油滤清器滤芯的加注量为3.3L。
② 放油螺栓力矩为30N·m。
③ 机油滤清器盖安装力矩为15N·m。

二、发动机相关数据（表19-1~表19-12）

表19-1 发动机常规数据

项目		规格
点火正时	连接DLC3端子13(TC)和4(CG)	急速时为8°~12°BTDC(传动桥位于空挡)
	断开DLC3端子13(TC)和4(CG)	急速时为-10°~10°BTDC(传动桥位于空挡)
发动机急速转速	自动传动桥	600~700r/min
	手动传动桥	550~650r/min
压缩压力	标准压力	1200kPa
	最小压力	900kPa
	各气缸间的差值	98kPa 或更低

表19-2 发动机凸轮轴数据

项目			规格
1号凸轮轴	径向跳动	最大值	0.04mm
	凸轮凸角高度	标准值	41.6989~41.7989mm
		最大值	41.549mm
	轴颈直径	1号轴颈标准值	34.454~34.470mm
		其他轴颈标准值	22.954~22.970mm

续表

项目			规格
2号凸轮轴	径向跳动	最大值	0.04mm
	凸轮凸角高度	标准值	41.000～41.100mm
		最大值	40.85mm
	轴颈直径	1号轴颈标准值	34.454～34.470mm
		其他轴颈标准值	22.954～22.970mm
链条分总成	伸长率	最大值	114.8mm
凸轮轴正时齿轮总成	直径（带链条分总成）	最小值	96.8mm
排气凸轮轴正时齿轮总成	直径（带链条分总成）	最小值	96.8mm
曲轴	直径（带链条分总成）	最小值	51.1mm
正时链条张紧器臂	磨损	最大值	1.0mm
正时链条导板	磨损	最大值	1.0mm
2号链条振动阻尼器	磨损	最大值	1.0mm
气缸盖固定螺栓	长度	标准	125.3～126.7mm
		最大值	128.2mm
排气歧管转化器分总成	翘曲度	最大值	1.2mm
凸轮轴壳分总成环销	凸出部分高度	标准值	2.7～3.3mm
油底壳分总成直销	凸出部分高度	标准值	8.0～10.0mm

表 19-3 发动机气缸盖数据

项目				规格
气缸盖分总成	翘曲度	气缸体侧	最大值	0.05mm
		进气歧管侧	最大值	0.10mm
		排气歧管侧	最大值	0.10mm
凸轮轴	轴向间隙	凸轮轴	标准值	0.06～0.20mm
			最大值	0.215mm
		2号凸轮轴	标准值	0.06～0.2mm
			最大值	0.215mm
	油膜间隙	1号轴颈	标准值	0.030～0.067mm
			最大值	0.08mm
		其他轴颈	标准值	0.030～0.067mm
			最大值	0.08mm
压缩弹簧	自由长度		标准值	51.19mm
	偏差		最大值	1.8mm
进气门	总长		标准值	103.35mm
			最小值	102.85mm
	气门杆直径		标准值	5.470～5.485mm
	边缘厚度		标准值	1.0mm
			最小值	0.5mm
	气门座宽度		标准值	1.0～1.4mm

续表

项目			规格
排气门	总长	标准值	104.5mm
		最小值	104.0mm
	气门杆直径	标准值	5.465～5.480mm
	边缘厚度	标准值	1.15mm
		最小值	0.65mm
	气门座宽度	标准值	1.0～1.4mm
进气门导管衬套	内径	标准值	5.51～5.53mm
	油膜间隙	标准值	0.025～0.060mm
		最大值	0.080mm
	凸出部分高度	标准值	9.6～10.0mm
	孔径	使用标准	10.285～10.306mm
		使用加大尺寸（加大0.05mm）	10.335～10.356mm
排气门导管衬套	内径	标准值	5.51～5.53mm
	油膜间隙	标准值	0.030～0.060mm
		最大值	0.085mm
	凸出部分高度	标准值	9.6～10.0mm
	衬套孔径	使用标准	10.285～10.306mm
		使用加大尺寸（加大0.05mm）	10.335～10.356mm
气缸盖分总成环销	凸出部分高度	标准值	6.0～8.0mm
火花塞套管	凸出部分高度	标准值	88.7～90.2mm

表 19-4 发动机气缸体数据

项目			规格
气缸体翘曲度		最大值	0.05mm
气缸缸径		参考值（新部件）	72.500～72.513mm
		最大值	72.633mm
活塞直径		参考值（新部件）	72.446～72.472mm
活塞油膜间隙		参考值（新部件）	0.028～0.067mm
		最大值	0.108mm
活塞环槽间隙	1号压缩环	标准值	0.02～0.07mm
	2号压缩环		0.02～0.06mm
	油环		0.02～0.06mm
活塞环端隙	1号压缩环	标准值	0.18～0.25mm
		最大值	0.45mm
	2号压缩环	标准值	0.30～0.45mm
		最大值	0.65mm
	油环（刮片）	标准值	0.10～0.40mm
		最大值	0.55mm

续表

项目		规格
连杆轴向间隙	标准值	0.1~0.5mm
	最大值	0.5mm
连杆油膜间隙(曲轴侧)	标准值	0.020~0.052mm
	最大值	0.055mm
连杆大头孔径(参考)	标记1	45.000~45.008mm
	标记2	45.009~45.016mm
	标记3	45.017~45.024mm
连杆轴承厚度	标记1	1.492~1.495mm
	标记2	1.496~1.498mm
	标记3	1.499~1.501mm
曲轴销直径	标记1	41.992~42.000mm
	标记2	41.992~42.000mm
	标记3	41.992~42.000mm
连杆螺栓直径	标准值	6.6~6.7mm
	最小值	6.4mm
曲轴径向跳动	最大值	0.02mm
曲轴主轴颈直径	标准值	47.988~48.000mm
曲轴锥度和失圆度	最大值	0.003mm
曲轴轴颈直径(参考)	标记0	47.999~48.000mm
	标记1	47.997~47.998mm
	标记2	47.995~47.996mm
	标记3	47.993~47.994mm
	标记4	47.991~47.992mm
	标记5	47.988~47.990mm
曲柄销直径	标准值	41.992~42.000mm
曲柄销锥度和失圆度	最大值	0.003mm
曲轴轴向间隙	标准值	0.04~0.24mm
	最大值	0.28mm
曲轴上止推垫圈厚度	标准值	1.93~1.98mm
曲轴油膜间隙	标准值	0.019~0.043mm
	最大值	0.049mm
气缸体轴颈孔径	标记0	52.000~52.002mm
	标记1	52.003~52.004mm
	标记2	52.005~52.006mm
	标记3	52.007~52.009mm
	标记4	52.010~52.011mm
	标记5	52.012~52.013mm

续表

项目			规格
气缸体轴颈孔径		标记6	52.014～52.016mm
曲轴轴承中心壁厚(参考)		标记2	1.994～1.997mm
		标记3	1.998～2.000mm
		标记4	2.001～2.003mm
		标记5	2.004～2.006mm
曲轴轴承盖固定螺栓	长度	标准值	75.3～76.7mm
		最大值	77.2mm
	直径	标准值	9.94～9.96mm
		最小值	9.6mm
曲轴轴承尺寸			0.8mm 或更小
气缸体环销		凸出部分高度	6.0～7.0mm
气缸体直销	凸出部分高度	销A	5.5～6.5mm
		销B	23.5～24.5mm
		销C	11.5～12.5mm
连杆轴承尺寸			0.5mm

表19-5 发动机凸轮轴扭矩数据

紧固部件	规格/N·m	紧固部件	规格/N·m
凸轮轴轴承盖至凸轮轴壳分总成	16	正时链条导板至气缸盖分总成和气缸体分总成	10
凸轮轴壳分总成至气缸盖分总成	30		
凸轮轴正时齿轮总成至1号凸轮轴	54	1号链条张紧器总成至气缸盖分总成	10
排气凸轮轴正时齿轮总成至2号凸轮轴	54	2号链条振动阻尼器至凸轮轴承盖	10

表19-6 发动机气缸盖衬垫扭矩数据

紧固部件		规格
气缸盖分总成至气缸体分总成	一挡	32N·m
	二挡	转动90°
	三挡	转动90°

表19-7 发动机曲轴前油封扭矩数据

紧固部件	规格
曲轴皮带轮总成至曲轴	164N·m

表19-8 发动机曲轴后油封扭矩数据

紧固部件	规格/N·m	紧固部件	规格/N·m
传动板和齿圈分总成至曲轴	88	飞轮分总成至曲轴	78

表19-9 发动机总成扭矩数据（一）

紧固部件	规格/N·m
1号发动机吊架至气缸盖分总成	43
2号发动机吊架至气缸盖分总成	43

续表

紧固部件		规格/N·m
发动机左侧悬置隔振垫至车身		52
发动机右侧悬置隔振垫分总成至车身		52
传动板和齿圈分总成至曲轴		88
飞轮分总成至曲轴		78
自动传动桥总成至气缸体分总成和油底壳分总成	螺栓 A	64
	螺栓 B	39
手动传动桥总成至气缸体分总成和油底壳分总成	螺栓 A 和 B	64
	螺栓 C	39
发动机线束至传动桥总成		12.8
发动机线束至气缸盖罩分总成		8.4
发动机线束至气缸盖分总成		8.4
发动机左侧悬置隔振垫至发动机左悬置支架		52
发动机右侧悬置隔振垫分总成至发动机右悬置支架		52
前悬架横梁分总成至车身	螺栓 A	70
	螺栓 B	165
	螺栓 C	95
前悬架横梁分总成至发动机运动控制杆		120
前悬架横梁分总成至发动机 2 号运动控制杆		120
发动机线束至发动机室继电器盒		8.4
发动机线束至车身		8.4
冷却器压缩机总成至油底壳分总成		24.5
蓄电池托架总成至发动机左侧悬置隔振垫和车身		17.2
蓄电池卡夹分总成至蓄电池托架总成		3.5
发动机线束至蓄电池正极(＋)端子		7.6
蓄电池负极(－)端子至负极(－)电缆		5.4
发动机右侧底罩至车身		5.0
发动机左侧底罩至车身		5.0

表 19-10 发动机总成扭矩数据（二）

紧固部件		规格/N·m
1 号油底壳挡板至油底壳分总成		10
油底壳分总成至气缸体分总成		21
油底壳放油螺塞至油底壳分总成		30
机油滤清器座至油底壳分总成		33.7
正时链条盖分总成至凸轮轴壳分总成、气缸盖分总成、气缸体分总成和油底壳分总成	螺栓 A、C 和 D	24
	螺栓 B	60.5
	螺栓 E	10
	螺栓 F	71

紧固部件		规格/N·m
发动机水泵总成至正时链条盖总成		21
凸轮轴位置传感器至气缸盖罩分总成		12
气缸盖罩分总成至凸轮轴壳分总成		12
凸轮轴正时机油控制阀总成至气缸盖罩分总成		10
线束卡夹支架至气缸体分总成		12.8
线束卡夹支架至气缸盖分总成	螺栓A	29
	螺栓B	8.4
线束卡夹支架至气缸盖罩分总成		8.4
多楔带张紧器总成至正时链条盖总成		21
1号水旁通管至气缸体分总成		22
进气歧管和带电动机的节气门体总成至气缸盖分总成		28

表19-11 发动机气缸盖扭矩数据

紧固部件	规格/N·m
双头螺栓至气缸盖分总成	9.5

表19-12 发动机气缸体扭矩数据

紧固部件		规格		
1号机油喷嘴分总成至气缸体分总成		10N·m		
曲轴轴承盖至气缸体分总成	一挡	30N·m		
	二挡	转动90°		
连杆盖至连杆	一挡	15N·m	153N·m	11N·m
	二挡	转动90°		

第二节 1.5L(5AR-FE)发动机

一、机油加注

① 更换机油时含机油滤清器滤芯的加注量为4.4L。
② 放油螺栓力矩为40N·m。
③ 机油滤清器盖安装力矩为25N·m。

二、发动机相关数据(表19-13~表19-24)

表19-13 发动机常规数据(一)

紧固部件		规格
点火正时	DLC3的端子TC和CG连接	急速时为8°~12°BTDC
	DLC3的端子TC和CG未连接	急速时为5°~15°BTDC
急速转速		610~710r/min(变速器空挡位置)

续表

紧固部件		规格
压缩	标准	1450kPa
	最小	980kPa
	差值	100kPa

表 19-14 发动机气缸盖数据

紧固部件			规格
气缸盖	翘曲度	气缸盖下侧	0.05mm
		进气歧管侧	0.10mm
		排气歧管侧	0.10mm
压缩弹簧	标准自由长度	线直径 3.3mm	49.0～51.0mm
		线直径 3.4mm	47.2～49.2mm
	最大偏差		1.0mm
	最大角度		2°
进气门	气门杆直径		5.470～5.485mm
	边缘厚度	标准值	1.0mm
		最小值	0.50mm
	全长	标准值	103.92mm
		最小值	103.42mm
排气门	气门杆直径		5.465～5.480mm
	边缘厚度	标准值	1.0mm
		最小值	0.50mm
	全长	标准值	112.91mm
		最小值	112.41mm
气门导管衬套	衬套内径		5.510～5.530mm
	标准油隙	进气	0.025～0.060mm
		排气	0.030～0.065mm
	最大油隙	进气	0.08mm
		排气	0.10mm
	衬套孔直径(气缸盖侧)		10.285～10.306mm
	衬套孔直径(气门导管衬套)	标准值	10.333～10.344mm
		最大值	10.383～10.394mm
	衬套长度	进气	41.3～41.7mm
		排气	46.8～47.2mm
	凸出高度	进气	14.8～15.2mm
		排气	14.2～14.6mm
凸轮轴油隙	标准油隙	1号进气凸轮轴轴颈	0.035～0.072mm
		1号排气凸轮轴轴颈	0.049～0.086mm
		其他轴颈	0.025～0.062mm

紧固部件			规格
凸轮轴油隙	最大油隙	1号进气凸轮轴轴颈	0.085mm
		1号排气凸轮轴轴颈	0.095mm
		其他轴颈	0.085mm
凸轮轴轴向间隙	标准值		0.060～0.155mm
	最大值		0.170mm
火花塞套管	标准凸出高度		112mm
环销	标准凸出高度		6.5～7.5mm
进气门座	标准宽度	检查	1.1和1.5mm
		修理	1.0～1.4mm
排气门座	标准宽度	检查	1.1和1.5mm
		修理	1.2～1.6mm

表 19-15　发动机气缸体数据

紧固部件			规格
连杆轴向间隙	标准值		0.160～0.512mm
	最大值		0.512mm
连杆油隙	标准值		0.030～0.063mm
	最大值		0.07mm
曲柄销	标准直径		51.492～51.500mm
连杆大头内径	标记1		54.500～54.508mm
	标记2		54.509～54.516mm
	标记3		54.517～54.524mm
轴承中间壁厚度	标记1		1.483～1.487mm
	标记2		1.488～1.491mm
	标记3		1.492～1.495mm
曲轴轴向间隙	标准值		0.04～0.24mm
	最大值		0.30mm
止推垫圈	标准厚度		1.93～1.98mm
气缸体	最大翘曲		0.05mm
	缸孔	参考值(新部件)	90.000～90.013mm
		最大值	90.13mm
活塞	直径	参考值(新部件)	89.986～89.996mm
	油隙	参考值(新部件)	0.010～0.033mm
		最大值	0.10mm
活塞环	活塞销孔内径	标记A	22.001～22.004mm
		标记B	22.005～22.007mm
		标记C	22.008～22.010mm

续表

紧固部件			规格
活塞环	环槽间隙	1号压缩环	0.020~0.070mm
		2号压缩环	0.020~0.060mm
		油环	0.060~0.120mm
	标准端隙	1号压缩环	0.22~0.27mm
		2号压缩环	0.50~0.55mm
		油环	0.10~0.35mm
	最大端隙	1号压缩环	0.87mm
		2号压缩环	1.15mm
		油环	0.95mm
活塞销	活塞销直径	标记A	21.997~22.000mm
		标记B	22.001~22.003mm
		标记C	22.004~22.006mm
	油隙(活塞侧)	标准值	0.001~0.007mm
		最大值	0.013mm
	油隙(连杆侧)	标准值	0.005~0.011mm
		最大值	0.017mm
连杆分总成	最大弯曲		每100mm偏移0.05mm
	最大扭曲		每100mm偏移0.15mm
	连杆小头衬套内径	标记A	22.005~22.008mm
		标记B	22.009~22.011mm
		标记C	22.012~22.014mm
曲轴	最大径向跳动		0.03mm
	标准主轴颈直径		54.988~55.000mm
	最大主轴颈锥度和失圆度		0.003mm
	标准曲柄销直径		51.492~51.500mm
	最大曲柄销锥度和失圆度		0.003mm
	油隙	标准值	0.016~0.039mm
		最大值	0.05mm
气缸体轴颈内径(A)	标记0		59.000~59.002mm
	标记1		59.003~59.004mm
	标记2		59.005~59.006mm
	标记3		59.007~59.009mm
	标记4		59.010~59.011mm
	标记5		59.012~59.013mm
	标记6		59.014~59.016mm
曲轴主轴颈直径(B)	标记0		54.999~55.000mm
	标记1		54.997~54.998mm

续表

紧固部件		规格
曲轴主轴颈直径(B)	标记 2	54.995～54.996mm
	标记 3	54.993～54.994mm
	标记 4	54.991～54.992mm
	标记 5	54.988～54.990mm
曲轴轴承中间壁厚度	标记 1	1.992～1.995mm
	标记 2	1.996～1.998mm
	标记 3	1.999～2.001mm
	标记 4	2.002～2.004mm
曲轴轴承盖螺栓直径	测量点	58.5mm
	标准值	9.77～9.96mm
	最小值	9.1mm
连杆螺栓直径	标准值	8.5～8.6mm
	最小值	8.3mm
环销	凸出高度	环销 A	5.0～7.0mm
		环销 B	4.0～7.0mm
直销	凸出高度	直销 A	11.0～13.0mm
		直销 B	5.0～7.0mm
曲轴轴承	尺寸 A－B 或 B－A	0～0.7mm
连杆轴承	尺寸 A－B 或 B－A	0～0.7mm

表 19-16　发动机常规数据（二）

项目			规格
曲轴齿隙	标准值		0.05～0.20mm
	最大值		0.20mm
凸轮轴	最大径向跳动		0.03mm
	轴颈直径	1号轴颈	34.449～34.465mm
		其他轴颈	22.959～22.975mm
凸轮顶部高度	标准值	进气	44.163～44.305mm
		排气	44.144～44.286mm
	最小值	进气	44.013mm
		排气	43.996mm
链条分总成	最大链条延长		137.7mm
曲轴正时链轮	最小链轮直径（带链条）		59.94mm
链条张紧器滑块	最大深度		1.0mm
1号链条减振器	最大深度		1.0mm
正时链条导向器	最大深度		1.0mm
1号平衡轴	轴向间隙	标准值	0.05～0.09mm
		最大值	0.09mm

续表

项目			规格
2号平衡轴	轴向间隙	标准值	0.05～0.09mm
		最大值	0.09mm
平衡轴齿隙		标准值	0.04～0.17mm
		最大值	0.17mm
气缸盖螺栓		测量点	106mm
		标准直径	10.85～11.00mm
		最小直径	10.6mm
排气歧管转化器分总成		最大翘曲	0.7mm
加强曲轴箱环销		凸出高度	4.3～5.3mm
凸轮轴轴承盖定位环销		凸出高度	2.7～3.3mm
凸轮轴壳直销		凸出高度	5.0～7.0mm
1号凸轮轴轴承		尺寸A-B或B-A	0～0.7mm
2号凸轮轴轴承		标准距离	1.15～1.85mm

表 19-17 发动机气缸体扭矩数据

项目	规格/N·m	项目		规格/N·m
凸轮轴轴承盖至凸轮轴壳分总成	16	1号链条张紧器总成至气缸体分总成		10
凸轮轴壳分总成至气缸盖分总成	27	正时链条盖板至正时链条盖分总成		10
凸轮轴正时齿轮总成至凸轮轴	85	发动机导线至发动机	螺母A	9.8
排气凸轮轴正时齿轮总成至2号凸轮轴	85		螺母B	8.0
			螺栓	8.0

表 19-18 发动机气缸盖垫片扭矩数据

项目		规格
气缸盖分总成至气缸体分总成	第1步	36N·m
	第2步	36N·m
	第3步	转动90°
	第4步	转动90°
凸轮轴轴承盖至凸轮轴壳分总成		16N·m
凸轮轴壳分总成至气缸盖分总成		27N·m
凸轮轴正时齿轮总成至凸轮轴		85N·m
排气凸轮轴正时齿轮总成至2号凸轮轴		85N·m
1号链条减振器至气缸体分总成		21N·m
链条张紧器滑块至气缸盖分总成		21N·m
1号链条张紧器总成至气缸体分总成		10N·m
正时链条导向器至凸轮轴壳分总成		21N·m

表 19-19　发动机曲轴前油封扭矩数据

项目	规格/N·m
曲轴皮带轮至曲轴	260

表 19-20　发动机曲轴后油封扭矩数据

项目	规格/N·m
驱动板和齿圈分总成至曲轴	98

表 19-21　发动机总成扭矩数据（一）

项目		规格/N·m
发动机安装支架 RH 至气缸体分总成		54
发动机安装隔离件 LH 至前车架总成		87
发动机安装隔离件 RH 至前车架总成		87
发动机前安装隔离件至前车架总成		52
发动机安装隔离件 LH 至自动传动桥总成		95
发动机安装隔离件 RH 至发动机安装支架		95
发动机前安装隔离件至发动机前安装支架		87
驱动轴轴承支架至气缸体分总成		64
车架纵梁板 RH 和 LH 至车身	螺栓 A	85
	螺栓 B	32
前悬架横梁后支架 RH 和 LH 至车身	螺栓 C	85
	螺栓 D	32
发动机运动控制杆至发动机安装支架 RH		38
发动机运动控制杆至发动机运动控制杆支架	使用 SST	33
	不使用 SST	52
2 号发动机安装支撑件 RH 至发动机运动控制杆支架		38
2 号发动机安装支撑件 RH 至凸轮轴壳分总成		38
接地线至发动机运动控制杆支架		8.0
发动机导线至发动机室继电器盒		8.0
发动机运动控制杆至车身		38
1 号空气滤清器支架至车身		8.0
空气滤清器进气口总成至车身		8.0
空气滤清器壳分总成至 2 号空气滤清器支架		5.0
蓄电池夹箍至车身	螺栓	9.0
	螺母	3.5
正极（＋）电缆至蓄电池正极（＋）端子		6.5
负极（－）电缆至蓄电池负极（－）端子		5.4

表 19-22　发动机总成扭矩数据（二）

项目		规格/N·m
双头螺栓至加强曲轴箱总成	双头螺栓 A	5.0
	双头螺栓 B	9.5
发动机平衡器总成至加强曲轴箱		24

续表

项目		规格/N·m
加强曲轴箱总成至气缸体分总成	螺栓 A	24
	除螺栓 A 以外	43
1号油底壳挡板至加强曲轴箱总成		10
滤油网至加强曲轴箱总成		9.0
油底壳分总成至加强曲轴箱		10
双头螺栓至凸轮轴壳分总成		9.5
正时链条盖板至正时链条盖分总成		10
正时链条盖密封塞至正时链条盖分总成		30
气缸盖罩分总成至凸轮轴壳分总成		12
曲轴皮带轮至曲轴		260
进水口外壳至气缸体分总成		43
带 V 形加强筋的皮带张紧轮总成至进水口外壳		21
1号水旁通管至进水口外壳和气缸体分总成		10
分离器壳至通风箱分总成		10
通风箱分总成至气缸体分总成		21
发动机盖接头至气缸盖罩分总成和凸轮轴壳分总成		10
传感器导线至气缸体分总成		21
压缩机1号安装支架至气缸体分总成和加强曲轴箱总成		21
发动机机油油位计导管至进水口外壳		10
1号和2号发动机吊架至气缸盖分总成		43

表 19-23 发动机气缸体扭矩数据（二）

项目	规格/N·m
双头螺栓至气缸盖分总成	9.5
1号直螺旋塞至气缸盖分总成	44
2号直螺旋塞至气缸盖分总成	78

表 19-24 发动机气缸体扭矩数据（二）

项目		规格
双头螺栓至气缸体分总成	双头螺栓 A	9.0N·m
	双头螺栓 B	15N·m
2号机油喷嘴至气缸体分总成		10N·m
1号机油喷嘴至气缸体分总成		10N·m
曲轴轴承盖至气缸体分总成	第1步	20N·m
	第2步	40N·m
	第3步	转动90°
连杆盖至连杆分总成	第1步	40N·m
	第2步	转动90°

第二十章 本田车系

第一节 1.5L（L15B）发动机

一、机油加注

① 更换机油时含机油滤清器滤芯的加注量为 3.5L。
② 放油螺栓力矩为 21～29N·m。
③ 机油滤清器盖：顺时针转动 3/4 圈，紧固扭矩为 12N·m。

二、发动机相关数据（表 20-1～表 20-4）

表 20-1 发动机常规数据

序号	项目	规格
1	类型	水冷,4 冲程 DOHCi-VTEC 直接燃油喷射汽油发动机
2	气缸布置	直列式 4 缸,横置
3	缸径和冲程	73.0mm×89.4mm
4	排量	1496mL
5	压缩比	11.5∶1
6	配气机构	链传动,DOHCi-VTEC,每缸 4 气门
7	润滑系统	压力润滑,湿式油底壳,次摆线泵

表 20-2 发动机气缸盖常规数据

项目	测量	条件	标准值或新车值	维修极限
气缸盖	翘曲度		最大 0.08mm	—
	高度		133.9～134.1mm	—
凸轮轴	轴向间隙		0.065～0.215mm	0.415mm
	凸轮轴至支架的油膜间隙（进气）	1 号油颈	0.030～0.069mm	0.120mm
		2～5 号油颈	0.060～0.099mm	0.150mm
	凸轮轴至支架的油膜间隙（排气）	1～5 号油颈	0.060～0.099mm	0.150mm
	总跳动量		最大 0.03mm	—

续表

项目	测量	条件	标准值或新车值	维修极限
凸轮轴	凸轮凸角高度	进气,初级	33.557mm	—
		进气,中级	34.603mm	—
		进气,次级	33.557mm	—
		排气	33.885mm	—
气门	间隙(冷态)	进气	0.21～0.25mm	—
		排气	0.25～0.29mm	—
	气门挺杆外径	进气	5.457～5.490mm	5.445mm
		排气	5.445～5.460mm	5.415mm
	气门挺杆至导管的间隙	进气	0.020～0.055mm	0.08mm
		排气	0.050～0.085mm	0.11mm
气门座	宽度	进气	0.85～1.15mm	1.60mm
		排气	1.25～1.55mm	2.00mm
	挺杆安装高度	进气	50.55～50.95mm	51.25mm
		排气	48.40～48.80mm	49.10mm
气门导管	安装高度	进气/排气	18.65～19.15mm	—
摇臂	摇臂到轴的间隙	进气,初级	0.018～0.064mm	0.08mm
		进气,中级	0.018～0.059mm	0.08mm
		进气,次级	0.018～0.064mm	0.08mm
		排气	0.018～0.059mm	0.08mm

表20-3 发动机气缸体常规数据

项目	测量	条件	标准值或新车值	维修极限
气缸体	顶面翘曲度		最大 0.07mm	
	气缸直径	X	73.000～73.020mm	73.065mm
		Y	73.000～73.015mm	73.065mm
	气缸锥度			0.05
	镗削极限			0.25mm
活塞	离裙部底端16mm处的裙部外径		72.980～72.990mm	72.970mm
	与气缸的间隙		0.010～0.035mm	0.05mm
活塞环	活塞环到环槽的间隙	顶部	0.065～0.090mm	0.13mm
		第二道(RIKEN)	0.030～0.055mm	0.120mm
		第二道(TPR)	0.035～0.060mm	0.120mm
	环端隙	顶部(RIKEN)	0.15～0.25mm	0.60mm
		顶部(TPR)	0.15～0.30mm	0.60mm
		第二道环	0.30～0.42mm	0.65mm
		机油(RIKEN)	0.20～0.50mm	0.08mm
		机油(TPR)	0.10～0.40mm	0.08mm

续表

项目	测量	条件	标准值或新车值	维修极限
活塞销	直径		17.960～17.964mm	17.960mm
	销到连杆的间隙		−0.004～0.003mm	0.006mm
连杆	销到连杆的间隙		0.005～0.015mm	0.020mm
	大端孔径		43.0mm	
	轴向间隙		0.15～0.35mm	0.45mm
曲轴	连杆轴颈/主轴颈锥度		最大 0.005mm	0.010mm
	连杆轴颈/主轴颈失圆度		最大 0.005mm	0.010mm
	轴向间隙		0.10～0.35mm	0.45mm
	总跳动量		最大 0.03mm	0.04mm
曲轴轴瓦	主轴瓦至轴颈的油膜间隙		0.018～0.036mm	0.050mm
	连杆轴瓦至轴颈的油膜组件		0.020～0.038mm	0.038mm

表 20-4 发动机扭矩数据

序号	项目	规格	序号	项目	规格
1	VTC 作动器安装螺栓	115N·m	4	曲轴轴承盖螺栓	30N·m
2	凸轮轴轴盖	第 1 次:5N·m 第 2 次:13N·m	5	连杆轴承盖螺栓	第 1 次:10N·m 第 2 次:90°
3	排气凸轮轴链轮	60N·m			

第二节　1.8L（R18Z6）发动机

一、机油加注

① 更换机油时含机油滤清器滤芯的加注量为 3.7L。
② 放油螺栓力矩为 40N·m。
③ 机油滤清器盖：顺时针转动 3/4 圈，紧固扭矩为 12N·m。

二、发动机相关数据（表 20-5～表 20-8）

表 20-5 发动机常规数据

序号	项目	规格
1	类型	水冷,4 冲程 SOHCi-VTEC 汽油发动机
2	气缸布置	直列式 4 缸,横置
3	缸径和冲程	81mm×87mm
4	排量	1798mL
5	压缩比	10.6∶1
6	配气机构	链条传动,SOHCi-VTEC,每缸 4 气门
7	润滑系统	压力润滑,湿式油底壳,次摆线泵

表 20-6 发动机气缸盖常规数据

项目	测量	条件	标准或新的零部件	使用极限
气缸盖	翘曲度		最大 0.08mm	—
	高度		114.95～115.05mm	—
凸轮轴	轴向间隙		0.05～0.25mm	0.4mm
	凸轮轴到保持架油膜的间隙		0.045～0.084mm	0.15mm
	总跳动量		最大 0.03mm	
	凸轮凸角高度	进气 PRI	35.979mm	—
		进气 SECA	35.471mm	—
		进气 SECB	36.027mm	—
		排气	35.870mm	—
气门	间隙(冷态)	进气	0.18～0.22mm	—
		排气	0.23～0.27mm	—
	气门杆外径	进气	5.48～5.49mm	5.45mm
		排气	5.45～5.46mm	5.42mm
	气门杆至导管的间隙	进气	0.02～0.05mm	0.08mm
		排气	0.05～0.08mm	0.11mm
气门座	宽度	进气	0.85～1.15mm	1.6mm
		排气	1.25～1.55mm	2.0mm
	气门杆安装高度	进气	50.10～50.60mm	50.90mm
		排气	50.10～50.60mm	50.90mm
气门导管	安装高度	进气	18.25～18.75mm	—
		排气	18.25～18.75mm	—
摇臂	摇臂到轴的间隙	进气	0.012～0.050mm	0.08mm
		排气	0.012～0.050mm	0.08mm

表 20-7 发动机气缸体常规数据

项目	测量	条件	标准或新的零部件	使用极限
气缸体	气缸体上侧翘曲度		0.07mm(最大)	—
	气缸直径		81.000～81.015mm	81.070mm
	气缸锥度		—	0.05mm
	镗削限度		—	0.25mm
活塞	离活塞裙底部 14mm 处,裙部外径		80.980～80.990mm	80.93mm
	气缸间隙		0.010～0.035mm	0.05mm
活塞环	活塞环至环槽的间隙	顶部	0.045～0.070mm	0.13mm
		第二道(TEIKOKU)	0.035～0.060mm	0.13mm
		第二道(RIKEN)	0.030～0.055mm	0.125mm
	端隙	顶部	0.20～0.35mm	0.6mm

续表

项目	测量	条件	标准或新的零部件	使用极限
活塞环	端隙	第二道环	0.40~0.55mm	0.7mm
		油环(TEIKOKU)	0.20~0.70mm	0.8mm
		油环(RIKEN)	0.20~0.50mm	0.55mm
活塞销	外径		19.960~19.964mm	19.960mm
	活塞销至活塞的间隙		−0.004~0.003mm	0.006mm
连杆	活塞销至连杆的间隙		0.005~0.015mm	0.02mm
	小端孔径		19.969~19.975mm	—
	大端孔径		48.0mm	—
	轴向间隙		0.15~0.35mm	0.45mm
曲轴	主轴颈直径		54.976~55.000mm	—
	连杆轴颈直径		44.976~45.000mm	—
	连杆轴颈/主轴颈锥度		最大 0.005mm	0.01mm
	连杆轴颈/主轴颈圆度		最大 0.005mm	0.01mm
	轴向间隙		0.10~0.35mm	0.45mm
	总跳动量		最大 0.03mm	0.04mm
曲轴轴承	主轴承至轴颈油膜的间隙		0.018~0.034mm	0.045mm
	连杆轴承到轴颈的油膜间隙		0.024~0.042mm	0.055mm

表 20-8 发动机扭矩数据

序号	项目	规格	序号	项目	规格
1	气门室盖螺栓	10N·m	4	曲轴轴承盖螺栓	第1步:25N·m 第2步:旋转75°
2	正时链条张紧器螺栓	11N·m			
3	皮带盘螺栓	第1步:70N·m 第2步:旋转90°	5	气缸盖螺栓	第1次:40N·m 第2次:旋转90°

第二十一章 奥迪车系

第一节 3.0L（CREC）发动机

一、机油加注

① 更换机油时含机油滤清器滤芯的加注量为7.0L。
② 放油螺栓力矩为30N·m。
③ 机油滤清器盖安装力矩为25N·m。

二、更换机油机滤（表21-1）

表21-1 更换机油机滤

序号	项目	内容
1		将机油收集盘置于发动机油底壳下方
2	排放机油	打开油底壳和机油滤清器旋盖1的排油螺塞（箭头）
3		从机油滤清器壳和油底壳中排出发动机机油
4		更换放油螺塞的两个密封环
5		重新装入两个放油螺塞，用拧紧力矩拧紧
6		将机油尺或塞堵从导管中拔出
7	吸出机油	将吸油装置的抽吸探头插入导管。使用直径尽可能大的可弯曲抽吸探头，不要大力插入，否则其尖端会在油底壳底部拐弯，从而使大量旧机油留在发动机中
8		将发动机机油完全抽出。注意吸油装置的操作手册
9		最后装入机油尺或塞堵

续表

序号	项目	内容
10	更换机油滤清器	将机油滤清器的螺旋盖用套筒头 SW 36 松开,由此可打开一个阀门
11		稍等片刻,以便发动机机油能够从滤清器外壳流到曲轴箱中
12		完整拆卸机油滤清器的螺旋盖。确保发动机机油不会滴到发动机上
13		完整拆卸机油滤清器的螺旋盖箭头。确保发动机机油不会滴到发动机上
14		将机油滤清器滤芯和密封环 2 从螺旋盖 1 中拔出 清洁螺旋盖 1 上的密封面 B 用发动机机油浸润新的密封环 2,然后将其装入螺旋盖。注意新密封圈的安装位置 A(密封圈的平滑面必须向外)
15		拆卸机油滤清器壳 1 上的 O 形环 2 将新的 O 形环 2 用发动机机油浸润并装入凹槽箭头位置 将新的机油滤清器滤芯装入螺旋盖 将旋盖拧入机油滤清器壳内,然后用套筒头 SW 36 以相应的拧紧力矩拧紧。
16	加注机油	加注适量的机油
17	通过机油尺检查机油油位	抽出机油尺,用一块干净的软布将其擦净 重新将机油尺在导管中插到底 重新抽出机油尺,在标记区域读取机油油位 评价机油油位,必要时采取以下后续措施:标记区域箭头,确定最佳机油油位 范围 A,不许添加机油;范围 B,可以添加机油;范围 C,必须添加机油
18	通过多媒体界面(MMI)中的机油油位显示检查机油油位	必要时关闭前舱盖 接通点火开关,激活 MMI 选择功能按钮 CAR 然后在"汽车系统"下进入以下菜单结构:保养和监控;机油油位;读取显示屏中的机油油位并做出判断 必要时修正机油油位:在"最高位置",排放机油,直至达到最佳机油油位;略低于"最高位置",排放机油,直至达到最佳机油油位;明显低于"最高位置",加注机油,直至达到最佳机油油位。同时,为更新机油油位显示,请关闭前舱盖 注意:前舱盖打开时 MMI 中的机油油位显示不会更新;油位过低可通过驾驶员信息系统中的警告灯指示

三、发动机常规数据（表 21-2）

表 21-2 发动机常规数据

序号	项目	规格
1	压缩机导向轮螺栓	40N·m
2	压缩机张紧轮螺栓	40N·m
3	曲轴皮带盘螺栓	20N·m+90°
4	发电机固定螺栓	23N·m
5	端子 30/B+螺母	16N·m
6	附件皮带张紧轮螺栓	40N·m
7	曲轴箱梯形架	第1次：50N·m 第2次：拧紧90° 第3次：15N·m 第4次：继续拧紧90°
8	平衡轴链轮螺栓	40N·m+90°
9	平衡轴皮带盘侧平衡重	40N·m+90°
10	活塞连杆轴承盖螺栓	50N·m+90°
11	正时链盖板螺栓	5N·m+90°
12	正时链下部盖板螺栓	步骤／螺栓／拧紧力矩/继续拧紧角度： (1) 箭头 3N·m (2) 1~9 以交叉方式3N·m (3) 1~5 继续拧紧90° (4) 箭头 9N·m (5) 6~8 8N·m (6) 6~8 继续拧紧90° (7) 9 20N·m (8) 9 继续拧紧180°
13	凸轮轴调节器螺栓	80N·m+90°
14	正时链条张紧器螺栓	9N·m

续表

序号	项目	规格		
15	滑轨螺栓	16N·m		
16	机油泵驱动链张紧器	20N·m		
17	机油泵驱动链轮螺栓	30N·m+90°		
18	气缸盖罩螺栓	9N·m		
19	气缸盖螺栓	步骤	螺栓	拧紧力矩/继续拧紧角度
		(1)	1~8	手动拧入至贴紧
		(2)	1~8	40N·m
		(3)	1~8	继续拧紧90°
		(4)	1~8	继续拧紧90°
20	凸轮轴梯形架	步骤	螺栓	拧紧力矩/继续拧紧角度
		(1)	1~19	手动拧入至贴紧 梯形架的整个接触面必须靠到气缸盖上
		(2)	1~19	8N·m
		(3)	1~19	继续拧紧90°
21	油底壳上部件螺栓	20N·m		
22	放油螺栓	30N·m		
23	发动机油冷却器螺栓	9N·m+90°		

四、发动机零件拆装（表 21-3～表 21-5）

表 21-3 曲轴皮带轮的拆卸和安装

序号	项目	内容
1	拆卸曲轴皮带轮	拆下压缩机多楔带
2		从张紧装置上取下多楔带，然后松开张紧装置
3		松开曲轴皮带轮螺栓 1，为此用固定支架 3036 卡住
4		旋出螺栓并取下曲轴皮带轮
5	安装曲轴皮带轮	安装以倒序进行，同时要注意下列事项：更新拧紧时需要使螺栓继续旋转一个角度； 安装只能在一个位置进行；安装曲轴皮带轮时要注意空心定位销；安装多楔带

表 21-4 发动机平衡轴的拆卸和安装

序号	项目	内容
1	拆卸平衡轴	拆卸皮带盘侧密封法兰
2		拆卸正时链下部盖板
3		将螺栓箭头松开一圈，为此将固定销 T40116 用作顶住件
4		安装控制机构驱动链
5		从发动机的皮带盘侧旋出螺栓 2，为此用芯轴固定平衡重 1 并将平衡重从平衡轴上拆下

续表

序号	项目	内容
6	拆卸平衡轴	旋出螺栓箭头,将平衡轴轴承盖从发动机的变速箱侧拆下
7		将平衡轴向后从气缸体内拉出
8	安装平衡轴	安装以倒序进行,同时要注意将曲轴 1 用固定螺栓 T40069 固定在"上止点"位置
9		注意:平衡重只能在一个位置装上平衡轴
10		安装控制机构驱动链
11		安装正时链的下部盖板
12		安装皮带盘侧密封法兰

表 21-5 拆卸和安装气缸列 1(右侧)气缸盖

序号	项目	内容
1	拆卸气缸列 1(右侧)气缸盖	拆下右前冷却液管路
2		拆卸上冷却液管
3		脱开燃油软管 1
4		用发动机密封塞套件 VAS 6122 中彻底清洁过的密封塞封闭敞开的管路和接口
5		拆卸右侧凸轮轴

续表

序号	项目	内容
6		将电插头(箭头)从喷射阀上脱开 脱开发动机温度调节传感器 G694 上的电插头 1
7		拧出螺栓 1、2,将链条张紧器从气缸盖上取下 定位销 T40071 仍保持插入
8	拆卸气缸列 1(右侧)气缸盖	拧下螺栓(箭头),取下支架 1
9		旋出气缸盖后部的螺栓箭头
10		按顺序 1~8 松开气缸盖螺栓
11		拧出螺栓,取下气缸盖并放置在软垫(泡沫塑料)上

续表

序号	项目	内容
12		注意:更新拧紧时需要继续使螺栓旋转一个角度;拆卸后更换自锁螺母、密封环、密封件和O形环;注意密封面上的不同密封剂和气缸盖的螺栓;如果安装一个翻新气缸盖,则在安装气缸盖罩之前必须给液压调节元件、滚轮拖杆和凸轮滑轨之间的接触面上油;如果要更新气缸盖或气缸盖密封件,则必须更换冷却液和发动机机油;如果连接套管(箭头)已松开或拧下,则必须将其更换
13	安装气缸列1(右侧)气缸盖	将凸轮轴在右侧气缸盖上用凸轮轴固定装置T40133/1固定在"上止点"位置(箭头),力矩为25N·m 如果对着气缸盖螺栓的孔仍是空的,则说明凸轮轴固定装置T40133/1安装正确
14		将曲轴1用固定螺栓T40069固定在"上止点"位置
15		为前部冷却液管装入新的密封件。
16		安放气缸盖密封件 安装位置:标记"上部"或零件号必须可读取 注意气缸体中的空心定位销(箭头)

续表

序号	项目	内容
17	安装气缸列1（右侧）气缸盖	装上气缸盖
18		拧紧气缸盖螺栓
19		拧紧螺栓箭头
20		安装凸轮轴
21		安装左前冷却液管
22		安装MPI喷射装置的燃油管路
23		安装上冷却液管路
24		安装前右侧冷却液管路
25		电接头和线路布置
26		更换发动机油
27		更换冷却液

第二节　4.0L（CTGE）发动机

一、机油加注

① 更换机油时含机油滤清器滤芯的加注量为 8.0L。
② 放油螺栓力矩为 20N·m。
③ 机油滤清器盖安装力矩为 25N·m。机油滤清器螺旋盖的排油螺塞的安装力矩为 4N·m。

二、发动机常规数据（表21-6）

表21-6　发动机常规数据

序号	项目	规格
1	附件张紧器螺栓	55N·m
2	导向辊螺栓	22N·m
3	曲轴皮带轮螺栓	第一次：15N·m 第二次：22N·m 第三次：继续拧紧90°
4	机油防溅板螺栓	5N·m+90°

续表

序号	项目	规格		
5	曲轴箱梯形架	步骤	螺栓	拧紧力矩/继续拧紧角度
		(1)	1~10	30N·m
		(2)	11~20	30N·m
		(3)	1~10	50N·m
		(4)	1~10	继续拧紧90°
		(5)	11~20	50N·m
		(6)	11~20	继续拧紧90°
		(7)	1~20	以交叉方式,9N·m
6	活塞连杆轴承盖螺栓	50N·m+90°		
7	凸轮轴调节器螺栓	80N·m+90°		
8	凸轮轴正时链链条张紧器螺栓	5N·m+90°		
9	正时驱动链张紧器螺栓	5N·m+90°		
10	正时驱动链滑轨螺栓	17N·m+90°		
11	气缸盖螺栓	步骤	螺栓	拧紧力矩/继续拧紧角度
		(1)	1~10	手动拧入至贴紧
		(2)	1~10	30N·m
		(3)	1~10	60N·m
		(4)	1~10	继续拧紧90°
		(5)	1~10	继续拧紧90°
		(6)	箭头	10N·m
		(7)	箭头	继续拧紧90°
12	机油泵螺栓	8N·m+90°		
13	放油螺栓	20N·m		

续表

序号	项目	规格
14	机油油位和机油温度传感器 G266 螺栓	9N·m
15	油底壳下部件螺栓	8N·m+90°
16	油底壳上部件螺栓	5N·m+90°
17	发动机机油散热器螺栓	第 1 次:3N·m 第 2 次:9N·m
18	机油滤清器排放螺栓	4N·m
19	机油滤清器封盖	25N·m

三、发动机零件拆装（表 21-7～表 21-9）

表 21-7　发动机活塞的拆卸和安装

序号	项目	内容
1		将发动机固定在发动机和变速箱支架 VAS 6095 上
2		拆下气缸盖
3		拆卸油底壳上部件
4	拆卸活塞	拧出螺栓 1～6,取下机油防溅板
5		注意:活塞拉出不畅时,请将活塞加热到约 60℃
6		从活塞销座中取下固定环
7		用芯棒 VW 222 A 敲出活塞销
8		从活塞销座中取下固定环
9		用芯棒 VW 222 A 敲出活塞销
10	安装活塞	安装以倒序进行,同时要注意下列事项:更新拧紧时需要继续使螺栓旋转一个角度;给轴瓦的摩擦面上油;用市场上通用的活塞环夹紧带安装活塞
11		按标记安装连杆轴承盖
12		安装机油防溅板
13		安装油底壳上部件
14		安装气缸盖

表 21-8 拆卸和安装凸轮轴正时链的链条张紧器

序号	项目	内容
1		从凸轮轴上取下凸轮轴正时链
2	拆卸凸轮轴正时链的链条张紧器	旋出螺栓 1 和 2，取下左侧链条张紧器和左侧凸轮轴正时链
3		拧出螺栓 1 和 2，取下右侧链条张紧器和右侧凸轮轴正时链
4	安装凸轮轴正时链的链条张紧器	注意：如果张紧件已被从链条张紧器中取出，那么必须注意安装位置（壳体底部的孔指向链条张紧器，活塞指向张紧轨道）；更新拧紧时需要继续使螺栓旋转一个角度
5		向内按压左侧或右侧凸轮轴正时链链条张紧器的张紧轨（箭头）到极限位置，用定位销 T40071 卡住链条张紧器
6		在左侧气缸盖上装入链条张紧器，放上凸轮轴正时链 拧紧螺栓
7		在右侧气缸盖上装入链条张紧器，放上凸轮轴正时链 拧紧螺栓 将凸轮轴正时链放到凸轮轴上

表 21-9 拆卸和安装气缸列 2（左侧）气缸盖

序号	项目	内容
1	拆卸气缸列 2(左侧)气缸盖	拆卸前围支架
2		拆卸左侧废气涡轮增压器
3		拆卸左侧凸轮轴
4		将气缸盖冷却液阀门 N489（箭头）从支架中取出并向前按压
5		将防撞梁置于安装位置并用螺栓固定
6		将支撑工装 10-222A 放到左侧和右侧减振支柱罩上
7		安装其他工具
8		拧紧支架 T10013 和气缸体内左前螺纹孔中支架 T10338 的螺栓 1 将丝杆 10-222A/11 的弹簧钩挂到支架 T10013 上并略微预紧发动机

续表

序号	项目	内容
9		拆下左前爆震传感器
10		脱开真空软管(3)并露出 将二次空气喷射阀(1、2)从支架中取出并置于一侧 脱开电插头(4、5),露出进气管上的电导线束
11		脱开进气管风门电位计的电插头
12	拆卸气缸列 2(左侧)气缸盖	拆除定位销 T40071
13		拧出螺栓(箭头) 按顺序松开气缸盖螺栓 1~10 旋出螺栓,将气缸盖小心地取下 将气缸盖放到软垫板(泡沫塑料)上
14		注意:更新拧紧时需要使螺栓继续旋转一个角度;更换密封件、密封环和 O 形环;如果安装翻新的气缸盖,必须给液压补偿元件、滚轮拖杆和凸轮滑轨之间的接触面涂油;用标准型软管卡箍固定所有软管连接;在更换气缸盖或气缸盖密封垫时,必须更换全部冷却液和发动机油
15	安装气缸列 2(左侧)气缸盖	如果气缸体内的标记位置上没有空心定位销(箭头),则装入空心定位销

续表

序号	项目	内容
16	安装气缸列 2(左侧)气缸盖	将气缸盖密封件放到气缸体中的空心定位销上
17		装上气缸盖
18		插入气缸盖螺栓并用手拧至贴紧
19		拧紧气缸盖螺栓